你知道你的名字是什么意思吗？

邹濬智◎著

中国工人出版社

图书在版编目（CIP）数据

你知道你的名字是什么意思吗？/邹濬智著.—北京：中国工人出版社，2019.10
ISBN 978-7-5008-7292-4

Ⅰ.①你… Ⅱ.①邹… Ⅲ.①姓名学—中国—通俗读物 Ⅳ.①K810.2-49

中国版本图书馆CIP数据核字（2019）第229416号

著作权合同登记号：图字01-2018-8195

*本书为（台湾）五南图书出版股份有限公司授权中国工人出版社在中国大陆出版发行简体中文版，2019

你知道你的名字是什么意思吗？

出 版 人	王娇萍
责任编辑	傅 娉
内文插图	林明锋
责任印制	黄 丽
出版发行	中国工人出版社
地 址	北京市东城区鼓楼外大街45号 邮编：100120
网 址	http://www.wp-china.com
电 话	（010）62005043（总编室） （010）62005039（印制管理中心） （010）62379038（社科文艺分社）
发行热线	（010）62005049 （010）62005042（传真）
经 销	各地书店
印 刷	天津嘉恒印务有限公司
开 本	710毫米×1000毫米 1/16
印 张	23
字 数	322千字
版 次	2020年1月第1版 2020年1月第1次印刷
定 价	58.00元

写在前面的话

华人起名用字文化

名字就是一个人的正式称呼，这个称呼用在正式的场合和正式的文件上。非不得已，绝不更改，正所谓“行不改名，坐不改姓”是也。所以人自从呱呱坠地，长辈亲人给他取的名字就会跟着他一辈子，直到棺木盖上为止。

“名”和“字”是两种不同的概念：“名”，是一出生就要取的，而“字”，要到成年了才会用到。《礼记·檀弓上》：“幼名，冠字。”唐代孔颖达解释道：“始生三月而加名……年二十，有为人父之道，朋友等类不可复呼其名，故冠而加字。”所以为什么直呼他人名讳很不礼貌，因为直接叫人的名，表示你不把对方当心智成熟的大人看待，这跟骂人“乳臭未干”“毛没长齐”是一样的。不过现代人都将“名”“字”给合用了，也很少再看到有人会在晚辈特别是子女成年之后为之另外取字，有取字的也多是舞文弄墨的艺文人士自己给自己起的。由于名字要跟着小孩一辈子，谨慎一点的长辈父母当然不敢怠慢，也格外地用心。华人常用来取名字的方法一般来说有以下几种：

其一，按家族排行：如果长辈遵循传统，家族新成员的取名便会照着祠堂外面宣教后人的对联用字来取名；在家庭手足中排行第几，取名时也

美、丽、倩、秀、妍 335
昌、成、丰、富 342
光、辉、明、亮、荣 348
凯、胜 355

第一篇

数 序

一、九、百、千、万

⊙本字组与相关诸字的历史面貌和它们的造字本义

“一”这个字，《说文解字》解释道：“惟初太始，道立于一，造分天地，化成万物。”它是个指事字，简简单单画一横，即表示抽象概念的“一”。

“九”这个字，《说文解字》解释道：“……象其屈曲究尽之形。”它是个象形字；有人说它像是人的手肘弯曲起来的形状，但也有人说它像是曲钩的样子，后来因为音近借为数目字的“九”。

“百”这个字，《说文解字》解释道：“十十也。从一、白。数，十百为一贯。相章也。”它是“白”字的分化字。“白”一说是描绘拇指的象形字，作为数字，则是“白”的假借用法。后来为了和作为序列的“伯”、作为颜色“白”的“白”字有所区分，于是在“白”字上面再加一横笔，写成表示数目字的“百”。

“千”这个字，《说文解字》解释道：“十百也。从十从人。”它表示十个“百”的概念，本来并没有这个字，它是假借“人”字，再加“一”为区别符号才造出来的字。

“万”这个字，繁体字写作“萬”。《说文解字》解释道：“虫也。从厹，象形。”它原来是个象形字，表示两爪、长尾的毒虫之形，这个毒虫大概接近蝎子一类。“万”这类毒虫为了有效散布和延续它们的DNA，所以

⊙本字组与相关诸字的历史面貌和它们的造字本义

	甲骨文	金文	战国文字	小篆
一				
九				
百				
千				
万				

繁衍的后代数量众多，因为这层缘故，才有意地将之假借为十个“千”概念的数目字。

表示数目字的汉字，大部分都是指示或是假借字。像“一”“二”“三”都是借由不同数目的刻画表示不同数目概念的指事字；而“四”（“呬”之初文，表示口中叹出之气）、“九”“百”“千”“万”就是本无其字的假借字了。

⊙以本字组取名命字的名人

“一”：晚清两江总督刘坤一、著名诗人闻一多。

“九”：南宋哲学家陆九渊。

“百”：民国著名军事理论家蒋百里、国民革命军将领黄百韬。

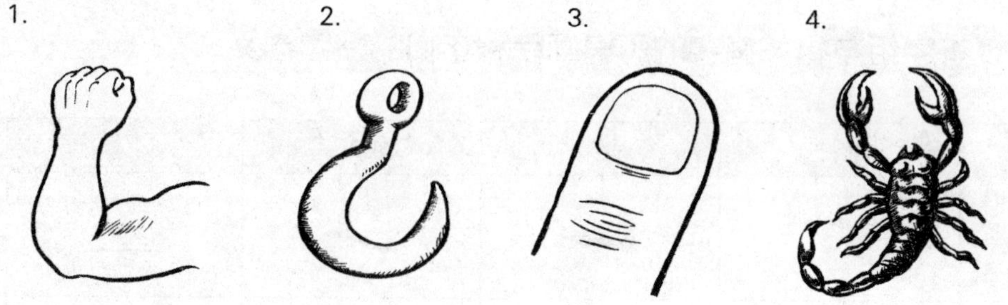

1.“九”字像人手肘弯曲的样子。
2. 也有学者认为“九”字是描绘曲钩的样子。
3.“白”字是象形字，描绘拇指的形状。
4.“万”的原形是指蝎子类的毒虫。

“千”：民国著名画家张大千、“七君子”之一沙千里。

“万”：南宋爱国诗人杨万里、南宋忠臣江万里。

⊙以本字组取名命字的用意

“一”字在汉语中的使用非常灵活：既可以是数词的“一”，也有形容词“相同”的意思；又能当动词“统一”“专一”来用，也有表示“完全”的副词用法。以“一”字取名命字，或者表示命名者希望被命名者能“万法归一”（拥有许多德行），或者希望被命名者能“吾道一以贯之”，或者希望被命名者能“一心一德”，或者希望被命名者可以“一扫天下”。

“九”字是“八”之后的数词，它既可以是具体的实指，也可以是个虚数；作为虚数使用则具有“很多”的形容词意涵。另外又因为“九”与“久”字音同，所以“九”字也具有“长久”的隐喻。由于《周易》以“九”指称阳爻或一切与“阳”相关的概念，所以“九”又多了“阳气”这一层意思。以“九”字取名命字，实在寄寓了命名者希望被命名者能够过上物质充裕的生活，或是饱学多闻、长长久久、气势历久不衰的用意。

“百”是十个十，“千”是十个百，“万”是十个千，原本它们都作数词一并把排名给表示出来。这样取名的好处是宗亲一见面，只要看名字就知道彼此的辈分，不会叫错亲属称谓、不会失礼，一群小孩混在一起，看名字也知道谁是老大、谁是老幺（伯〔孟〕、仲、叔、季）；缺点就是依此所取出来的名字变化度很差、很难有新鲜感。

其二，应兆应梦：小孩出生前，家中长辈看到什么吉兆或梦到什么祥瑞，这个家族新成员很容易就会被认为是振兴家道的幸运儿；那个被看到的吉兆或被梦到的祥瑞很自然地就会变成家族新成员的名字。这样取名的好处是容易打开新成员在家族中的接受度（因为是祥瑞）；缺点是长辈们视什么为吉兆或祥瑞并没有个普世标准，如果今天长辈梦到马桶或踩到大便，那就麻烦大了！

其三，记人事时地：家族新成员在哪里出生、几时（年肖天干地支）出生、新成员的长辈由哪里迁徙而来、想要用新成员的名字纪念哪位先人或表达对哪位贤人偶像的仰慕，把这些信息直接加入名字里，好处是不用费力思索，然而缺点是太容易因此泄露了个人资料。在注重个人隐私的现代可能不是太理想的做法。

其四，表达期望：人人都希望生女成凤、得男成龙。长辈们在给家族新成员取名时自然就会将自己的期待化为文字，变成名字。有的就直接采用经典中的重要典故作为取名的根据。这样取名的好处在于自己的名字就是长辈的愿望，顺着自己的名字去做，就能成就孝顺；缺点是人各有志，长辈的期望未必就是自己的志向，不知不觉间容易给自己带来莫须有的压力。

其五，取与姓氏平仄相谐或意义相补的字：汉字的词汇是由单音节词发展到复音节词。姓氏本身可以看作一个单音节词；名字或为一字或为二字，取名命字时可以不必考虑姓氏，独立来思考要采用什么字。但匠心独运的长辈或者在取名命字时会考虑到名字的字音或字义是否可以和姓氏的声韵相谐，达到格律的和谐，又或者是意义互补、姓加名字后与另一个吉祥的凝固词谐音——像姓“程”或“陈”的可取单名一个“义”或“毅”，使得姓名与“诚意”谐音；姓“周”或“邹”的可取单名一个“妍”或“颜”，使得姓名与“周延（严）”谐音；姓“吴”或“巫”的可取单名一个“优”或“悠”，使得姓名与“无忧”谐音；等等。

不论是采用哪种方式起名字，我们的名字都蕴含了长辈亲人的苦心和期望，我们又怎能不充分了解自己名字的内涵呢？可是社会大众普遍未必具有对汉字语文知识的基本认识，就有很多不了解自己名字内涵的人。遇到要自我介绍的场合，要么用拆字法（木白→“柏”、折口→“哲”等）来说明，要么用惯用语（有些还不小心用到不雅的惯用语）来解释（“智障”的“智”、“血流成河”的“河”等），一点文化含量也没有，大大地辜负了长辈亲人当初是如何的绞尽脑汁、煞费苦心的！

本书的写作，主要采取常用命名用字。书中各单元先针对每个常用命名字的文字本形本义与相关的典章掌故进行说明，再列出以此字取名的各领域名人，并探讨以此字取名命字的动机和含义，最后再以表格整理有关的吉利话。希望读者在阅读此书的同时，一则得以更加了解自己名字的深刻内涵；二则得以学到相关吉利话，在公关场合能用来自我介绍和介绍亲友，表现出自己的文化内涵；三则是希望借此能激起向同样以此字命名的名人看齐的志气。

不过不可避免的是，包括古文字研究在内的各个学科，都会遭遇“英雄所见不同”这一共同问题。在识辨某个汉字本形本义的这个部分，不同学者的学术养成过程不同、文化背景不同，所取得的结果也不同。本书所采用的汉字本形本义说明，绝不可能满足每一位学者的见解。若东汉许慎《说文解字》的解释无大误，则本书直接采用；若还有更新的研究或资料提出更好的意见，本书即试着在异见中求取共识，最终采用最多人支持或最符合人类心理直观认识的说法。这是在进入正文之前必须要特别提出来加以说明的。

目录

第一篇　数　序

一、九、百、千、万　2

东、南（附："西""茜"）　8

尚（附："上""堂"）　14

伯、仲、叔、亚（附："中"）　18

第二篇　时　序

春、秋（附："夏""冬"）　26

年、世　33

第三篇　天文地理

天、元（附："昊"）　38

阳、晶（附："日""星"）　43

云、霞、雪、雯　48

山、峰（峯）（附："地""田"）　54

金、锋、铭　60

玉（附："佩""珊""瑜""玲""珍""瑄""玟""琪""琼""瑶"）　66

水、渊、源（附："泉"）　79

江、河、海、洋（附：“川”） 85
火、炎 93

第四篇 动植物

龙、麟、虎、彪 98
凤、鹏、鸿、燕 105
林、森、树 113
松、柏、榕（附：“容”“蓉”） 118
梅、兰、菊、竹、莲 125
芬、芳、英、华（花） 133

第五篇 人 德

伦、道、德 140
圣、贤、哲（喆） 146
仁、孝、慈、群、友（附：“有”） 153
义、宜、礼、敬 160
智、晓（附：“知”） 166
信、忠、勇 170
和、平 175
廉、谦、诚 179
尧、舜、禹 184

第六篇 动 作

生、子、学 190
思、念、志（附：“诗”） 194
建、立、兴 200

之、进、达 205
承、继 210
宗、祖 214
保、右（佑、祐） 218
佩、涵 222
茹、若（附：“如”） 226
振、震 230
飞、翔、羽、逸 233
升（昇、陞）、登、冠 238
治（附：“君”“邦”“国”） 244
庆、乐、欣、怡 250

第七篇　形　容

安［附：“家”“廷”（庭）“宇”“晏”］ 256
长、远、永、毅 263
福、寿、吉、祥、康、泰 269
文（彣）、章（彰）、雅、翰 276
武、彬（份、斌） 282
善、良、佳、嘉 286
真、正、贞（附：“鼎”） 292
杰、俊、彦、卿、士、儒 298
宏（弘）、伟、大、雄、豪、强 306
惠、慧、娴、淑、敏 314
静、清、洁 320
婷、娟 326
青、红、紫 330

●毒虫繁衍众多，所以“万”后来表示数量很多。

用，后来发展出虚数的用法，从而引申出“很多”“极多”的形容词意涵。以“百”“千”“万”等字取名命字，寄寓了命名者希望被命名者能够过上富足的生活，或是肚子装了很多墨水，或是能拥有数不尽的福气的用意。

◎与本字组有关的好话

以下收录与本字组有关的好话，除了方便自我介绍和介绍亲友外，读完也能增长词语知识和相关的应用能力。

一 一人有庆

歌颂帝王具有德政，使得人民可以依靠。《尚书·吕刑》：“一人有庆，兆民赖之，其宁惟永。”孔颖达认为它的意思是天子具有善德，所有的老百姓便得以仰赖，这是国家安宁长久之道。

一寸丹心

丹是赤红色；一寸丹心指一片赤诚之心。〔唐〕杜甫《郑驸马池台喜遇郑广文同饮》诗：“白发千茎雪，丹心一寸灰。”也可作“一寸赤心”。

一夫当关，万夫莫开

只要有一名猛将，就能抵御千军万马；用来形容地势险要，易守难攻。《淮南子·兵略训》："一人守隘，而千人弗敢过也。"〔晋〕左思《蜀都赋》："一人守隘，万夫莫向。"

九 一匡九合

春秋时管仲辅助齐桓公"一匡天下，九合诸侯"，建立了霸业。后来以"一匡九合"指建国、强国等大事。

一言九鼎

九鼎大吕是古代国家的宝器、重器。秦昭王十五年，秦军包围赵国都城邯郸，赵国派平原君赴楚求救，毛遂自愿同往。经毛遂晓以利害，楚王同意出兵救赵。平原君因而赞扬毛遂："毛先生一至楚而使赵重于九鼎大吕。"事见《史记·平原君虞卿列传》。本句后来引申为只说出一句话即产生很大的作用。

九蒸三熯

热气上升叫蒸，以火烧干为熯；九蒸三熯比喻久经煎熬或磨炼。〔明〕冯梦龙《山歌·蒸笼》："我曾经九蒸三熯，弗是一窍弗通。"

百 一呼百诺

出得一声呼唤，即得百人响应；用来形容权势显赫，手下众多的样子。〔唐〕拾得《诗》之五十："高堂车马多，一呼百诺至。"

一笑百媚

一种笑容能产生百种媚态；用来形容美人的笑容媚态。〔唐〕白居易《长恨歌》："回眸一笑百媚生，六宫粉黛无颜色。"

百丈竿头

佛教语，原指百丈高的竿子；用以比喻极高的境界。《景德传灯录·景岑禅师》："百丈竿头须进步，十方世界是全身。"也可作"百尺竿头"。

千 一言千金

一句话的价值在千金之上；常用来形容所言内容非常具有价值。〔汉〕袁康《越绝书·外传纪策考》："故无往不复，何德不报，渔者一言千金归焉。"

一时千载

一千年才遇到一次；形容机会万分难得。〔宋〕秦观《代回吕吏部启》："恭维某官望重本朝，才高当世，一时千载，韦平之遇已稀；四世五公，袁杨之兴未艾。"

一闻千悟

只听一次就能领悟道理；用来形容悟性极高，稍加指点，即完全了悟。《景德传灯录·汾州大达无业国师》："得大总持，一闻千悟。"

万 一碧万顷

碧绿的颜色广被；形容青绿无际的样子。〔宋〕范仲淹《岳阳楼记》："春和景明，波澜不惊；上下天光，一碧万顷。"

五鼎万钟

鼎是重器、钟是谷物度量单位，指的是为官的待遇和俸禄。这句话用来形容官高禄厚。〔明〕宋濂《永思堂记》："依依嫪恋，如羊之跪乳，鸟之反哺，其乐将无涯，视五鼎万钟若不能过之。"

千红万紫

形容百花竞开，花色鲜艳繁多的样子。〔宋〕辛弃疾《水龙吟·寄题京口范南伯知县家文官花》词："人间得意，千红万紫，转头春尽。"

东、南

附："西""茜"

⊙本字组与相关诸字的历史面貌和它们的造字本义

十九世纪末，甲骨文的发现，让我们对始于公元前一千六百多年的殷商文明有了更深一层的认识。中国社会科学院历史研究所编《甲骨文合集》中的甲骨记载有四方及四方风。四方的观念即是东、南、西、北。专家们认为，四方论是五行说的前身，同时五行论也是由此发展而来。五行宇宙论的感应论应源自商代人们对四季和季节性活动的感应。

关于五行，《尚书》中属于商代的"甘誓"已经提到"五行"二字；属于周初的《洪范》亦记有木、火、土、金、水，可见当时人对上下四方中央与天地万物的构成物质已经开始试图进行解释。

"东"繁体字写作"東"，它本来是个象形字，原指上下皆有开口的一种束口囊袋，这种结构的囊袋上下都有开口，对制作和装卸货物而言都是非常方便的设计，当然也是先民频繁使用的生活对象之一。作为方位词"东方"之"东"则是它的假借用法。

"南"字本来是个象形字，原为某种可悬挂敲击乐器（类似磬或钟）的具体描绘。"南"字的上部表示可用以悬挂的部分，可能是绳，也可能是钩，作为方位词"南方"之"南"也是它的假借用法。

⊙本字组与相关诸字的历史面貌和它们的造字本义

	甲骨文	金文	战国文字	小篆
东				
南				
西				
茜				

“西”这个字,《说文解字》解释道：“鸟在巢上。象形。日在西方而鸟栖，故因以为东西之西。”这个字本来是个象形字，从甲骨文的写法可以清楚看出它原来描绘的是鸟巢之形，后假借为方位词“西方”之“西”，本义就渐渐地不用了。

“茜”这个字,《说文解字》解释道：“茅搜也。从艹西声。”它是个从“艹”“西”声的形声字。“西”作为“茜”的声符；因为“茜”指的是一种植物，所以从义符“艹”。“艹”,《说文解字》：“百芔也。从二屮”，它是会意字，叠用两个“屮”,“屮”,《说文解字》解释道：“艹木初生也。象丨出形，有枝茎也。”它即是小草的象形描绘，从二“屮”的“艹”就有“草很多”的意思。由于这种植物可以作为染料，染出来的颜色黄色偏红，所以“茜”字引申有“大红色”的意思。“茜”又通“倩”，有“俏丽”的意思（详参本书形容字组之十四“倩”字）。

1.

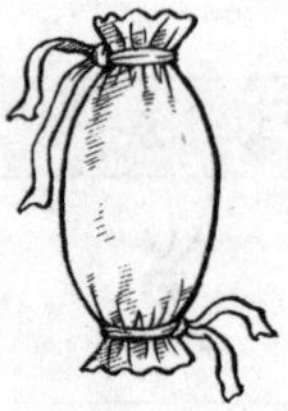

2.

3.

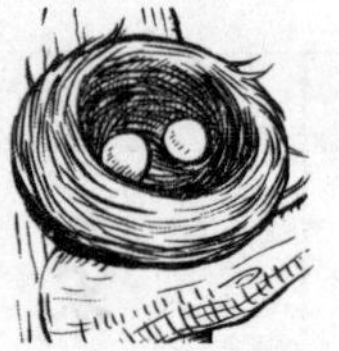

4.

1. “东”是象形字，描绘上下皆有开口的囊袋。
2. “南”原是象形字，描绘悬挂着的钟。
3. “西”本是象形字，描绘鸟巢的形象。
4. “艹”字生动地描摹了小草的形象。

⊙以本字组取名命字的名人

“东”：明朝散文家李东阳、清末革命义士陆皓东。

“南”：宋朝爱国诗人郑所南、中华民国陆军上将胡宗南。

（“西”：作家朱西宁、文学评论家陈西滢。）

（“茜”：演员宋茜。）

⊙以本字组取名命字的用意

因为地球自转方向是由西向东，所以每天人类可以观察到的太阳行进方向是由“东”向“西”；“东”和“西”是相对的方向概念。太阳是地球上所有生物能量的来源，所以“东”字因而具有“生命力”的意涵。古代阴阳家将四方及中央配上五行：东—木，南—火，西—金，北—水，中央—土，所以“东”能代表“木”“植物”这一类的概念。春秋晋国公子重耳，逃亡回到晋国即位为君后，为了报昔日郑国不接济之仇，与秦国联军攻打郑国。郑国派烛之武劝说秦穆公退兵时提到，若秦国退兵，将来秦国使者往东经过郑国，郑国作为招待的主人将提供一应物资。秦国接受了这个条件，于是退兵。因为这个故事，“东”字又可指称“主人”。以“东”字取名命字，寄寓了命名者希望被命名者永远精力旺盛，又或者可以扬名、称霸东方的用意；也有可能被命名者经过相命师排完命盘后，发现命中缺木，于是取“东”字为名，作为补救的手段，希望被命名者能就此一生平安。“南”字现今的用法多为和北方相对的方向词。因为“南”和五行中的火行搭配，所以“南”字又多出“火”“旺”这一层意思。以“南”字取名命字，寄寓了命名者希望被命名者能扬名、称霸南方的用意；也有可能被命名者经过相命师排完命盘后，发现命中缺火，于是取“南”字为名，作为补救的手段，希望被命名者能就此一生平安。

“西”字现今的用法多为和东方相对的方向词。因为“西”和五行中的金行搭配，所以“西”字又多出“金”“金钱”这一层意思。佛经中常以“西天”简称佛祖所在的极乐世界，所以“西”字也可以指称天堂。以“西”字取名命字，寄寓了命名者希望被命名者能扬名、称霸西方的用意；也有可能被命名者经过相命师排完命盘后，发现命中缺金，于是取“西”字为名，作为补救手段，希望被命名者能就此一生平安；又或者一生快乐，犹如在天堂一般。

“茜”字一指茜草，既可作大红色的染料，也可以入药，专治内出血疾病。由于与“倩”字音近，“茜”“倩”二字相通，所以“茜”字也隐含有秀美生动的字意。以“茜”字取名命字，较少取其“大红大紫”的意思，而大多取其后一个意思：它寄寓了命名者希望被命名者（通常是女性）能秀美出众、楚楚动人的用意。

◎与本字组有关的好话

以下收录与本字组有关的好话，除了方便自我介绍和介绍亲友外，读完也能增长词语知识和相关的应用能力。

东 东床之选

王羲之袒腹东床，得选乘龙快婿；后用以比喻佳婿人选。〔五代〕危德兴《寻阳长公主墓志》：“潜应坦腹之姿，妙契东床之选。”

东山之志

指谢安隐居东山的故事；后用以指称隐居的念头。《晋书·谢安传》：“安虽受朝寄，然东山之志始末不渝，每形于言色。”

失之东隅，收之桑榆

东隅指日升之处；桑榆指日落之处，二处都可以得到日光的照射；比喻初虽然有失，而终可得到补偿。《后汉书·冯异传》：“〔光武帝〕玺书劳异曰：‘赤眉破平，士卒劳苦，始虽垂翅回溪，终能奋翼黾池，可谓失之东隅，收之桑榆。’”

南 寿比南山

寿命比得上南山；它是一句祝颂语，用在祝福长寿上。《诗经·小雅·天保》：“如月之恒，如日之升，如南山之寿，不骞不崩。”

南面百城

古时候君王面朝南方称王；百城则指领土广大。这句话用来形容位居王侯高位而拥有广大土地的人，也可形容统治者的疆域辽阔。《魏书·逸士传·李谧》：“丈夫拥书万卷，何假南面百城？”

南征北讨

南北征讨，比喻经历许多战事。〔唐〕柳宗元《封建论》：“历于宣王，挟中兴复古之德，雄南征北伐之威，卒不能定鲁侯之嗣。”也可作“南征北伐”“南征北战”。

西 东征西讨

东西征讨，比喻四处征伐。〔唐〕杨炯《左武卫将军成安子崔献行状》：“至如出车授钺，东征西讨，孤虚向背，则虽女子之众，可以当于丈夫。”

东奔西走

一会儿向东跑，一会儿向西跑；比喻到处奔波、努力工作。《古今小说·沈小官一鸟害七命》：“二人计较已定，却去东奔西走，赊得两瓶酒来，父子三人吃得大醉。”也可作“东奔西跑”。

东兔西乌

传说月上有玉兔，日中有金乌，后来这两种动物就能指代月亮和太阳。此句说明月亮东升，太阳西落，形容时光不断流逝。〔宋〕吴潜《瑞鹤仙》词：“身世事，但难准，况禁他，东兔西乌相逐，古古今今不问。”

尚

附："上""堂"

⊙本字组与相关诸字的历史面貌和它们的造字本义

"尚"这个字,《说文解字》解释道:"曾也。庶几也。从八向声。"这个字原来是个假借字,有时意思通"上"字;字形是借"向"字加个分化符号"八"而为之。和"尚"意近的"上"字,《说文解字》解释道:"高也。此古文上,指事也。"这个字是个指事字,甲骨文的写法是由两条横画构成,下面较长的横画代表地平线或某物,上面较短的横画是指事符号,表示在地平线或某物之上的意思。到了战国,为了避免这个字和两画长度相同的"二"字相混,出现了加上中间一竖笔的"上"字写法,小篆再将这个竖笔上端略加弯曲进行美化。

"尚"字所借用的"向"字,《说文解字》解释道:"北出牖也。"它本身是象形字,全字描绘朝北的墙和它上面的窗口。由于中国地处亚洲,冬天吹的是从西伯利亚南袭的北风,夏天则是吹从赤道来的南风,所以建筑物一般坐北朝南,以取得冬暖夏凉的空调效果。可是房子北边要都是墙,虽然可以挡一挡北风,但久了难免会潮湿发霉,还是要开个小窗透透气。所以"向"这字才会中间加个"口","口"并不是表嘴巴之"口",画的就是这个开在"向"上的小窗。因为"尚"借用了"向"字,为了区分二

⊙本字组与相关诸字的历史面貌和它们的造字本义

	甲骨文	金文	战国文字	小篆
尚				
上				
向				
堂				

字，才在“尚”字上方加了“八”作为区别的符号。

“堂”这个字，《说文解字》解释道：“殿也。从土尚声。”它是个会意字，字中所从的声符“尚”也暗示了“堂”是个高尚的地方；下面的“土”指出了这个字是表示一种用土打底垫高起来的建筑物。由于“堂”通常用来集会或举行仪式，空间要够大，所以它又引申出“堂堂正正”“堂皇”的意思了。

⊙以本字组取名命字的名人

“尚”：周初贤臣吕尚、清朝剧作家孔尚任。

“堂”：中华民国陆军中将李玉堂、学者林语堂。

⊙以本字组取名命字的用意

“上”这个字的正面意思，有处在尊位高处，有高高在上，有达到高

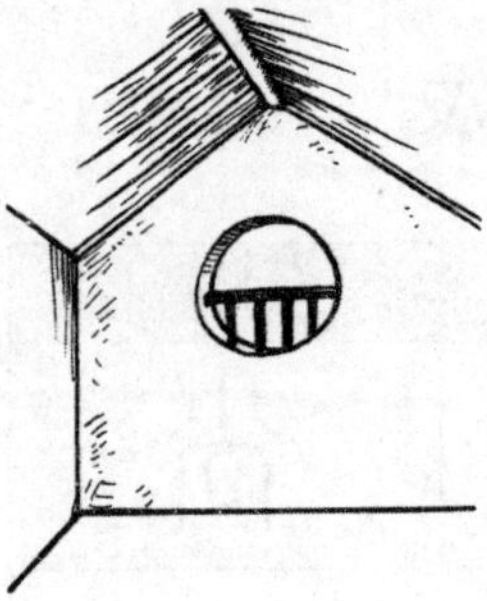

●“向”本是描绘朝北的墙和墙上的窗口。

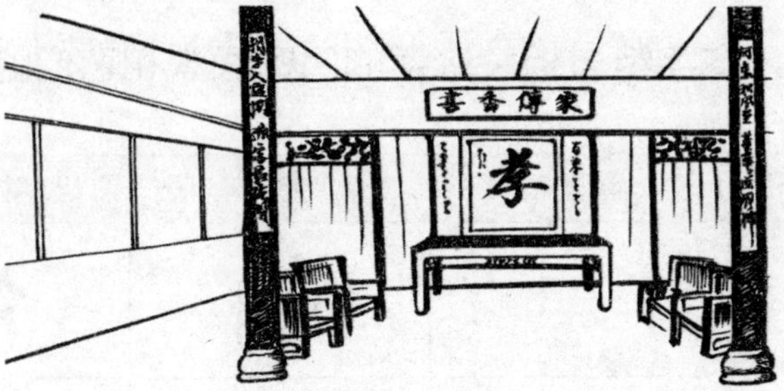

●“堂”字表示举行仪式或集会的高尚场所。

标，有积极上进等。用“上”字来命名，无非就是希望以“上”为名者，他的生活态度能够积极进取；他的成就能够凌驾他人；他所获得的地位能高高在上；最终他所获得的待遇及尊重是至高无上、无人能及的。

“尚”因为可以通“上”，所以“上”字原本就有的正面意思，“尚”字也具备了。此外“尚”字还带有“崇拜”“推崇”的动词意义，所以用这个字来取名，要比“上”字比较主观的“高高在上”所获得的群众基础更大，“尚”字还有期待被命名者将来能受到他人敬仰的想望！

而“堂”字是从“尚”从“土”的会意兼声字。当然也涵盖了一部分“尚”字的内蕴。又因为“堂”是用来行礼及进行政治活动的地方，格局要够大，所以“堂”字另外又隐含有“广大”“神圣”的意思。用这个字来命名，除了希望被命名者将来能高高在上、能得到众人的尊敬外，还期待被命名者要有大胸襟、大度量、大格局！

◎与本字组有关的好话

以下收录与本字组有关的好话，除了方便自我介绍和介绍亲友外，读完也能增长词语知识和相关的应用能力。

尚 偃革尚文

偃指平息，尚指崇尚；这句话表示停息武装，重视文艺。《新唐书·萧俛传》："穆宗初，两河底定，俛与段文昌当国，谓四方无虞，遂议太平事，以为武不可黩，劝帝偃革尚文。"

注玄尚白

玄是黑，在这里指的是墨迹，白则指白纸；这句话指的是白纸黑字的文字记载。〔明〕宋应星《天工开物·丹青》："斯文千古之不坠也，注玄尚白，其功孰与京哉！"

礼尚往来

尚是崇尚；这句话指礼最重要的精神是有来有往。《礼记·曲礼上》："太上贵德，其次务施报，礼尚往来，往而不来，非礼也；来而不往，亦非礼也。"

堂 金玉满堂

贵金属和珠玉塞满了堂室，比喻财富极多。《老子》："金玉满堂，莫之能守。"

堂堂正正

堂和正都有正正当当的意思，这句话即指光明正大。〔清〕梁绍壬《两般秋雨盦随笔·子同生》："朱子驳之曰：'圣人一笔一削，堂堂正正，岂有以暧昧之事，疑其君父者。'"

富丽堂皇

形容雄伟壮丽、气势强大的样子。《儿女英雄传·第三十四回》："连忙灯下一看，只见当朝圣人出的是三个富丽堂皇的题目，想自然要取几篇笔歌墨舞的文章，且喜正合自己的墨路。"

伯、仲、叔、亚

附："中"

⊙本字组与相关诸字的历史面貌和它们的造字本义

"伯"这个字，《说文解字》解释道："长也。从人白声。"它本义指的是"排行第一"，字形则是源自"白"字，为"白"的后起字。"白"字为象形字，表示拇指（详参本书数序字组之一"百"字）。由于拇指在手足中居于首位，故引申为"伯仲"之"伯"、"王伯"之"伯"。"白"字在甲骨文中多用为"伯"，后来假借为颜色之"白"，于是才在"白"旁增益"人"形，写成"伯"字，以便与"白"色之"白"有所区别。

"仲"这个字，《说文解字》解释道："中也。从人从中，中亦声。"它是个会意兼声字，从"人"从"中"，"中"也扮演声符角色。"仲"字由于表示人类辈分的排行，所以和"伯"字一样从"人"这个义符。至于它的兼声义符"中"字，一说它是个象形字，或是描写装载重要典册的容器侧面，即"史""吏"等字所从的偏旁"中"；一说它全字描绘军队中军所在的旗帜，或者是军队集合的旗号。但后来"中"字的写法省略成为指事字，以"丨"笔贯穿直入某物中间来表示，所以《说文解字》才会说："中，内也。从口。丨，上下通。""仲"字从"中"，表示排行不上不下，位在中间的意思。

⊙本字组与相关诸字的历史面貌和它们的造字本义

	甲骨文	金文	战国文字	小篆
伯				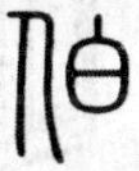
仲				
中				
叔				
亚				

“叔”这个字是个会意字，原为“以弋插土掘芋或种植”的意思，所以从“又”这个义符，“又”是象形字，它是手部的简要勾勒；在甲骨文和金文的写法里这个字的以弋插土形象很鲜明。后来“叔”字的本义不用而多用其引申义“拾、获（农作物）”，所以《说文解字》才会说：“拾也”。至于表示同辈排行的“叔”，则是它的假借用法，字的用法与“仲”字相近。

“亚”这个字是象形字，繁体字写作“亞”，全字画出拥有四条墓道的王室墓穴鸟瞰图。根据身份的不同，墓主人陪葬物的丰富程度也各有所异，因此用来通到墓底运送陪葬物的墓道数量自然也就有所不同。王室的重要成员一般都是“亚”形墓，低阶一点的贵族则为“申”形或“甲”形墓。“亚”字之后的“辈分排行”及“丑恶”两个义项则都是“亚”字的假借用法。

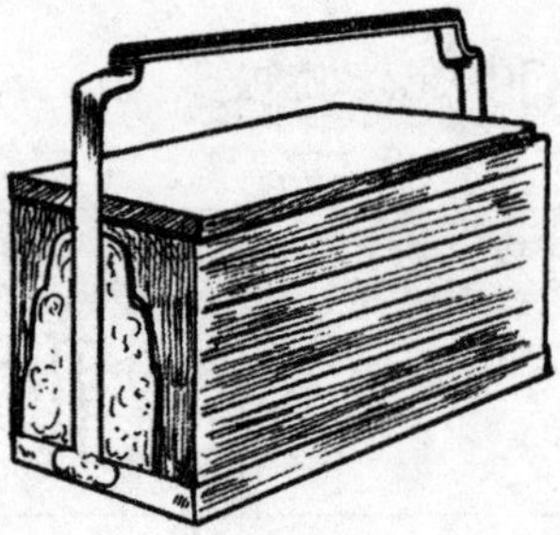

●有学者认为“中”是描摹装载典册的容器，属象形字。

●另有学者认为“中”字描绘军队的旗帜。

⊙以本字组取名命字的名人

“伯”：周初大臣泰伯、明初重臣刘伯温。

“仲”：春秋齐国名相管仲、战国齐隐士鲁仲连、汉朝思想家董仲舒。

“叔”：春秋齐国名臣鲍叔牙、春秋楚国名相孙叔敖、春秋秦国大夫蹇叔、语言学家吕叔湘。

“亚”：汉朝名将周亚夫，诗人柳亚子。

（“中”：唐朝诗人聂夷中、元末《水浒传》作者罗贯中、明朝散文家王慎中、诗人余光中。）

⊙以本字组取名命字的用意

以“伯”“仲”“叔”等字取名命字是中国常见用以表示同辈年纪大小顺序的做法。所以透过观察名字中是否使用这一系列字，可以推断此人在家族同辈之中的排行。

但若名字有“中”字，未必表示被命名者的同辈排行居中。因为“中”字除了有表示中间、通“仲”字的用法外，还可以表示中正、恰（适）当、中举等意思。以“中”取名命字，除了可能表示被命名者的排行，也有可

●“亚”是象形字，描摹有四条墓道的墓穴。

能表示命名者希望被命名者能正正当当、举止得宜，甚至能功成名就、金榜题名。

“亚”字原来表示墓室或明堂一类的建筑，这一类建筑几乎左右相对称，所以“亚”字才引申出“对称”“匹配”这一层意思。不过后世“亚”字更多情况不用本义而多用假借义，它可以表示“丑恶”“次一等”“枝丫”等义。因此以“亚”字取名命字的原因也就很不固定。取其“对称”“匹配”意涵的，大概是希望被命名者能配得上某种德行；由于民间对命名有一种迷信，认为名字取得愈丑恶，愈不容易得到鬼神的注意和忌妒，被命名者便能好养活、平安长大，所以也有因为这一层因素而以“亚”字命名的；又或者命名者希望以“亚”字提醒被命名者要低调，实践老二哲学，不要强出头；最单纯的以“亚”字命名的原因，在于“亚”字音近“丫”“阿”，在名字里它作为一个无义的但充满亲切感的虚词来使用，意在拉近呼名者和被命名者之间的距离。

◎与本字组有关的好话

以下收录与本字组有关的好话，除了方便自我介绍和介绍亲友外，

读完也能增长词语知识和相关的应用能力。

伯 伯歌季舞

兄弟一同唱歌跳舞；形容手足友爱和好。〔汉〕焦赣《易林·否之损》："秋风牵手，相提笑语。伯歌季舞，燕乐以喜。"

伯乐相马

伯乐是历史闻名的相马师，他懂得观察、品评马的优劣；该词后来比喻有眼力者鉴别并荐举人才。

伯仲之间

比喻人或事物不相上下，很难分出高低。〔三国·魏〕曹丕《典论·论文》："傅毅之于班固，伯仲之间耳。"

仲 一时伯仲

伯仲指兄弟或同辈；这句是说条件相当的两人，才能难分高下。〔清〕吴兰馨《绛蘅秋·秋社》："看这怡蔗客所作诸诗，可的是一时伯仲呢！"

管仲随马

连管仲也得靠老马带路，比喻尊重前人的经验。典故出自《韩非子·说林上》："管仲、隰朋从于桓公而伐孤竹，春往冬反，迷惑失道，管仲曰：'老马之智可用也。'乃放老马而随之，遂得道。"

叔 嫂溺叔援

视实际情况而加以变通。典故出自《孟子·离娄上》："男女授受不亲，礼也；嫂溺，援之以手者，权也。"又作"以叔援嫂"。

亚 亚肩迭背

谓肩压肩，背挨背。形容人多、拥挤、热闹的样子。《水浒传·第二十三回》："武松在轿上看时，只见亚肩迭背，闹闹穰穰，屯街塞巷，都来看迎大虫。"《水浒传·第一〇二回》："只见一簇人亚肩迭背的围着一个汉子。"

中 中西合璧

比喻在某种事物中中国和西洋的精华结合在一起。《孽海花·第二十二回》:“那馆房屋的建筑法,是一座中西合璧的五幢两层楼。”也可作“中外合璧”。

中流砥柱

砥柱为山名,屹立在黄河激流中;后来用以比喻坚强而能起支柱作用的人或集体。典故出自《晏子春秋·谏下二四》:“古冶子曰:‘吾尝从君济于河,鼋衔左骖以入砥柱之中流。’”

中流击楫

指〔晋〕祖逖渡江击楫、有志复兴的壮烈气概;后来用以形容继绝存亡的志气。出自《晋书·祖逖传》:“仍将本流徙部曲百余家渡江,中流击楫而誓曰:‘祖逖不能清中原而复济者,有如大江!’”也可作“中流击楫”。

第二篇

时 序

春、秋

附："夏""冬"

⊙本字组与相关诸字的历史面貌和它们的造字本义

"春"这个字,《说文解字》解释道："推也。从艹从日，艹春时生也；屯声。"这个字是会意字兼声，原从"艹""日""屯"，"屯"亦声，本义即是四季中的春天。"春"的义符之一"日",《说文解字》解释道："实也。太阳之精不亏"，是天文星辰的象形描绘，一般即为日间可以清楚观看到的"太阳"。"春"的义符之二"艹"是会意字，从二"屮"，原义为草很多，引申而常被用作表示植物的义符（详参本书数序字组之二"茜"字）。"春"的义符之三"屯"为象形字,《说文解字》解释道："象艹木之初生。"全字描绘植物种子开始发根深扎而芽露的样子。"春"字从"日"表示阳光始炽，植物（艹）得到能量得以发芽茁壮。"春天"是万物，特别是植物用力生长的季节，所以全字便从"艹""日""屯"会意。

"秋"这个字现在写成从"禾"从"火"，指的是农作物成熟的季节。《说文解字》解释道："禾谷孰也。"不过它一开始的写法是个从"火"从"昆"的会意字。"昆"是象形字，全字即昆虫的具体描绘。为了节省书写空间，"秋"字里才把"昆"给竖着写；汉字里很多表示动物的义符偏旁如"虫""豸""犭""豖"，都习惯这样处理。"秋"字从"火"表示以火烧害

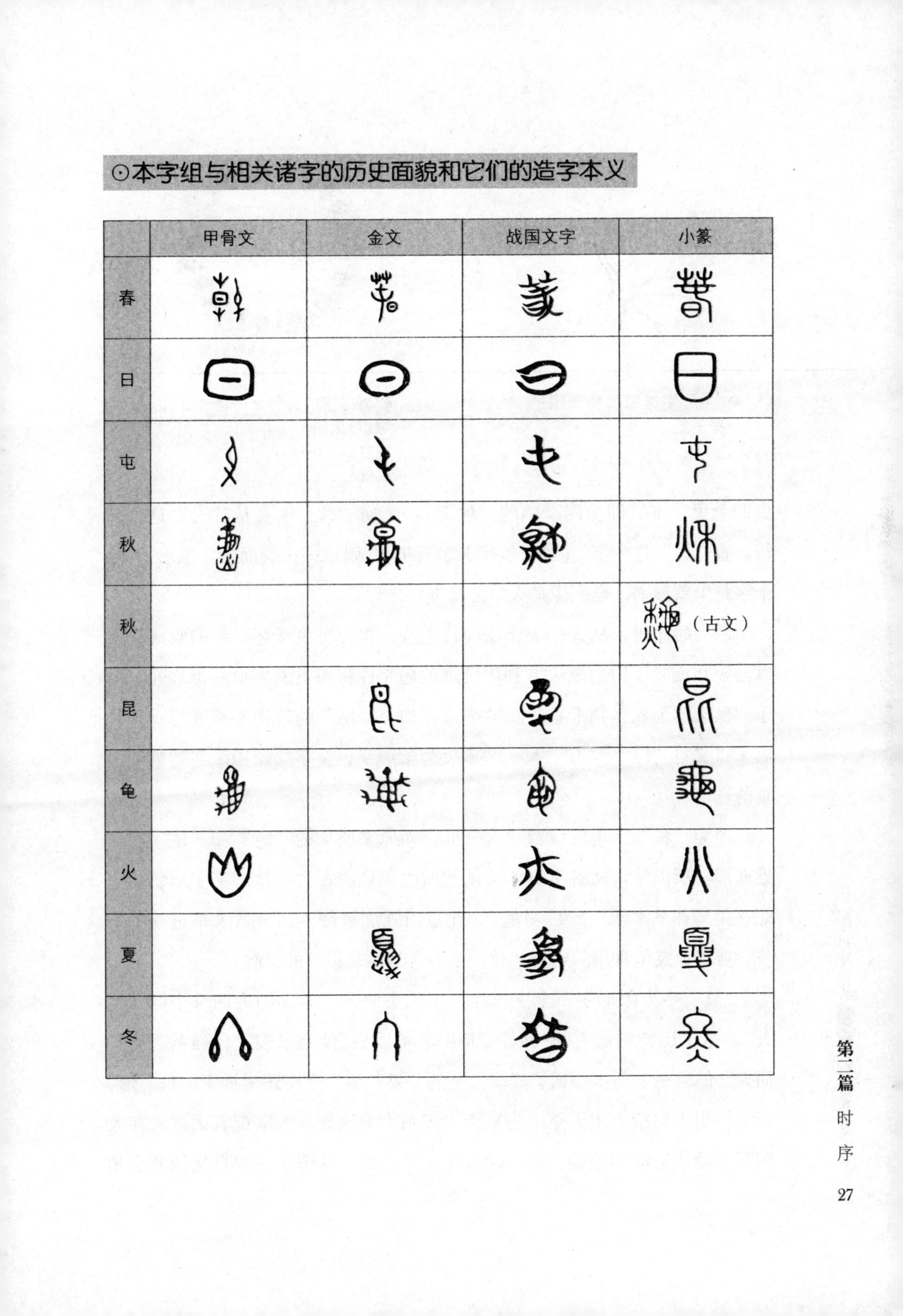

⊙本字组与相关诸字的历史面貌和它们的造字本义

	甲骨文	金文	战国文字	小篆
春				
日				
屯				
秋				
秋				（古文）
昆				
龟				
火				
夏				
冬				

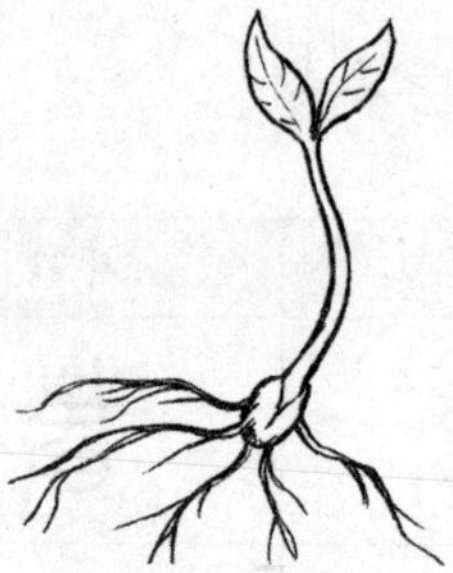

●"屯"字描绘植物长根的样子。

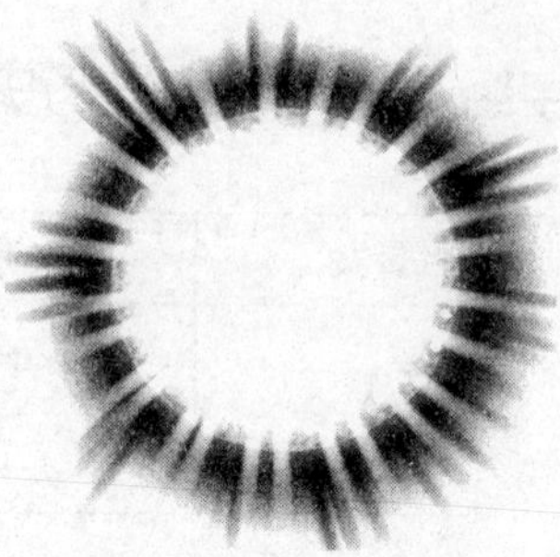

●"春"字的义符之一是"日"，也就是太阳。

虫的意思，本义即为四季中的"秋天"。为何"秋"字要从"火"这个义符？查"火"这个字，《说文解字》解释道："毁也……炎而上。象形。"这个字是个象形字，全字像是火焰分岔上举之形。

因为时序进入秋天，农作物即将丰收，担心害虫破坏一年的收成，所以必须在夜晚于田边燃火，利用昆虫的趋光性将田里的害虫一把烧光。由于"秋天"为农作物准备收获的季节，加上"昆"的笔画多不好写，于是后来将义符"昆"改为"禾"。"禾"为象形字，全字描绘稻禾谷穗饱满下垂的样子。

因为"秋"字仍然保留"火"形，而原来所从的"昆"和"龟"字形近而混。所以《说文解字》才会依照所收集到的古文"秋"字字形认为它应该是写作从"禾""火""龟"，还进而强加解释，认为秋天是进补的季节，要以火炙龟食用。这对"秋"字而言当然是很大的误解。

"夏"字为象形字，全字描绘一人抬头向天，本义即为四季中的"夏天"。全字还特别把人的头以区部特写的"页"偏旁来表示，强调"抬头面天"的这一个动作。到了战国文字的"夏"字，字中还增加了"日"形，特别指出人们抬头望天是因为夏天太阳很大的缘故。大家都有大夏天在太阳下劳动或运动的经验。动一动身体热了，满身汗湿了，很自然地就会抬

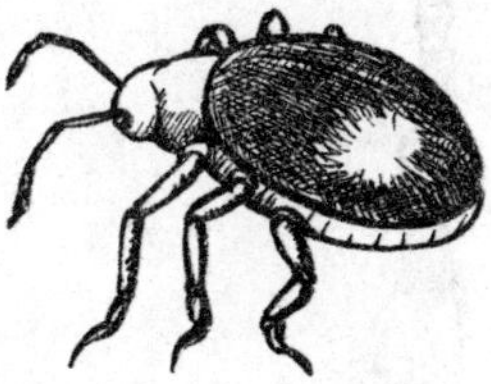

●“昆”为象形字，描绘昆虫形象。

●“火”字是描摹火焰分岔上举的样子。

●“禾”为象形字，描绘禾穗下垂的样子。

头看太阳何时要下山。从这个角度看，“夏”字造得可真动感、真贴切。

“冬”这个字，《说文解字》解释道：“四时尽也。从仌从夂。夂，古文终字。”这个字是个指事字，表示绳子编好后要在终端加一个死结。如果绳子编好后没在结尾的地方打死结，边端的纤维就极易散开，绳子也就跟着不耐用；所以“冬”字原来是结绳之“终”字的初文。由于“冬”是绳索的终点，引申来说，一年之“终”的季节也便以“冬”字表示了。

⊙以本字组取名命字的名人

“春”：明朝开国名将常遇春、台湾作家张大春。

“秋”：散文家梁实秋、京剧艺术大师程砚秋。

（“夏”：工人运动领袖邓中夏。）

（“冬”：京剧演员孟小冬、胡适妻子江冬秀、香港导演尔冬升。）

⊙以本字组取名命字的用意

“春”是季节的名称，指农历的正月至三月这段时间。一年十二个月为春、夏、秋、冬四季，第一个季节就是“春”。由于春天万物复苏，“春回大地”，所以“春”又有“生机”的意涵。依照四季的不同属性，阴阳

●“夏”为象形字，描摹因为太阳高照，人们抬头看太阳何时下山的样子。

● “冬”为指事字，原表示绳末的结。

家将之与四方搭配：春—东，夏—南，秋—西，冬—北，所以“春”又能指称“东方”（“东”字也有“活力”“生气”的意思）。以“春”字取名命字，一个可能是借此字标志被命名者的出生时间。另一个可能是寄寓了命名者希望被命名者能每时每刻像春天那般有活力的用意。在台湾，因为“春”字和闽南语的“剩”字同音，如果被命名者的出生并不在家族的生育计划之中，也有因此以“春”字的这个谐音意思来命名的。

“秋”是一年之中第三个季节的名称，为农历的七月到九月这段时间。搭配四方中的西方，为金行。这个季节通常在收获的地区，庄稼作物都已成熟，可以收割，所以“秋”字又有收获的意思。以“秋”字取名命字，一个可能是借此字标志被命名者的出生时间，一个可能是被命名者命中缺金，所以用代表西方、金行的“秋”字来取名命字，加以救济，另一个可能是命名者希望被命名者能永远处在“丰收”（不论物质还是心灵上的）的幸福状态。

“夏”是一年之中第二个季节的名称，为农历的四月到六月这段时间。搭配四方中的南方，为火行。后来假用指称中原古部落名，“夏”也是中国历史上第一个朝代名，所以相沿为中国人的称呼。“夏”与“假”“雅”音近，所以“夏”字也可以表示“宽假”“文雅”这一类意思。以“夏”字取名命字，一个可能是借此字标志被命名者的出生时间；一个可能是被命名者命中缺火，所以用代表南方、火行的“夏”字来取名命字，加以救济；另一个可能则是寄寓了命名者希望被命名者能扬名、称霸华夏的用意，又或者希望被命名者能具备文雅、宽容大度的气质。

“冬”是一年之中第四个季节的名称，为农历的十月到十二月这段时间。搭配四方中的北方，为水行。这个季节的植物已经凋萎，生物也都找地方避冬或就地冬眠，万物静寂。以“冬”字取名命字，一个可能是借此字标志被命名者的出生时间；另一个可能是被命名者命中缺水，所以用代表北方、水行的“冬”字来取名命字。

◎与本字组有关的好话

以下收录与本字组有关的好话，除了方便自我介绍和介绍亲友外，读完也能增长词语知识和相关的应用能力。

春 寸草春晖

子女难以报答父母养育之恩；典故出自〔唐〕孟郊《游子吟》：“慈母手中线，游子身上衣。临行密密缝，意恐迟迟归。谁言寸草心，报得三春晖！”

如坐春风

〔宋〕朱熹《伊洛渊源录·卷四》：“朱公掞见明道于汝州，踰月而归。语人曰：‘光庭在春风中坐了一月。’”后用以比喻与品德高尚而有学识的人相处并受其熏陶。

富于春秋

谓年少，年轻。《史记·曹相国世家》：“天下初定，悼惠王富于春秋，参尽召长老诸生，问所以安集百姓。”

秋 平分秋色

典故出自《楚辞·九辩》："皇天平分四时兮，窃独悲此廪秋。"〔唐〕韩愈《合江亭》："穷秋感平分，新月怜半破。"后以"平分秋色"比喻双方各得一半。

一叶知秋

看见一片落叶，就知道秋天来临；比喻从细微的迹象就能推知事物发展变化的趋势。典故出自《淮南子·说山训》："以小明大，见一叶落而知岁之将暮，睹瓶中之冰而知天下之寒。"也可作"一叶报秋"。

春花秋月

春天的花，秋天的月；指春秋佳景或泛指美好的时光。〔南唐〕李煜《虞美人》："春花秋月何时了？往事知多少！"

夏 夏雨雨人

比喻及时给人以教益或帮助。〔汉〕刘向《说苑·贵德》："管仲上车曰：'嗟兹乎，我穷必矣。吾不能以春风风人，吾不能以夏雨雨人，吾穷必矣。'"

随车夏雨

谓时雨跟着车子而降；比喻官吏施行仁政，及时为民解忧。《后汉书·郑弘传》："政有仁惠，民称苏息"，李贤注引〔三国·吴〕谢承《后汉书》："弘消息繇赋，政不烦苛。行春天旱，随车致雨。"

冬温夏清

冬温被使暖，夏扇席使凉；形容侍奉长辈无微不至。典故出自《礼记·曲礼上》："凡为人子之礼，冬温而夏凊；昏定而晨省。"

冬 无冬无夏

不分寒暑地持续下去。〔清〕纪昀《阅微草堂笔记·滦阳消夏录六》："无间冬夏，读书恒至夜半。"

年、世

⊙本字组与相关诸字的历史面貌和它们的造字本义

“年”这个字，《说文解字》解释道：“谷孰也。从禾千声。”它是个会意字，原指一年的农作物收成，所以从“禾”这个义符；农作物收割完毕，就得由人顶着或扛着回去储藏，所以“年”字从“人”这个义符。你看“年”的全字不就是动态地描摹农作物收成后，还要由人头顶着运回去储藏的样子吗？之后“人”旁因为加了装饰笔画的缘故而写成“千”，就变成小篆那样的构形。由于一年里农夫要春耕、夏耘、秋收、冬藏，到了年底才能有好收成，所以“年”字后来才引申出包含四季运行的一个周期时段——“年”。

“世”这个字，《说文解字》解释道：“三十年为一世。从卅而曳长之。亦取其声也。”这个字原为象形字，表示树枝及上头的叶子，它即是“叶”字的初文。由于植物的生长是先生枝后发叶，有如人先有父兄才有子孙，“世”于是才引申有表达人事“世代”之“世”的意思。

⊙以本字组取名命字的名人

“年”：汉朝乐府都尉李延年、宋朝诗人石延年、史学家傅斯年。

“世”：唐太宗李世民、明朝名臣王世贞、清朝武术家方世玉、清末民

⊙本字组与相关诸字的历史面貌和它们的造字本义

	甲骨文	金文	战国文字	小篆
年				
世				

初军事家袁世凯。

⊙以本字组取名命字的用意

“年”这个字本义就是指五谷成熟，收割后由人顶着回家存放的意思，字义自然引申有“丰收”的意思；“丰收”后没多久就要过农历春节，所以“年”还可以指年节。在一年一获的地区，“年”字还可以指四季一轮回的总称。因为古人算命常以一年为一个最小预测单位——“流年”，所以“年”隐含“命运”“时运”的意思。以“年”字取名命字，或者是命名者希望被命名者能处处都有收获；或者希望被命名者能长命百岁；又或者希望被命名者能平安顺遂交好运！

“世”为“叶”之初文，后来假借为时间长度单位，古人称三十年为一世，又称父子相继为一世；人的一生也可以称“世”。另外“世”的“时段”义也引申可指某一个朝代、时代。以“世”字取名命字，寄寓了命名者希望被命名者可以扬名、称霸某个世代的用意，又或者能够顺顺利利地过一生。

●"年"的字形像人头顶着农作物的样子。

●"世"是象形字，描绘树枝及上头的叶子。

◎与本字组有关的好话

以下收录与本字组有关的好话，除了方便自我介绍和介绍亲友外，读完也能增长词语知识和相关的应用能力。

年 年高德劭

劭，表示美好。本句指年纪大，德行好。〔汉〕扬雄《法言·孝至》："吾闻诸传：'老则戒之在得'，年弥高而德弥劭者，是孔子之徒与！"

年富力强

年纪轻，精力旺盛。《论语·子罕》："后生可畏"，〔宋〕朱熹解释道："孔子言后生年富力强，足以积学而有待，其势可畏。"

少年老成

谓年轻而稳重，有如阅历多的年长者。〔汉〕赵岐《三辅决录·韦康》："韦元将年十五，身长八尺五寸，为郡主簿。杨彪称曰：'韦主簿年虽少，有老成之风，昂昂千里之驹。'"

世 一世之雄

一个时代的英雄。《宋书·武帝纪上》："刘裕足为一世之雄。"

世外桃源

〔晋〕陶潜《桃花源记》描述一个与世隔绝、未受战乱破坏的理想社会："自云先世避秦时乱，率妻子邑人来此绝境，不复出焉，遂与外人间隔。问今是何世，乃不知有汉，无论魏晋。"后以"世外桃源"借指不受外界影响或理想中的美好境地。

匡时济世

匡救时世。〔唐〕元稹《才识兼茂明于体用策》："故禹拜昌言而嘉猷罔伏，汉征极谏而文学稍进。匡时济俗，罔不率繇。"也可作"匡时济俗"。

第三篇

天文地理

天、元

附："昊"

⊙本字组与相关诸字的历史面貌和它们的造字本义

"天"这个字，《说文解字》解释道："颠也。至高无上，从一大。""大"是象形字，就是一个人站得四平八稳的样子；《说文解字》解释道："天大，地大，人亦大。故大象人形。"古人认为天大地大人亦大，所以画一个舒展四肢、将四肢伸展到极限的人来表示"大"这个观念。"天"在甲骨文、金文字形里，上面那个头显得特别大。其实这个字指的就是人的头颠、头顶。在这个阶段的"天"字是象形字。那为什么后来"天"有"天空""天上"的意思？这是因为人的头顶就是天，人人头上都顶着一片天，意思是这么来的。

后来由于写这个"天"字还要画圈圈，实在麻烦透顶，于是就把人头给省成了一横笔，整个字就变成了用"一"指代天空在"大"这个人头顶的会意字啰！

"元"这个字，《说文解字》解释道："始也。从一从兀。"高鸿缙《中国字例》："元、兀一字，意为人之首也。"它和"天"字一样，原先指的也是人类的头部，只不过"元"字写起来像是一个侧面站立的人。在这人形之上再加了两横，特别强调人的头部。由于"元"字指称"人头"的这

⊙本字组与相关诸字的历史面貌和它们的造字本义

	甲骨文	金文	战国文字	小篆
天				
大				
元				
昊				

层意义特别强烈，所以也引申指事情的起头、初始。

“昊”这个字，《说文解字》解释道：“春为昦天，元气昊昊。从日、夰，夰亦声。”用白话说就是元气很广大、天空很广大的样子。这个字放个“日”在“天”上，也就是指人头顶上的天。人头顶上的天除了太阳，什么都没有，那就叫“万里无云”。既是万里无云，天空看起来就很广大了呀！

⊙以本字组取名命字的名人

“天”：宋朝殉国忠臣文天祥、清朝神童吏部尚书李天馥、铁路专家詹天佑。

“元”：唐朝散文家柳宗元、北魏地理学家郦道元、中华民国总统黎元洪、教育家蔡元培。

（“昊”：西夏开国皇帝李元昊。）

●“大”是描摹一个人站得四平八稳的样子。

●“昊”就是指人头顶上广大的天空。

⊙以本字组取名命字的用意

“天”字本来指人头顶上的天空，由于古时候的最高统治者——“皇帝”高高在上，所以也有以“天”加以称呼的。人的额部在全身最上部，这个部分的人体也可以称作“天”或“天庭”。因为天空有众多星体运行，所以“天”也有“天体”或“天象”的意思，由此而引申出“自然”或“自然运行”的意思；再从这一层意思出发，引申出“天生”“天性”的意涵。以“天”字取名命字，主要是命名者希望被命名者能够听从自己的天然善性，发挥天赋的才华，使得自己将来的成就或地位能够如天空那般在众人之上！

“元”字的本义指“人头”。由于人头带领身体其他部位行动，所以“元”字又引申有“首长”“为首”的意思。为首者以身作则，都走在群众的最前方，所以“元”字又有“第一”的意思。“元”字又通“原”字，所以它也有“原始”“本原”“基本”的含义。以“元”字取名命字，一个是希望被命名者能成为众人的领袖，不论有什么表现，名次永远都排在大家的前面；另一个则是希望他能觉察天地万物运行的本原之道，顺道而为，成就大事业。

“昊”字原指广大的天，以“昊”字取名命字，一个与取“天”字命名的用意相当；另一个则是希望被命名者具备有如广大之天那般的气度与格局。

◎与本字组有关的好话

以下收录与本字组有关的好话，除了方便自我介绍和介绍亲友外，读完也能增长词语知识和相关的应用能力。

天 一统天下

统一全国。《尚书大传·卷四》：“当其效功也，于卜洛邑，营成周，改正朔，立宗庙，序祭祀，易牺牲，制礼乐，一统天下。”

人定胜天

人力可以战胜自然。〔宋〕刘过《襄阳歌》：“人定兮胜天，半壁久无胡日月。”

倚天拔地

倚天而立，拔地而起。极言魁伟雄奇。〔清〕陈廷焯《白雨斋词话·卷七》：“至杜陵，负其倚天拔地之才，更欲驾《风》《骚》而上之，则有所不能。”

元 贞下起元

《易经·干卦》：“元亨利贞”，尚秉和注解：“元亨利贞，即春夏秋冬，即东南西北，震元离亨兑利坎贞，往来循环，不忒不穷。”因此“贞下起元”可以表示天道人事的循环往复，周流不息。

连中三元

科举制度分别称乡试、会试、殿试的第一名为解元、会元、状元。合称三元。“连中三元”指接连在乡试、会试、殿试中获第一名。《二刻拍案惊奇·卷一》：“〔王曾〕后来连中三元，官封沂国公。”

元经秘旨

微妙的道理。〔清〕袁枚《续新齐谐·雁岩仙女》：“所说言语，都是元经秘旨，不能记忆。”

昊 昊天罔极

谓父母尊长养育恩德深广，欲报而无可报答。《诗经·小雅·蓼莪》：“父兮生我，母兮鞠我……欲报之德，昊天罔极。”

阳、晶

附："日""星"

⊙本字组与相关诸字的历史面貌和它们的造字本义

"阳"这个字，繁体字写作"陽"，《说文解字》解释道："高、明也。从阜昜声。"它是个会意字，本指高明之处所。"阳"所从的义符"阜"，《说文解字》解释道："大陆，山无石者。象形"，指的是高低不平的小土丘；一说为崖上可供登高的连续阶梯或脚窝。"阳"的另一个义符"昜"则为指事字，上从"日"，下方的笔画像是日头初升、四射的光线洒在地平线上的样子；"昜"全字即为日出东山、大地光明的意思。"阜"的地势较高，本来就容易被日光照到，所以"阳"字才从"阜""昜"的会意；"阳"字也就因此引申可指常被阳光照到的山岳南面。

"晶"这个字，《说文解字》解释道："精光也。从三日。"它是个从三"日"的会意字，指的就是天上的星体，为"星"之初文。"日"这个字，一般即为日间可以清楚观看到的"太阳"（详参本书时序字组之一"春"字）；但也可表示夜间可以观察到的远方恒星。汉字造字规则中，凡是重复三个同样偏旁就有"多"的意思，从三"日"的"晶"字即表示天上星罗密布的样子。后来增加"生"字作为声符，原来所从"晶"简写成"⿱"或"日"，即成为今日"星"字的写法。"星"这个字，《说文解字》解释

⊙本字组与相关诸字的历史面貌和它们的造字本义

	甲骨文	金文	战国文字	小篆
阳				
晶				
星				
生				

道：“万物之精，上为列星。从晶生声。一曰象形。”“生”这个字，《说文解字》解释道：“进也。象艹木生出土上。”它是个象形字，全字画出植物从地表向上生长的样子，后来在表示植物茎的笔画上加一横笔，才使“生”字下部看起来像“土”。不过这种讹变应该是有意的，如此使得植物从“土地”生出的形象更为鲜明。

⊙以本字组取名命字的名人

“阳”：唐朝书法家李阳冰、明朝散文家李东阳、小说家高阳。

“晶”：香港导演王晶、跳水运动员郭晶晶。

（“日”：唐朝文学家皮日休、台湾著名法医杨日松。）

（“星”：辛亥革命烈士罗福星、音乐家冼星海、导演周星驰。）

1.  2.  3.  4. 

1.“阜”字一说是指连续的阶梯。
2.“昜”表示日出东山，大地光明的意思。
3.“晶”字重复三个“日”，表示天上的星星众多。
4.“生”字画出植物冒出地表生长的样子。

⊙以本字组取名命字的用意

“阳”字原指日出东山，大地一片光明的样子，也可以作为“太阳”的专指。容易被太阳晒到的南面也称“阳”。由于太阳给人强烈的温暖，是地球上所有生命能量的来源，所以“阳”字也与“阴”字相对，可以指称所有正面的、强烈的、凸出的、阳间的概念。以“阳”字取名命字，一个可能是经相命师指点，被命名者命属极寒阴之人，于是以“阳”字为名加以救济；另一个可能是命名者希望被命名者具有强大的生命力，个性阳刚、处事刚健、积极进取。“日”为太阳之象形，以“日”字取名命字的用意与取“阳”字相当。不过“日”除了可指太阳，也可以指一个白天夜晚的时间长度，如此则以“日”为名，也寄寓了命名者希望被命名者能“日日新”“日日是好日”的用意。

“晶”字为“星”字初文，指天上可以发出亮光到达地球的恒星或是星宿。后来扩大可用以形容像星光那般的亮光。以“晶”或“星”字取名命字，一个是希望被命名者如同天上星宿下凡，具有有别于凡人的天赋或能力，得以吐气扬眉；一个是取“晶”或“星”字的发光形象，希望被命名者能够发光发亮，让世人都见识到他超凡的能力；另一个可能取“流星”的形象，希望被命名者能像流星那样迅捷，带给世人惊叹！

◎与本字组有关的好话

以下收录与本字组有关的好话，除了方便自我介绍和介绍亲友外，读完也能增长词语知识和相关的应用能力。

阳 三阳开泰

《易经》以十月为坤卦，纯阴之象。十一月为复卦，一阳生于下；十二月为临卦，二阳生于下；正月为泰卦，三阳生于下；冬去春来，阴消阳长，有吉亨之象。故旧时以“三阳开泰”或“三阳交泰”为岁首称颂之语。

朝阳鸣春

比喻品德出众、正直敢谏之人。典故出自《诗经·大雅·卷阿》：“凤凰鸣矣，于彼高冈，梧桐生矣，于彼朝阳。”

否极阳回

犹言“否极泰来”。〔清〕陈梦雷《丁巳秋道山募建普度疏》：“祸盈业满，否极阳回。”

晶 油光晶亮

形容非常光滑明亮。

晶莹剔透

形容制工精美，薄可透光的样子。

日 一日万几

形容帝王每天处理政事极为繁忙。典故出自《尚书·皋陶谟》：“兢兢业业，一日二日万几。”孔颖达解释道：“几，微也。言当戒惧万事之微。”也可作“一日万机”。

与日俱增

随着时间的推移而不断增长，增加。

来日方长

未来的日子还很长。表示事有可为；或劝人暂时不必急于从事某一活动。

星 吉星高照

吉祥之星高照。旧时以为是万事顺遂的预兆，亦用于比喻交好运。

星流霆击

如同流星闪电；用来形容迅猛异常。〔汉〕司马相如《子虚赋》："乘遗风，射游骐，倏眒倩浰，雷动焱至，星流霆击。"也可作"星流电击"。

景星凤凰

传说太平之世才能见到景星和凤凰。后比喻美好的事物或杰出的人才。〔唐〕韩愈《与少室李拾遗书》："朝廷之士，引颈东望，若景星凤凰之始见也，争先睹之为快。"

云、霞、雪、雯

⊙本字组与相关诸字的历史面貌和它们的造字本义

“云”这个字，繁体字写作“雲”，《说文解字》解释道：“山川气也。从雨，云象云回转形。”它原本作“云”，为象形字，全字像天上云气回旋成团团棉花的样子，后来加了义符“雨”以加强云生雨降的意象，造成“云”这个后起形声字。“雨”作为义符，本身则是象形字。《说文解字》：“水从云下也。”最上面一横像天，冂像云，一点一点向下的笔画则表示水滴由天而降。

“霞”这个字，《说文解字》解释道：“赤云气也。从雨叚声。”它是个从“雨”“叚”声的形声字，因为字的意思指日出、日落前后天空及云层上因日光斜照而出现的彩色光象或彩色的云，所以从“雨”。它的声符“叚”，《说文解字》解释道：“借”，它是个会意字。字形先画出一个“厂”，“厂”本身则是象形字，全字描绘悬崖的样子，就是“崖”的初文。“叚”全字表示在“厂”下有两只“又”（手）在交付某些东西，本义即是“借用”——就是“假”的初文。为什么要约在“厂”下交付呢？大概跟别人借东西（钱）感觉不是一件光荣的事，所以要找个隐秘之处来进行吧！

“雪”这个字，《说文解字》解释道：“凝雨，说物者。从雨彗声。”它

⊙本字组与相关诸字的历史面貌和它们的造字本义

	甲骨文	金文	战国文字	小篆
云				
雨				
霞				
叚				
雪				
彗				
帚				
雯				
文				

是个形声字，指的就是“雪花”。因为雨云遇到冷空气才会降雪，所以从“雨”这个意符。而声符“彗”本身是会意字，像“又”（手）持帚或拂尘扫除的样子。后来名词化后引申可指扫具，所以《说文解字》才说它

●“云”描绘出云的形象，为象形字。

●“雨”为象形字，描绘雨从天空降下来的样子。

●“霞”是形声字，有彩云的意思。

是“埽竹也”。“雪”为天上所降下之水气结晶，为使出入方便本就应扫除。“彗”旁于字中既能表义，又有标音的作用，这层意象在甲骨文的“雪”字写法里表现得最为明显。

“雯”这个字，《康熙字典》解释道：“音文。《广韵》：‘云文。’《集韵》：‘云成章曰雯。’《古三坟》：‘日云赤昙，月云素雯。’”它是个从“雨”“文”会意的字。因为指的就是云呈现出具有美感的纹理，因此从“雨”这个义符。“文”这个字，《说文解字》解释道：“错画也。象交文。”是个象形字，本为人体交纹的样子，即是文身。“文”也就是“纹”的本字，后来引申有“文理”“文采”的意思。“雯”既指云文，当然从“文”这个义符。

⊙以本字组取名命字的名人

“云”：出版家王云五、阿里巴巴创始人马云。

“霞”：评剧表演艺术家新凤霞、台湾艺人林青霞。

“雪”：清朝《红楼梦》作者曹雪芹、中国近代著名红顶商人胡雪岩。

“雯”：京剧演员杨秋雯、演员蒋雯丽。

1. 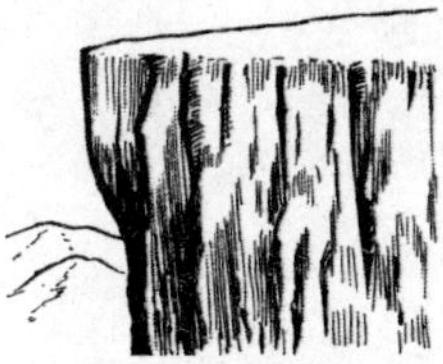 2.  3.  4. 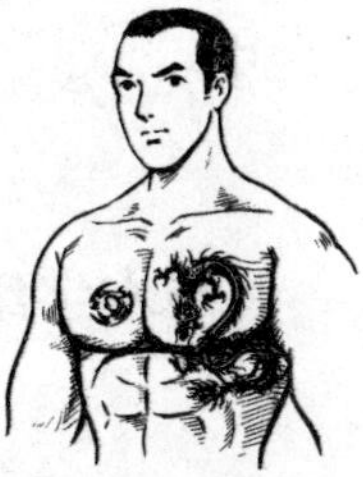

1.“厂”字描绘悬崖的形象。
2.“彗”像人手持扫帚扫除的样子，为会意字。
3.“雯”是会意字，表示有花纹的云彩。
4.“文”原指人体上的文身。

⊙以本字组取名命字的用意

“云”即是天空中凝结的成团水气。在一般天气里，由于云会阻挡、折射光线，所以云的颜色以白色居多。以“云”字取名命字，一个是取其高高在上的形象，希望被命名者能“平步青云”；另一个是取“云”的洁白形象，希望被命名者遵守道德，努力使自己保持“洁白无瑕”。

“霞”字本指在日出或日落前后天空云层因日光斜照而出现的彩云。因为彩云具有多种颜色，所以“霞”字又引申可指彩色。一般以“霞”字为女子取名命字的机会较高，这是因为命名者取“霞”字多彩的形象，希望被命名者的姿色和才艺有如“霞”那般美丽、缤纷。

“雪”字指的是云中湿气遇到零度以下空气时所产生的白色结晶。因为结晶后重量变重，便从天空落下。以“雪”字取名命字，一个是取“雪”字洁白的形象，希望被命名者能清清白白地爱护自己的名声；另一个则是“雪”“冰”给人寒冷的感觉，可使人冷静，进而做出理智的判断；以“雪”字取名命字，也寄寓了命名者希望被命名者能“冰雪聪明”的用意。

“雯”字本来指成花纹的云彩，也可以指云彩上的花纹。由于这种花纹是云遇到特殊天气所自然产生的，以“雯”字取名命字，寄寓了命名者希望被命名者能“丽质天生”的用意，“雯”字也因此多用在女子的名字之中。

◎与本字组有关的好话

以下收录与本字组有关的好话，除了方便自我介绍和介绍亲友外，读完也能增长词语知识和相关的应用能力。

云 直上青云

形容官运亨通，直登高位。〔唐〕李白《驾去温泉宫后赠杨山人》：“一朝君王垂拂拭，剖心输丹雪胸臆。忽蒙白日回景光，直上青云生羽翼。”

壮气凌云

豪壮的气概高入云霄。《水浒传·第六十一回》：“杀场临敌处，冲开万马，扫退千军，更忠胆贯日，壮气凌云。”

叱咤风云

形容声势、威力极大。《晋书·乞伏炽盘载记论》：“炽盘叱咤风云，见机而动。”

霞 云兴霞蔚

云气升起、彩霞聚集；形容景物绚丽多彩。〔南朝·宋〕刘义庆《世说新语·言语》：“顾长康从会稽还，人问山川之美，顾云：‘千岩竞秀，万壑争流，草木葱茏其上，若云兴霞蔚。’”

海怀霞想

〔唐〕李白《秋夕书怀》：“海怀结沧洲，霞想游赤城。”本托意仙游。后以“海怀霞想”谓远游隐居之思。

霞姿月韵

比喻俊美清雅的仪态和风度。〔明〕程羽文《鸳鸯牒》：“张惠连霞姿月韵，春梦楼高。”

雪 映雪囊萤

〔晋〕孙康家贫，冬夜映雪光读书；〔晋〕车胤家贫，夏夜练囊盛萤，借萤火虫的微光读书。事见《初学记·卷二》引《宋齐语》《晋书·车胤传》。后以“映雪囊萤”形容夜以继日的苦学。

冰雪聪明

形容人之聪颖。〔唐〕杜甫《送樊二十三侍御赴汉中判官》：“坐知七曜历，手画三军势。冰雪净聪明，雷霆走精锐。”

雪兆丰年

冬天大雪是来年丰收的预兆。《镜花缘·第三回》：“武后因雪越下越大，不觉喜道：‘古人云：雪兆丰年。朕才登极，就得如此佳兆。’”

山、峰（峯）

附：“地”“田”

⊙本字组与相关诸字的历史面貌和它们的造字本义

“山”这个字，《说文解字》解释道：“有石而高。象形。”它是个象形字，全字就是对山脉起伏的具体描绘——像山峰并立的样子。先秦的“山”和“火”二字的写法十分相似，在笔画填实的金文里尤难区分；但只要注意：“山”字的笔画大部分都是填实，“火”字有时会保留空虚；山平立在地面，所以“山”字的下部较容易出现平笔，火焰从燃烧的中心点上冒，“火”字下部较容易写成“U”形；“山”字笔画抽象化后多写作三笔，“火”字为表示火焰灰烬腾飞的样子，有时字上会加几个顿点来表示。

“峰”这个字，《说文解字》解释道：“山端也。从山夆声。”它是个从“山”“夆”声的形声字，也可写作“峯”，本义指山的顶端。“夆”从“夂”“丰”声，“夂”和“止”是相对的观念：“止”是象形字，全字是脚掌之形的简要勾勒，它就是“趾”的初文。因为“脚掌”是用来行走的，所以“止”就引申有“前往”的意思，“夂”和“止”的字形刚好上下相反，就有“前往”的相反义“往回走”的意思。至于“夆”的声符“丰”本身就是个象形字，全字描绘众多玉石串在一起的样子。串在一起的玉，一可用来供神，二可作为君子的装饰。由于“丰”是众多玉石串在一块

⊙本字组与相关诸字的历史面貌和它们的造字本义

	甲骨文	金文	战国文字	小篆
山				
峰（峯）				
夆				
丰				
地				
也（它）				
田				

儿，所以引申有“丰富”的意思；它也正是“丰”字的初文。而“夆”从“夊”“丰”声，本义指“迎面走来”，“夆”也正是“逢”字的初文。

“地”这个字，《说文解字》解释道：“元气初分，轻清阳为天，重浊阴为地。万物所陈也。从土也声。”这个字是个从“土”“也”声的形声字，本义就是“大地”，所以从“土”这个义符。声符“也”和“它”是一字的分化，《说文解字》说：“它，虫也。从虫而长，象冤曲垂尾形。”它原是个象形字，全字描绘一个头部巨大的蛇类，本义指的就是“蛇”。后来

●“山”字描绘出山峦起伏的样子。

●“峰”字指山峰的顶端。

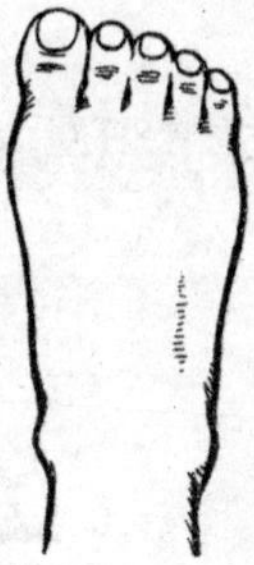

●“止”是象形字，画出脚掌的形象。

“它”字被借用为第三人称，“也”字也被借为虚词，于是另外造一个后起形声字“蛇”来表示。

“田”这个字，《说文解字》解释道：“陈也。树谷曰田。象四囗。十，阡陌之制也。”它是个象形字，全字即描绘田中阡陌交横的样子。将大家的田地划成一格一格的，第一个好处是方便耕种或巡田，第二个好处是容易灌溉，第三个好处是方便赋税时用来计算课征的田地面积。

⊙以本字组取名命字的名人

“山”：唐玄宗朝乱臣安禄山、中华民国陆军上将阎锡山。

“峰”：现代著名诗人冯雪峰、著名配音演员邱岳峰。

（“地”：清康熙朝名臣李光地、作家许地山。）

（“田”：著名评书表演艺术大师单田芳、相声演员常贵田。）

⊙以本字组取名命字的用意

“山”字本指“山岳”，后来泛指一切高于地面的地形。所以坟头也可称“山”，垃圾成堆也可称“山”，乃至家财万贯也可称“金山银山”。由于“山”给人一种高耸入云的印象，以“山”字命名，可能是命名者希望

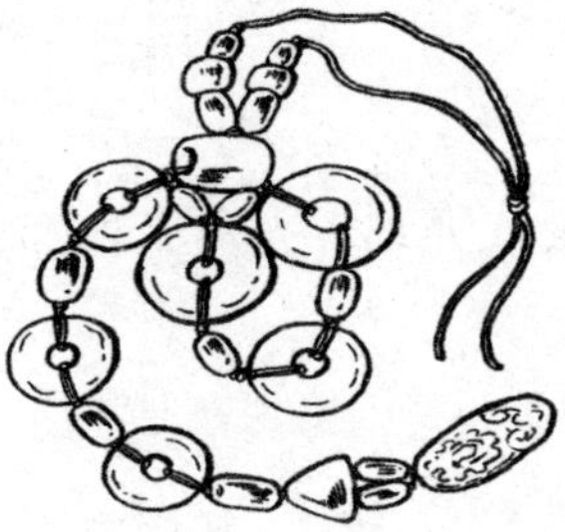

●“丰”字描绘出玉石成串的样子。

●“它”为象形字，表示头部巨大的蛇。

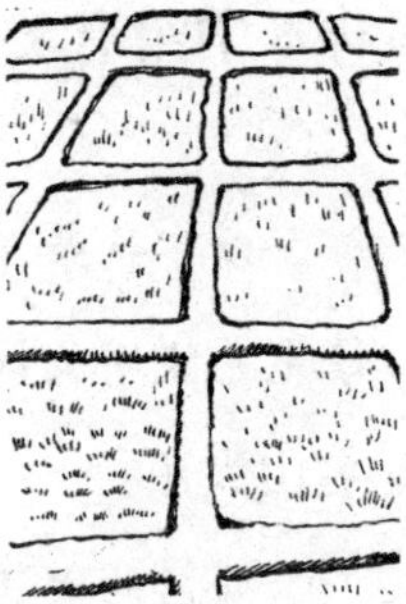

●“田”是象形字，描绘田中阡陌交横的样子。

被命名者的视野能像登山望远那样辽阔，也可能是希望被命名者所取得的成就能像山那样高耸，又或者希望被命名者能像山那样纹丝不动，稳重有成。

“峰”字指的是“山的顶端”。由于“峰”字从“山”，以“峰”字命名，一个原因是与取“山”字相同；另一个原因是命名者希望被命名者能开创一番轰轰烈烈的事业，在生命里不断地登峰造极、超越巅峰。

“地”字指的就是“大地”，它与“天”的概念是相对的。地能生长化育万物，所以常和天被并称为万物的父母。因为地承载万物，也就具有厚实、忍耐的形象。以“地”字取名命字，一个可能是经相命师指点，被命名者命中缺土，于是取从“土”旁的“地”字为名，加以救济；“地”是最大的“土”，救济的效果当然也就最好。另一个可能是命名者希望被命名者能像“地”那般为他人提供温暖和支持，又具有坚韧不拔的特质。

“田”指的就是生长出民生物资的田地，“有土斯有财”。以“田”字取名命字，表示命名者希望被命名者能成为一辈子不愁吃穿的大地主之流。

◎与本字组有关的好话

以下收录与本字组有关的好话，除了方便自我介绍和介绍亲友外，读完也能增长词语知识和相关的应用能力。

山 名山大川

著名的大山大河。《尚书·武成》：“所过名山大川。”传：“名山，华岳；大川，河。”

它山之石

《诗经·小雅·鹤鸣》：“它山之石，可以为错。”毛传：“错，石也，可以琢玉。举贤用滞，则可以治国。”郑玄解释道：“它山喻异国。”又：“它山之石，可以攻玉。”毛传：“攻，错也。”本谓别国的贤才也可用为本国的辅佐，正如别的山上的石头也可为砺石，用来琢磨玉器。

山高水长

借由山高水长的形象来形容品格高洁，流传久远。〔宋〕范仲淹《桐庐郡严先生祠堂记》：“云山苍苍，江水泱泱。先生之风，山高水长。”

峰 峰回路转

山势曲折，道路随之迂回；引申可形容事情经历曲折后，出现新的转机。〔宋〕欧阳修《醉翁亭记》：“峰回路转，有亭翼然临于泉上者，醉翁亭也。”

登峰造极

造诣达到极高的境地。〔南朝·宋〕刘义庆《世说新语·文学》：“佛经以为祛练神明，则圣人可致。简文云‘不知便可登峰造极不？然陶练之功，尚不可诬。’”

望峰息心

遥望山峦巍峨而尘念随之平息；多指遁世隐居，也可指知难而止息。〔南朝·梁〕吴均《与宋元思书》：“鸢飞戾天者，望峰息心；经纶世务者，窥谷忘反。”

地 用天因地

利用天时，顺应地利。《东观汉记·公孙述传》：“蜀地沃野千里，土壤膏腴……所谓用天因地，成功之资也。”

上天入地

升上天空，钻入地下。形容神通广大。〔唐〕李复言《续幽怪录·卢仆射从史》：“吾已得炼形之术也，其术自无形而炼成三尺之形，则上天入地，乘云驾鹤，千变万化，无不可也。”

出人头地

超出一般人；高人一等。〔明〕张宁《方洲杂言》：“黄素负气，因与二公有隙，奋笔批予卷，有‘大廷之对，必出人头地’。”

田 龙德在田

《易经·乾卦》：“‘见龙在田’，德施普也。”后因以“龙德在田”形容恩德广被。

田连阡陌

形容田地广阔，一块接着一块。《汉书·食货志上》：“富者田连阡陌，贫者无立锥之地。”

蓝田生玉

比喻名门出贤子弟。典故出自《三国志·吴书·诸葛恪传》：“诸葛恪字符逊，瑾长子也。少知名”，裴松之注引〔晋〕虞溥《江表传》：“恪少有才名，发藻岐嶷，辩论应机，莫与为对。权见而奇之，谓瑾曰：‘蓝田生玉，真不虚也。’”

金、锋、铭

⊙本字组与相关诸字的历史面貌和它们的造字本义

“金”这个字，《说文解字》解释道：“生于土，从土；左右注，象金在土中形；今声。”这个字原本是个指事字，先写个“土”，然后在“土”旁加二点，表示金属是从土中的矿物所提炼出来的，后来加了个“今”省形作为声符，才变成了今日形声字的写法。它的声符“今”，本身是个指事字，全字像是口中含有东西，它也就是“含”字的初文。

“锋”这个字，繁体字写作“鋒”，《说文解字》解释道：“兵端也。从金逢声。”这个字是个形声字，指的是兵器的边端，所以从“金”这个义符。“夆”作为声符，本身是形声字，是“逢”的初文（详参本书天文地理字组之四“峰”字）。由于兵器的边端是最早遭逢敌人的地方，所以“锋”字从“夆”这个声符是有意义的。如果说“锋”字从“金”从“夆”，“夆”亦声也无不可。

“铭”这个字，繁体字写作“銘”。《说文解字》解释道：“记也。从金名声。”这个字是会意兼声字，本来指的是金属器物上的文字，因此从“金”这个义符。金属铭文的制作有两种工法：一种是在制作金属的模型时，在模型上就先搞定相反字形和相反行文方向的文字，等到熔化的金属灌浇到模型里面时，金属熔液自然流入这些文字形状的沟痕，冷却后敲掉

⊙本字组与相关诸字的历史面貌和它们的造字本义

	甲骨文	金文	战国文字	小篆
金				
今				
锋				
铭				
名	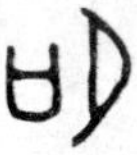			
夕				
口				

模型，铭文就形成；另一种工法是先把金属器物制作完毕，再于预先留白的地方，用更坚硬的刀具在它的表面刻上文字。

“铭”的声符“名”，《说文解字》解释道：“自命也。从口从夕。夕者，冥也。冥不相见，故以口自名。”它是个会意字。“名”所从的“夕”是象形字，《说文解字》解释道：“莫也。从月半见”，全字把半个月亮给画出来，它表示的是下午天色昏暗开始看得清月亮的这段时间——“暮”；“口”本身也是象形字，《说文解字》解释道：“人所以言食也。象形”，它

●"金"字的两点表示金属是从土中的矿物所提炼出来的。

●"今"为指事字，像口含东西的样子。

●"锋"字指的是兵刃的边缘。

就是嘴巴的具体描绘。天色昏暗，看不清楚，必须得出"口"才能向别人说明自己的身份，这个身份也就是"名"了；所以"名"从"夕"从"口"的会意。

⊙以本字组取名命字的名人

"金"：清末民初上海名妓赛金花、作家巴金。

"锋"：香港艺人谢霆锋。

"铭"：清朝台湾巡抚刘铭传、近代著名学者辜鸿铭。

⊙以本字组取名命字的用意

"金"字原为"铜"之专指，所以青铜器又名"吉金"，青铜文字又名"金文"。后来"金"字字义转移，专指"黄金"；另外也有字义扩大的用法，可以作为所有金属的总名。由于古代货币质地的演进，有一段时间是以金属制成，所以"金"字也具有"钱财"这一层意思。又因为"金"的提炼，在古时工序十分烦琐，所以只有少数人能够在生活上使用到它，所以"金"又隐含"珍贵难得"的意思。同时"金"的质地坚硬，作为形容词使用，和"坚固"意近。综上，以"金"字取名命字，一个可能是经过

●“铭”表示金属器上的刻文。

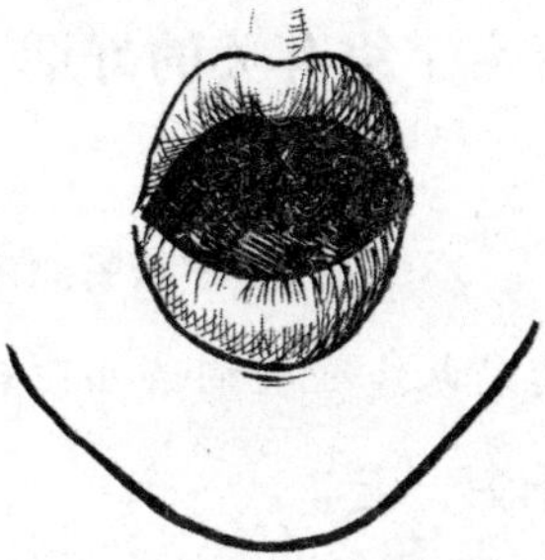

●“口”字画出口的具体形象。

相命师指点，被命名者命中缺金，于是取“金”字为名加以救济。但也可能表示命名者一是希望被命名者能金银财宝揣满怀；二是希望被命名者有如珍品一般得到他人的珍惜、珍视；三是希望被命名者能坚挺于天地之间，不为他人的负面影响而动摇。

“锋”字指的是刀、剑等兵器的尖锐边端，后来凡是器物的尖端都可称作“锋”。因为“锋”在尖锐物的最前面，所以任何力量的“势头”也可称作“锋”。以“锋”命名，除了可能是相命师指点出被命名者命中缺“金”，需要取个从“金”旁的字加以救济外，也是希望被命名者能够在各项表现中都独占鳌头，成为人上人——最顶尖的人才。

“铭”字原作动词用，指在金属器物上浇铸或镂刻文字的这一个动作。作为名词则指这一类浇铸或镂刻在金属器物上的文字。由于这类文字不易磨损或遭到更改，所以后来“铭”字也可用来称呼值得流传久远的文章。以“铭”字取名命字，一个可能是被命名者命中缺“金”，取个从“金”旁的“铭”字便可加以救济；一个可能是希望被命名者能铭记一个值得一辈子遵守的某种德行或门风；另一个可能是希望被命名者将来能成为伟人，让世人永远不忘他的功绩。

◎与本字组有关的好话

以下收录与本字组有关的好话，除了方便自我介绍和介绍亲友外，读完也能增长词语知识和相关的应用能力。

金 千金一诺

十分守信用，所以不轻易许下承诺。《史记·季布栾布列传》："得黄金百斤，不如得季布一诺。"

千金之家

富有的大户人家。《庄子·列御寇》："单千金之家，三年技成，而无所用其巧。"

六朝金粉

吴、东晋、宋、齐、梁、陈六朝崇尚华靡，仕女装扮以艳丽为主；后来专指施了水粉的美女。〔元〕王实甫《西厢记·第二本第一折》："香消了六朝金粉，清减了三楚精神。"

锋 及锋而试

趁士气高时用兵，后来引申可指趁人有可为之时加以任用。《史记·高祖本纪》："军吏士卒皆山东之人也。日夜企而望归，及其锋而用之，可以有大功。"

临锋决敌

在战斗的最前沿与敌人决一胜负。《后汉书·郑太传》："孔公绪清谈高论，嘘枯吹生。并无军旅之才，执锐之干。临锋决敌，非公之俦。"

锋芒毕露

原指书法在书写时笔锋、笔势完全显露出来；后来引申可说明一个人把才华完全表现出来。〔清〕姚衡《寒秀草堂笔记·卷三》："此则锋芒毕露，神采如生，字存六百有余，足为尊古斋中副本也。"

铭 刻骨铭心

将一事牢牢记住，就像铭刻在骨头和心上；多用来表示永远不忘记别人施给的恩情。〔唐〕李白《上安州李长史书》：“深荷王公之德，铭刻心骨。”也可作“刻骨镂心”。

深铭肺腑

肺腑原指肺脏，在此指内心；本句表示深深铭记在心。《儿女英雄传·第十八回》：“我合你三载相依，多承你与我掌持这小小门庭，深铭肺腑，容当再报。”

玉

附:“佩”“珊”“瑜”“玲”“珍”“瑄”“玟”“琪”“琮”“瑶”

⊙本字组与相关诸字的历史面貌和它们的造字本义

“玉”这个字,《说文解字》解释道:“石之美。有五德……象三玉之连。丨,其贯也。”它是个象形字,全字把连成一串用以献神或把挂在君子身上作为装饰的玉石给画出来。古人对玉的要求很低,只要是石头中色泽或纹路漂亮的都可以称作“玉”。因为“玉”字与“王”字后来写得相近,于是再加一点表示区别。

“玉”在中国文化中扮演着很特别的角色,最主要的原因在于古人认为“玉”是蕴藏在土里的天地精华。所以重要场合中所用上的祭器、礼器,有很多都是用玉所制成的。最典型的代表就是外方内圆的玉柱“琮”。古人以为世界就像是一个倒覆的碗扣在平方的大地上,所以琮的外方表示地、内圆表示天。“琮”是非常重要的、用来沟通天人意念的祭器。其他像重大仪式常出现的玉钺、玉仗、玉戈,也都不是实用的东西,全都是作为礼器使用的。

由于玉被视为天地精华,还能当祭神的祭品,慢慢地它也被赋予辟邪的宗教功能,为了让小孩平安长大,不受邪魔入侵,身上就得挂上玉佩。同时因为玉摸起来冰凉滑润,古人直觉地认为它有使东西长保不腐的神效;

⊙本字组与相关诸字的历史面貌和它们的造字本义

	甲骨文	金文	战国文字	小篆
玉				
	隶书	行书	草书	楷书
珮				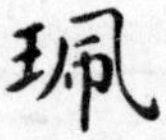
	甲骨文	金文	战国文字	小篆
凡				
珊				
册				
刀				
瑜				
俞				
玲				
令				

	甲骨文	金文	战国文字	小篆
珍				
瑄				
宣				
亘				
玟				
	小篆	隶书	行书	草书
琪		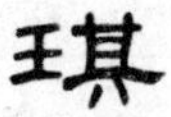		
	甲骨文	金文	战国文字	
其				 （《说文》籀文）
	甲骨文	金文	战国文字	小篆
琼				
目				
穴				

	甲骨文	金文	战国文字	小篆
攴				
瑶				

古代皇室贵族寄望来世或死而复活，重享荣华富贵，侈靡的陪葬物里就出现了包住尸体的金缕玉衣这种产物。从生到死，中国人都离不开玉，对玉的钟爱程度可说是所有民族的第一名了！因此，以“玉”或从“玉”之字来命名的风潮，历久不衰。

“佩”这个字，繁体字写作“珮”。《康熙字典》解释道：“……音佩。《玉篇》：‘玉佩也。’本作佩。或从玉。《广韵》：‘玉之带也。’”它是个形声字，从“人”“凧”声，指的是玉腰带或可悬挂的玉饰。而“凧”本身也是个形声字，从“巾”“凡”声。“凡”作为“凧”的声符，本身是个象形字，全字描绘盘子的形状，即是“盘”字的初文。“凧”中的“巾”最原先并非指“毛巾”之“巾”，而是一组玉佩的写意勾勒，这个表示一组玉的“巾”其实就是“佩”的初文。

“珊”这个字，《说文解字》解释道：“珊瑚，色赤，生于海，或生于山。从玉，删省声。”这个字是个从“玉”“删”省声的形声字，表示海中的一种可以石化的生物“珊瑚”。由于造山的作用，所以山上也能产“珊瑚”。古人不知道“珊瑚”是珊瑚虫石化之后的结果，还以为是“玉”的一种，所以此字从“玉”。

“珊”的声符“删”，《说文解字》解释道：“剟也。从刀、册”，全字从“册”从“刀”，是个会意字。“册”为简册的象形。古时人们把文字书写在竹简上，以皮绳把竹简编串起来成为“简册”，甲骨文、金文是以数

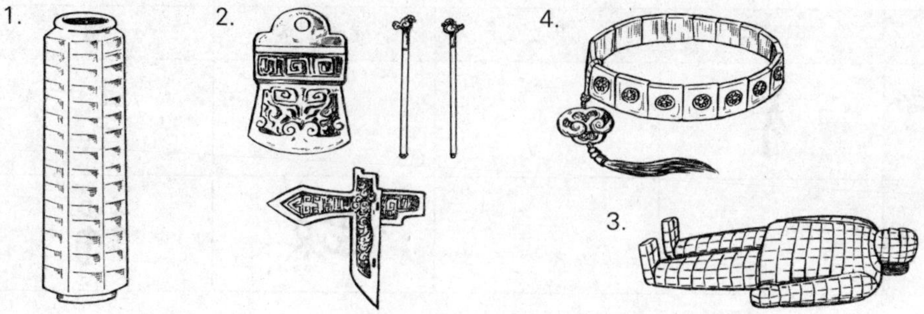

1.“琮”是一种外方内圆的礼器。
2. 作为礼器用途的玉钺、玉仗和玉戈。
3. 金缕玉衣是古代皇室贵族的陪葬品。
4.“佩”指的是玉腰带。

条竖线表示竹简，横向的曲线是把竹简编串起来的皮绳，小篆则将甲骨文、金文中表示皮绳的部分写成两条横线。

由于古人将文字抄写于竹简上，如果写错，一般是用刀片将之削去，所以“删”字便从“刀”这个义符，“刀”本身是象形字，《说文解字》解释道：“兵。象形”，全字就是一把刀的样子；可以说削刀就像是古代的“修正带”一样。江陵汉墓就曾出土一组文具，里头除了笛、墨、砚、牍之外就是削刀。因为古代记事以削刀和笔相互配合，负责书写的秘书、书记官，就叫“刀笔吏”。

“瑜”这个字，《说文解字》解释道：“瑾瑜，美玉也。从玉俞声。”它是个从“玉”“俞”声的形声字，因为表示美玉，所以从“玉”这个义符。它的声符“俞”是会意字，《说文解字》解释道：“空中木为舟也”，全字表示以刀挖木，指的是古代刳木制成独木舟。这种独木舟的建造方法十分简单：先预估所需要的船内空间，再寻找粗细合适的木材，直接将中间挖去即成。由于建造容易，外表一体成形，也非常坚固。

“玲”这个字，《说文解字》解释道：“玉声。从玉令声。”它是个从“玉”“令”声的形声字，表示玉相碰击所发出的声音，所以从“玉”这个

1. 

2. 

3. 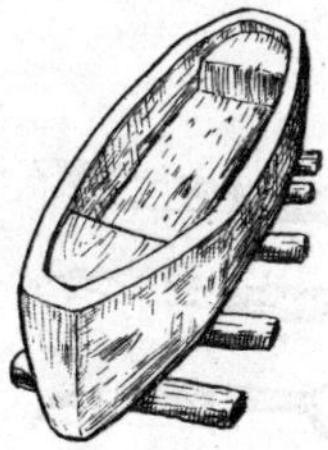

4. 

1.“凡”原是象形字，描绘盘子的形象。
2.“巾”原为一组玉佩的写意勾勒。
3.“俞”表示刳木成舟，为会意字。
4.古人以为“珊瑚”是一种玉，所以从“玉”偏旁。

义符。玉碰撞的声音和金属碰撞声很相像，所以此字和“铃”一样从“令”这个声符。作为“玲”声符的“令”，本身则是个会意字，《说文解字》解释道：“发号也”——字上方是倒过来的“口”，表示发施号令，下部的“卩”是一个跪在地上的人。“令”全字表示发号命令。

“珍”这个字，《说文解字》解释道：“宝也。从玉声。”它是个从“玉”“㐱”声的形声字，因为指宝玉，所以从“玉”这个义符。“珍”的声符“㐱”是个以“人”为构形根本的指事字，表示一个人头部毛发茂盛的样子。

“瑄”这个字，《说文解字》解释道：“璧六寸也。从玉宣声。”它是个从“玉”“宣”声的形声字，因为本义指玉璧，所以从义符“玉”。“宣”作为声符，《说文解字》解释道：“天子宣室也”，本身是指天子宣布命令的宫殿处所，从“宀”“亘”声。因为是宣布命令的处所，所以从“宀”这个义符，“宀”是象形字，全字描绘有屋顶的建筑物。“亘”本身也是个象形字，以一两个连接的漩涡表示，它的本义就是回旋或连续不断的样子。

“玟”这个字，《说文解字》解释道：“一曰石之美者。从玉文声。”它是个从“玉”“文”声的形声字，因为指美丽的石头，所以从“玉”这个义符。它的声符“文”，本指“文身”，引申可指文采（详参本书天文地理字

1.

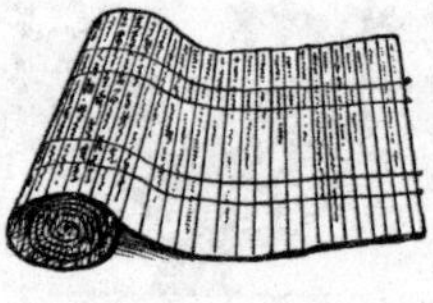

2.

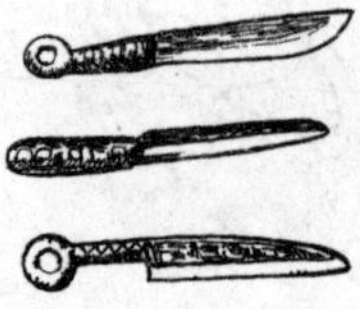

3.

4.

1.“册”字具体地描绘出简册的象形。

2.“刀”为象形字，描绘出刀的形状。

3.“卪”字画出一个跪着的人。

4.“令”字表示向跪着的人发号命令。

组之三“雯”字）。从这里看来将有美丽文采的石头“玟”全字构形理解成从“玉”从“文”，“文”亦声也并无不可。

“琪”这个字，《康熙字典》解释道：“……音其。《广韵》：‘玉也。’《集韵》：‘玉属。’《尔雅·释地》：‘东方之美者，有医无闾之珣玗琪焉。’《注》：‘玉属。’”这个字是个从“玉”“其”声的形声字，指出于东方的美石，所以从“玉”这个义符。“其”作为它的声符，一开始的文字构形是象形字，我们看它甲骨文的写法很明显地就是簸箕的全角，中间交叉的笔画表示用竹条编成的意思。到了金文的写法，下方增益“丌”这个声符加以注音。后来“其”字假借为虚词，为了还原本义，于是另造后起形声字“箕”字来表示，所以《说文解字》才会说：“簸也。从竹甘。”

“琼”这个字，繁体字写作“瓊”，《说文解字》解释道：“赤玉也。从玉夐声。”它是个从“玉”“夐”声的形声字，因为本指赤色玉石，所以从“玉”这个义符。声符“夐”本身是个从“人”“穴”“目”“攴”的会意字。“穴”和“目”都是象形字，“穴”字全字就是把洞穴全角给具体地画出来。“目”字是把眼睛的线条给完整勾勒出来。“攴”字则是从“卜”从“又”的会意字；这里的“卜”不是“卜问”之“卜”，而是一根木棒的写意勾勒。它还同时可以标出“攴”字的字音；“攴”字全字就像是一只手拿着木

1.

2.

3.

4.

1.“彡”字表示毛发浓密的样子。
2.“瑄”的本义指玉璧。
3.“宀”是象形字，画出有屋顶的建筑物。
4. 象形字“亘”以连接的漩涡表示连续不断。

棍的样子。汉字的造字，只要意义相近的，在充当会意字或形声字的义符时都可以互用；所以在“琼”字里，从“攴”与从“又”或“手”的意思相同；“琼”这个会意字指的就是一人站在岩穴高处，以手聚目远望，所以“敻”的本义是“〔看得〕距离远”的意思。

“瑶”这个字，繁体字写作“瑤”，《说文解字》解释道：“玉之美者。从玉声。”它是个从“玉”“䍃”声的形声字，亦为玉石名，所以从“玉”这个义符。它的声符“䍃”本身则是个从“肉”从“缶”的会意字。“肉”是象形，全字画出一整块肉和肉上的纹路。为了避免和“月”字发生混淆，“肉”字在书写时特别强调肉纹的笔画；“缶”也是象形，全字画出一只有盖的瓦器。“䍃”全字即表示将肉加以腌渍装入瓦罐中，肉因为腌渍的这道手续就可以保存得更久。为了使放在瓦罐里的肉可以均匀沾抹到腌渍物如盐或香料等，必须以手持罐加以摇晃，所以“䍃”字其实就是“摇”的初文。

⊙以本字组取名命字的名人

“玉”：宋朝名将韩世忠之妻梁红玉、明末代夫出征女将秦良玉、清朝朴学家段玉裁、清末国学大师罗振玉。

1. 2. 3. 4.

1.“其”字描摹出一个簸箕的形象。
2. 会意字“琼”表示登高以手聚目远望。
3.“穴”字看起来就是洞穴的形象。
4.“目”字勾勒眼睛的线条。

“珊”：巴金妻子萧珊、演员江珊。

“瑜”：三国孙吴名将周瑜。

“玲”：民国影星阮玲玉、作家张爱玲。

“珍”：清朝诗人龚自珍、清朝小说家李汝珍。

“瑄”：台湾艺人赵文瑄。

“玟”：美籍华裔歌手李玟。

“琪”：香港导演杜琪峰。

“琼”：隋末唐初名将秦琼。

“瑶”：台湾作家琼瑶。

⊙以本字组取名命字的用意

“玉”指的就是玉石，不过古代对玉的判定标准较低，只要具有温润光泽的美丽石头，都可称作玉。玉在中国先民的生活当中是应用极为广泛的石材，除了可以作为建筑材料，也能做成礼器或是祭器，表示对仪式或神明的尊重。由于玉被用来供奉神明，加上玉是产于土地中的特殊矿物，先民以为玉是天地的精华，带有神圣的力量，也具有驱邪的效果。因为玉的碰撞声十分清脆悦耳，既能发挥提醒作用，又不至于使人听了不快，古时

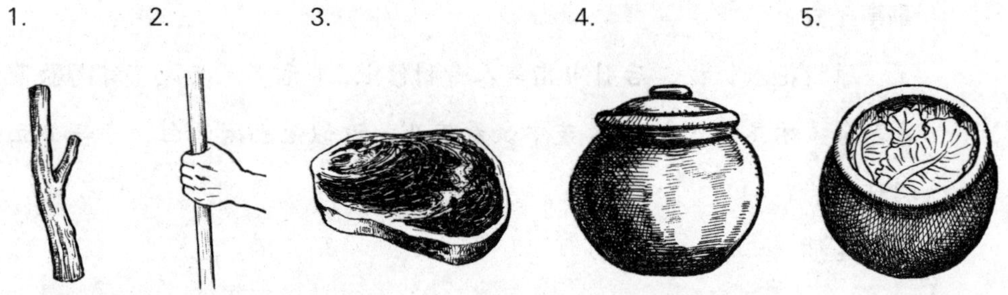

1. 支所从的“卜”是木棒的写意勾勒。
2. “攴”字像手持棒的样子。
3. “肉”是画出一块具有纹理的肉。
4. “缶”是象形字，表示有盖子的瓦器。
5. “䍃”字表示将腌肉装罐保存。

君子常在身上佩带玉组，时时刻刻提醒自己要态度从容，不要莽莽撞撞，因此“玉”也就和君子形象产生联结。

“佩”字可指名词性的“玉佩”或动词性的“佩玉”；“珊”字指如同玉那般温润的珊瑚；“瑜”字指美玉或玉之光彩；“玲”字为玉器撞击声；“珍”字指珠玉一类的珍宝；其他如“瑄”“玟”“琪”“琼”“瑶”都是玉名。以“玉”及这些从“玉”之字取名命字，一个可能是希望被命名者能像玉那样趋吉避凶；一个可能是希望被命名者具有如玉石那般温润的君子之德；另一个可能是希望被命名者能颜如玉（姿色出众）、玉洁冰清（重视节操。最后一种取名意图，多半出现在为女子命名的情况之中）。

◎与本字组有关的好话

以下收录与本字组有关的好话，除了方便自我介绍和介绍亲友外，读完也能增长词语知识和相关的应用能力。

玉 侯服玉食

穿王侯的衣服，吃珍美的食物；形容生活十分豪华奢侈。《汉书·叙传》：“偪上并下，荒殖其货。侯服玉食，败俗伤化。”

亭亭玉立

原指花木挺拔，后引申指美人身材修长。〔元〕无名氏《醉高歌带喜春来·咏玉簪花》：“禁苑中试看花开，谁似他幽闲洁白，亭亭玉立琱轩外。”

仙资玉质

具有仙人和美玉那般的资质；形容人的姿容清秀、品格高洁。《白雪遗音·马头调·梅雪争艳》：“梅爱雪白，雪爱梅香，配合正相当。他两家仙姿玉质从无上，压倒群芳。”

佩 倒冠落佩

冠、佩是官员的正式服装打扮，将它们挂起或脱下，表示辞官隐居。〔唐〕杜牧《晚晴赋》：“若予者则为何如？倒冠落佩兮，与世阔疏。敖敖休休兮，真徇其愚而隐居者乎！”

瑜 握瑜怀瑾

手握瑜、胸怀瑾；比喻具有高尚的品德和卓越的才能。《楚辞·九章·怀沙》：“怀瑾握瑜兮，穷不知所示”，王逸注解：“言己怀持美玉之德。”

瑕不掩瑜

一点玉上的瑕疵并不会掩盖住玉瑜的美好；比喻小错误不会盖过大优点。《礼记·聘义》：“昔者君子比德于玉焉……瑕不掩瑜，瑜不掩瑕，忠也。”

尺瑜寸瑕

大块的美玉难免会有小瑕疵；比喻良才难免有小缺点。〔宋〕岳珂《宝真斋法书赞·蒋观文钱塘天府二帖赞》：“尺瑜寸瑕，工所不弃。”

玲 玲珑剔透

原指玉饰雕刻得精巧美好，薄可透光；后来引申形容一个人轻巧灵活，心里明白。〔元〕吴昌龄《东坡梦·第二折》：“牡丹，你玲珑剔透今何在？俊俏聪明莫谩夸。”

八面玲珑

原指玉饰八面都雕刻得极为精巧；后来引申形容一个人够圆滑灵秀，可以应付各方人马。〔清〕李渔《闲情偶寄·词曲·音律》：“字字在声音律法之中，言言无资格拘挛之苦，如莲花生在火上，仙叟弈于橘中，始为盘根错节之才，八面玲珑之笔。”

七窍玲珑

古人传说圣贤的心有七窍；玲珑则形容人的反应机灵。本句形容一个人既有才华，又聪明灵巧。

珍 八珍玉食

泛指精美的肴馔。〔金〕董解元《西厢记诸宫调·卷三》：“八珍玉食邀郎餐，千言万语对生意。”

楚璧隋珍

原指和氏献给楚王的宝璧与臣蛇为了报恩所衔给隋侯的珍珠；后可用以比喻杰出的人才。〔明〕《金莲记·偕计》：“想天朝罗网收豪俊，献皇家楚璧隋珍。”

奇珍异宝

特异又罕见的珍贵宝物。〔清〕周亮工《书影·卷二》：“自经变故以来，凡天府奇珍异宝，流散人间，泯泯无闻者，何可胜数。”

琪 琪花玉树

本指仙境中才会出现的有如玉质的花木；也可形容霜雪中的冰晶景色。〔明〕徐弘祖《徐霞客游记·游天台山日记》：“山高风冽，草上结霜高寸许，而四山回映，琪花玉树，玲珑弥望。”

火树琪花

火光像树那般长大，琪焰像花那般开展；形容灿烂的灯火或焰火。〔清〕曹雪芹《红楼梦·第十八回》：“但见庭燎烧空，香屑布地，火树琪花，金窗玉槛。”也可作“火树银花”。

琼 投木报琼

你送我木瓜，我回报琼琚。《诗经·卫风·木瓜》：“投我以木瓜，报之以琼琚。匪报也，永以为好也。”后可泛指回报他人对自己的感情。

仙山琼阁

海上的仙山和云上的楼阁，即仙人的住所。〔唐〕白居易《长恨歌》：“忽闻海上有仙山，山在虚无缥缈间。楼阁玲珑五云起，其中绰约多仙子。”后可用来形容奇异不凡或美妙空幻的境界或景象。也可作“仙山楼阁”。

琼浆玉液

由玉琼所炼出来的汤浆和酒液；比喻道家的仙药。〔元〕乔吉《金钱记·第一折》：“休道是酒，便是玉液琼浆，我咽不下。”

瑶 瑶池女使

传说西王母住在瑶池之上，由青鸟担当使者传达神旨；本句后来引申泛指传信的使者。

瑶草奇花

如瑶玉的青草和奇特的花朵；此指仙境中的花草。《西游记·第一回》：“瑶草奇花不谢，青松翠柏长春。”

瑶台银阙

由瑶玉和金银装饰楼台宫阙；多半指神仙所居之处。〔元〕高明《琵琶记·中秋望月》：“丹桂飘香清思爽，人在瑶台银阙。”

水、渊、源

附："泉"

⊙本字组与相关诸字的历史面貌和它们的造字本义

"水"这个字，《说文解字》解释道："象众水并流。"它是个象形字，全字用几个笔画简单勾勒水流的样子。"水"字的写法很稳定，从甲骨文到小篆几乎没什么改变。凡是和"水"、"湿"、"水文"（河流、海洋等）、"洗"等观念有关的字，几乎都从"水"这个义符。

"渊"这个字，繁体字写作"淵"，《说文解字》解释道："回水也。从水，象形。左右，岸也。中象水貌。"它是个从"水"从"㴇"的会意字：因为指的是水流回转停滞的地方，所以从"水"这个义符；另外一个义符"㴇"本身则是个象形字，它把深谷中水流回旋的样子，用鸟瞰图的方式给画出来。"㴇"其实就是"渊"字的初文，只是后来它的笔画太抽象，怕人看不懂，才再累加"水"义符强调字义了。

"原"这个字，《说文解字》解释道："水泉夲也。从灥出厂下。"它是一个从"泉"从"厂"的会意字。因为"原"指的是水流的根本，所以从"泉"这个义符。"泉"这个字，《说文解字》解释道："水原也。象水流出成川形。"它和"㴇"一样也是个象形字，全字描绘出泉水自洞穴流出的样子，你看它甲骨文的写法特别写真——外框像洞穴，内部点笔像水流、水滴。在这个泉水出口加上“厂”这个表示山崖的义符，就能明确指出“原”指的是河流在山上的“起源”，“原”也就是“源”字的初文。

⊙以本字组取名命字的名人

“水”：宋朝思想家叶水心、台湾抗日英雄蒋渭水。

“渊”：唐朝开国君王李渊、北朝前汉开国君王刘渊、宋朝思想家陆九渊。

“源”：元朝丞相从源、清朝史地学家魏源。

（“泉”：演员袁泉、歌手胡海泉。）

⊙以本字组取名命字的用意

“水”字原本指的是无色无味的透明液体，它是所有生物的必需物质，所以“水”便有了“生命力”的隐含意义。无论是农业或是工业，都需要水的帮助，所以民间信仰文化中认为“水”和“财”脱不了关系。水往低处流，因此给人一种“谦卑”的感觉，这也使得它和中国人阴阳观念中的“阴性”产生联结，所以水也可以代表“阴柔”。由于水在常态下是流动的，能够依照所处的空间改变形状，因此“水”给人“善于适应”的印象。以“水”字取名命字，一个可能是经相命师指点，被命名者命中缺水，于是取“水”字为名加以救济；一个可能是希望被命名者能够谦冲自牧、乐于助人；另一个可能是希望被命名者能像水一样善于适应各种环境，一生平安顺利，进而“遇水则发”“大发利市”。

“渊”字原指水流深而回流之处，此处因地形低深而储水量多。以“渊”字取名命字，一个可能是经过相命师指点，被命名者命中缺水，于是取从“水”旁之“渊”字加以救济；另一个可能是民间认为水代表财，深渊所积水量多，表示能给以“渊”字取名的被命名者积累更多好运、带来更多财富。

⊙本字组与相关诸字的历史面貌和它们的造字本义

	甲骨文	金文	战国文字	小篆
水		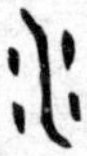		
渊				
原（源）				
泉				

“源”字本作“原”。指水流起头的地方，后来引申，凡是一切事物的根本、因由，都可称作“源”。以“源”字取名命字，一个可能是经过相命师指点，被命名者命中缺水，于是取从“水”旁之“源”字加以救济；另一个可能是希望被命名者的好运（包括财运）像水的源头一样源源不绝，终生衣食无虞。

“泉”字指的是从地下流出的水——“地下水”，也可指水的源头。由于钱币的流通像泉水流动一样，所以古时也有以“泉”字指称钱币的。“泉”字为“源”字所从；以“泉”字取名命字的用意与取“源”字相当，但隐喻“财运”的强度又要较其他从“水”之字强。

◎与本字组有关的好话

以下收录与本字组有关的好话，除了方便自我介绍和介绍亲友外，

1.

2.

3.

4.

1. “水”为象形字，生动地描摹出水流的样子。
2. “渊”字表示深谷中水流回旋的样子。
3. “泉”是象形字，指泉水自穴中流出。
4. “原”是会意字，指出河流的起源。

读完也能增长词语知识和相关的应用能力。

水 不避水火

不回避水火的威胁；形容不畏凶险。《史记·货殖列传》：“壮士在军，攻城先登，陷阵却敌，斩将搴旗，前蒙矢石，不避汤火之难者，为重赏使也。”也可作“不避汤火”。

乘高决水

凭借着较高的地势决口放水，水必然奔流而下；用来比喻花费的力气小但收效却很大。〔宋〕司马光《言为治所先上殿札子》：“陛下诚能行此二者……后日之政，如顺风吹毛，乘高决水，可以不劳而成功矣。”

水到渠成

大水冲到，自然形成渠道；比喻条件成熟后，事情自然成功。〔宋〕苏轼《答秦太虚书》：“度囊中尚可支一岁有余，至时别作经画，水到渠成，不须预虑。”

渊 渊清玉洁

像水渊那样清澈，像美玉那样洁白；形容一个人的品德高尚。《三国志·魏志·陈矫传》："渊清玉洁，有礼有法，吾敬华子鱼。"

山峙渊渟

高山耸立，山下必有流水聚停；多用来形容一个人举止端庄，所以风度稳重。《世说新语·赏誉上》："谢子微见许子将兄弟"，刘孝标注引《海内先贤传》："〔许劭〕山峙渊渟，行应规表。"

铄懿渊积

形容德行美好显目，学问渊博精深。〔明〕张居正《素庵戴公墓志铭》："然其铄懿渊积，庇于后来者远矣。"

源 左右逢源

学问功夫到了一定境界，不论另外再学习什么，都能触类旁通而更得益处；引申指做事得心应手。《孟子·离娄下》："资之深，则取之左右逢其源。"

正本清源

从事物的根源上进行整顿和清理。《晋书·武帝纪》："思与天下式明王度，正本清源。"

源远流长

河流的源头很远，水自然流得很长；后来用以形容历史悠久、根深底厚。〔唐〕白居易《海州刺史裴君夫人李氏墓志铭》："夫源远者流长，根深者枝茂。"

气决泉达

像气之决口逸出，像泉水之流泻通达；形容事情进行得非常顺利。〔汉〕蔡邕《袁满来碑铭》："气决泉达，无所凝滞。"

饮泉清节

《晋书·良吏传·吴隐之》记载，隆安年间，吴隐之出任广州刺史，经过石门，听说当地有一口泉名叫“贪泉”，喝过的人都变得贪得无厌。吴隐之不信邪，试喝了一口，并写下一首诗：“古人云此水，一歃怀千金。试使夷齐饮，终当不易心。”到任后，吴刺史对自己的操守更加严格要求。后遂以“饮泉清节”形容廉正清白、不受外在诱惑而改变初衷的节操。

江、河、海、洋

附："川"

⊙本字组与相关诸字的历史面貌和它们的造字本义

"江"这个字,《说文解字》解释道:"水。出蜀湔氐徼外峄山,入海。从水工声。"这个字是个从"水""工"声的形声字,原来专指"长江",所以从"水"这个义符。后来字义引申泛指大水。"江"的声符"工"本身则是象形字,本义指的就是生活中派得上用场的工具,因此"工"全字描绘出折尺或夯土石锤这类的工具。

"河"这个字,《说文解字》解释道:"水。出敦煌塞外昆仑山,发原注海。从水可声。"这个字是个从"水""可"声的形声字,原来专指"黄河",所以从"水"这个义符,后来引申泛指大水。它的声符"可"本身是个后起形声字,从"丁""口"声,"丁"本为人肩上所担荷的锄或锹一类耕具,"丁"是表示"负荷"的"何"(荷)字初文一部分。后来加了"口"作为加强字义的兼声义符,便分化成为表示"允可"的"可"字了。

"海"这个字,《说文解字》解释道:"天池也。以纳百川者。从水每声。"它是个从"水""每"声的形声字,指的是百川所灌注的地方,所以从"水"这个义符。它的声符"每"本身是"母"字的分化字,全字为一蹲坐而头上戴有装饰品的泌乳妇女。女子生产之后,为了哺育下一代,乳

⊙本字组与相关诸字的历史面貌和它们的造字本义

	甲骨文	金文	战国文字	小篆
江				
工				
河				
可				
何（荷）		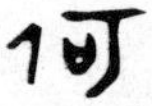		
海				

腺会开始分泌乳汁，最多可以分泌数年。所以“母”字及其分化字“每”字在书写时特别于字形象征胸部的部分点上两点，用来强调它与“女”字的不同。从“水”“每”声的“海”字，在古时候可以指大湖，或是靠近岸边、比“洋”小的咸水海域。中国大陆东临东海，南临南海，北方贝加尔湖古称北海，西方青海湖古称西海，这四个水域所包围起来的空间概念，就是古代中国“四海之内”的地理范围。

“洋”这个字，《说文解字》解释道：“水。出齐临朐高山，东北入巨定。从水羊声。”这个字是个从“水”“羊”声的形声字，本为山东弥河之专指，所以从“水”这个义符，后来借指咸水海之外的分隔所有大陆的

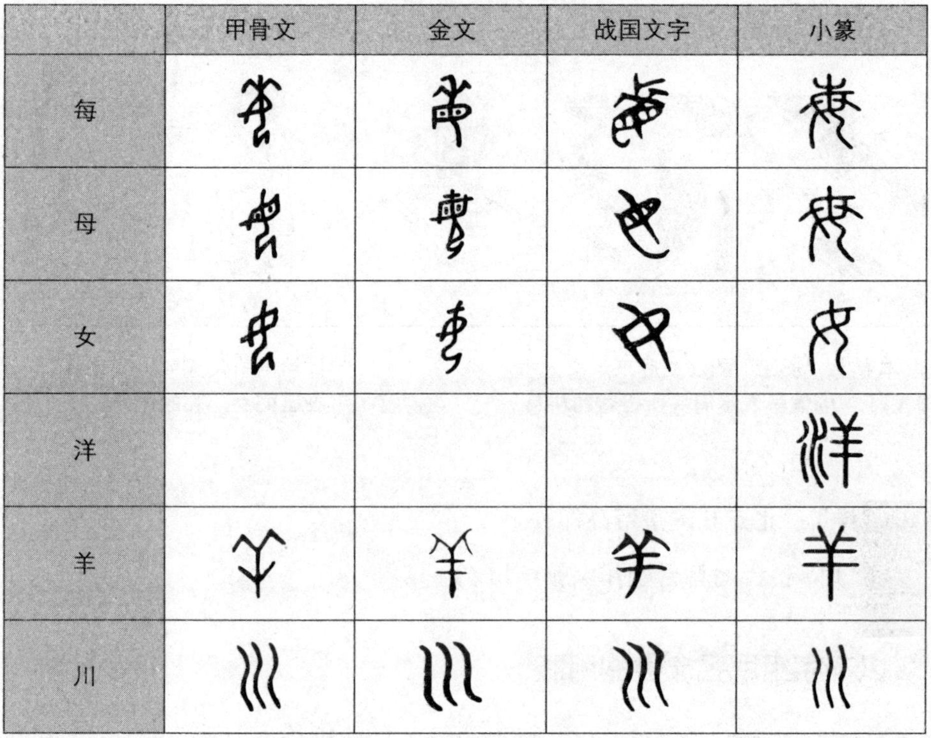

水域。“洋”的声符“羊”，本身则是象形字，全字描绘一个羊头的样子，《说文解字》解释道：“象头角足尾之形”，写的时候还特别注重它弯曲羊角的样子。

“川”这个字，《说文解字》解释道：“贯穿通流水也。”它是个象形字，简要地以三条曲线将河流的线条勾勒出来，全字真实描绘出弯弯曲曲的、贯穿地形的河流。后来引申为指河川所冲积出来的平原——“平川”。

⊙以本字组取名命字的名人

“江”：宋朝侠盗宋江、清朝书画鉴赏家潘江。

“河”：作家二月河。

“海”：哲学家殷海光、著名作曲家冼星海。

1. 2. 3. 4.

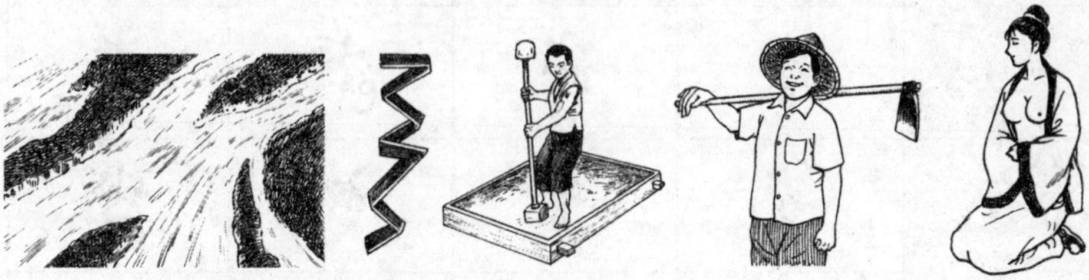

1. 本专指“长江”的江，后来泛指大水。 2.“工”字描绘出折尺或夯土的工具。
3.“丁”的偏旁表示肩头所担着的耕具。 4.“每”字画出妇女泌乳的形象。

“洋”：北齐开国皇帝高洋。

（“川”：台湾舞台剧作家赖声川。）

⊙以本字组取名命字的用意

“江”字本为长江之专指，后来用来广泛地指称大河流；“河”字本为黄河之专指，后来也用来广泛地指称大河流。以“江”或“河”字取名命字，一个可能是经过相命师指点，被命名者命中缺水，于是以从“水”旁的“江”或“河”字命名，加以救济；一个可能是希望被命名者的好运或生命力像大江大河的水势那样源源不绝；另一个可能是在民间信仰中，水与财运有关（水是生命必需物质。农作物需要水来灌溉，才得以长成卖钱；工业制造过程需要水作为中介——→水＝钱），以“江”或“河”字命名，主要是希望被命名者能财运亨通。

“海”字本来指承受江河流水的陆地上大面积水域；后指邻接大陆而小于洋的水域。由于海对生活在陆地上的人来说是一望无际的，以“海”字取名命字，一个可能是希望被命名者拥有像海那般宽广的格局，能够包容万物；另一个可能则是经过相命师指点，被命名者命中缺水，于是以从“水”旁的“海”字命名，加以救济。

●象形字“羊”生动地呈现羊头的样子。

●“川”字描绘出流水弯曲的线条。

“洋”字原为山东弥河之专指，后来指称地球表面上被水覆盖的广大水域。因为“洋”字常叠用构成状词“洋洋”，表示宽舒，所以“洋”字又有“舒坦”的意思。由于洋对生活在陆地上的人来说也是广阔无边的，所以以“洋”字取名命字，一个可能在于希望被命名者拥有像洋那般宽广的格局；一个可能则是经过相命师指点，被命名者命中缺水，于是以从“水”旁的“洋”字命名，加以救济；另一个可能是希望被命名者一生都“其乐洋洋”“喜洋洋”，快乐过一生。

“川”字原本指弯弯曲曲的河道，后来也可以指河川冲积后所形成的平坦陆地（平川）。以“川”字取名命字，其用意与以“江”“河”“海”“洋”相近；又因为“川”引申有平坦的意思，以此取名命字，也寄寓了命名者希望被命名者能一生平坦顺遂的用意！

◎与本字组有关的好话

以下收录与本字组有关的好话，除了方便自我介绍和介绍亲友外，读完也能增长词语知识和相关的应用能力。

江 不废江河

江河在此比喻时间的长流；本句指在时间的长流中，卓越的文学作品将流传不朽。〔唐〕杜甫《戏为六绝句》之二：“王杨卢骆当时体，轻薄为文哂未休。尔曹身与名俱灭，不废江河万古流。”

江翻海沸

水势浩大，像江海之水翻腾滚沸一样；后来引申用以形容力量或声势壮大。《三国演义·第十二回》：“州衙中一声炮响，四门烈火，轰天而起；金鼓齐鸣，喊声如江翻海沸。”

锦绣江山

如同锦绣那般美好的国土。〔元〕白朴《梧桐雨·第二折》：“统精兵直指潼关，料唐家无计遮拦，单要抢贵妃一个，非专为锦绣江山。”

河 口若悬河

说话就像河水从高处泻下来，滔滔不绝。多用来形容人之能言善道。〔南朝·宋〕刘义庆《世说新语·赏誉》：“王太尉云：‘郭子玄语议如悬河泻水，注而不竭。’”也可作“口似悬河”“口如悬河”。

河沙世界

佛教用语，指多如恒河沙数的佛世界。《金刚经·一体同观分》：“是诸恒河所有沙数，佛世界如是，宁为多不？”

海清河晏

黄河水由黄转清，沧海面由波转平；常用来形容国家安定、天下太平。〔唐〕顾况《八月五日歌》：“率土普天无不乐，河清海晏穷寥廓。”

海 四海承风

好的政令和教化风行于四海之内。《孔子家语·好生》：“舜之为君也，其政好生而恶杀，其任授贤而替不肖。德若天地而静虚，化若四时而变物也。是以四海承风。”

四海升平

四海之内太平无事。〔唐〕张说《大唐封祀坛颂》："一、位当五行图箓之序，二、时会四海升平之运，三、德具钦明文思之美：是谓与天合符，名不死矣。"

人山人海

人聚集得像山像海那样多。《水浒传·第五十一回》："每日有那一般打散，或有戏舞，或有吹弹，或有歌唱，赚得那人山人海价看。"

洋 峨峨洋洋

原本用来形容音乐高亢奔放，后亦可用来形容欢乐的样子。《列子·汤问》："伯牙善鼓琴，钟子期善听。伯牙鼓琴，志在高山，钟子期曰：'善哉！峨峨兮若泰山。'志在流水，钟子期曰：'善哉！洋洋兮若江河。'"

其喜洋洋

非常得意或开心的样子。〔宋〕范仲淹《岳阳楼记》："登斯楼也，则有心旷神怡，宠辱皆忘，把酒临风，其喜洋洋者矣。"也可作"喜气洋洋"。

洋洋洒洒

形容创作或谈话的内容连续而丰富。〔清〕陈鼎《八大山人传》："如爱书，则攘臂搦管，狂叫大呼，洋洋洒洒，数十幅立就。"

川 百川朝海

所有河川流水奔流向大海；多用来比喻将无数分散的事物集中到一处。〔汉〕焦赣《易林·谦之无妄》："百川朝海，流行不止，道虽辽远，无不到者。"也可作"百川归海"。

岩居川观

居于岩穴，临高观赏川流；用来形容隐居生活的悠闲自得。《史记·范雎蔡泽列传》："君何不以此时归相印，让贤者而授之，退而岩居川观。”

山止川行

如山岳稳稳的阻挡，又像是河水必然下行那般；常用来形容决心已定，不会动摇。〔清〕唐甄《潜书·两权》：“诚能自固如是，是山止川行之势也；以战必胜，以攻必取者也。”

火、炎

⊙本字组与相关诸字的历史面貌和它们的造字本义

“火”这个字是个象形字，全字像是火焰分岔上举之形（详参本书时序字组之一“秋”字）。

“炎”这个字，《说文解字》解释道：“火光上也。从重火。”它叠用了两个“火”，是个会意字，表示火势很大、火头很猛的样子。汉字的造字，要表示比较级的更多、增强的意思，通常会用叠用同一个字的方式再造另一个会意字；像“木”叠为“林”（聚木），“火”叠为“炎”（火大）即是。若是表示最高级的最多、最强的意思，则三叠或甚至四叠同一个字来造出另一个会意字；像“石”叠为“磊”（石多），“水”叠为“淼”（水广）即是。

⊙以本字组取名命字的名人

“火”：作曲家曹火星、演员仲星火。

“炎”：晋武帝司马炎、清末朴学大师章太炎。

⊙以本字组取名命字的用意

“火”字本义指物体燃烧时所产生的光和焰。因为低温“火”偏向橘色、赤红色，所以“火”字也带有“赤红色”的意思。大火燃烧，势不

⊙本字组与相关诸字的历史面貌和它们的造字本义

	甲骨文	金文	战国文字	小篆
炎				

可当，因此“火”又能隐喻“旺盛”。以“火”字取名命字，一个可能是“火”为五行之一，在命相师的指点之下，被命名者命中缺火，于是取“火”字为名加以救济，希望被命名者能平安顺遂；另一个可能是表示命名者希望被命名者能强运——运势强盛、好运旺旺来。“炎”字叠二“火”而写成，特别强调“火”的“火焰”义和“火势强劲”义，以“炎”字取名命字，所发挥的功效可以说是“火”字的加强版了。

◎与本字组有关的好话

以下收录与本字组有关的好话，除了方便自我介绍和介绍亲友外，读完也能增长词语知识和相关的应用能力。

火 救民水火

将人民从如同洪水和火灾那样的苦难中拯救出来。《孟子·滕文公下》：“救民于水火之中，取其残而已矣。”

洞若观火

能洞悉事物的细节，就好像看火那般清楚。〔明〕林潞《江陵救时之相论》：“又谕以朝意，当以某辞入告，某策善后，勇怯强弱，进退疾徐，洞若观火。”也可作“洞如观火”。

真金烈火

真的黄金熔点较高，不怕大火来烧；本句主要用来形容能经过重大考验而质量不变。〔明〕徐渭《雌木兰·第二出》：“非自奖真金烈火，傥好比浊水红莲。”

炎 赫赫炎炎

火势非常炽盛。《汉书·叙传下》：“胜广熛起，梁籍扇烈。赫赫炎炎，遂焚咸阳。”

炎 辨日炎炎

古代传说中幼童辨论太阳远近之事，后用来形容年纪幼小就很聪明。《列御寇·汤问》：“一儿曰：‘日初出，大如车盖，及日中，则如盘盂，此不为远者小而近者大乎？’一儿曰：‘日初出，沧沧凉凉，及日中，如探汤，此不为近者热而远者凉乎？’孔子不能决也。”

第四篇

动植物

龙、麟、虎、彪

⊙本字组与相关诸字的历史面貌和它们的造字本义

“龙”这个字，繁体字写作“龍”。《说文解字》解释道：“鳞虫之长。能幽，能明，能细，能巨，能短，能长；春分而登天，秋分而潜渊。”这个字到了小篆写法被拆成左右两半，但它原本是个象形字，全字描绘一种身上有鳞的爬虫类动物。这种动物的头上可能有冠或有角。后来这个字的写法发生变形，原本表示冠或角的笔画变形声化成为“童”省形，整个字就变成了形声字了。

“龙”被视为中国人的象征，中国人也自称是“龙的传人”。这是因为今日“龙”的形象汇合了中华大地上几个势力比较大的氏族图腾。龙的鬃毛和长脸来自北方的马图腾、龙的犄角来自中原的鹿图腾、龙的身体来自西南的蛇图腾、龙的长嘴来自东南的鳄鱼图腾、龙的脚爪来自南方的凤鸟图腾，结合中国境内各民族崇敬图腾形象的龙，很容易地就掳获大家的心，成为华人崇拜的对象。

“麟”这个字，《说文解字》解释道：“大牝鹿也。从鹿粦声。”它是个从“鹿”“粦”声的形声字，因为指的是大母鹿，所以从“鹿”这个义符。“麟”和“麒”常组合成一个复词，泛指这一类的动物。“麒”这个字，《说文解字》解释道：“麒，仁兽也，麋身牛尾一角；麐（麟），牝麒也。”它

⊙本字组与相关诸字的历史面貌和它们的造字本义

	甲骨文	金文	战国文字	小篆
龙				
麟				
鹿				
粦				
虎				
彪				

和“麟”相对，指的是大公鹿。

“鹿”字作为“麟”的义符，本身是个象形字，《说文解字》解释道：“兽也。象头角四足之形。”全字就“鹿”这种动物的整体象形，不信你看它的笔画明显勾画出大眼、枝蹄、短尾，还特别强调鹿角的分岔之形。

《春秋·哀公十四年》记到鲁哀公西狩获麟，杜预解释：“麟，仁兽也。”“麟”的出现被视为一种祥瑞或吉兆，相传只有太平盛世或大人物出现才会看到它；所以小孩出生时我们会说：“喜获麟儿”。麟也和龙、凤、龟合称“四灵”。

古代打猎得鹿就可保证整个部落有肉可吃，于是“鹿”这种动物就带

●龙的形象其实汇合了各大氏族的图腾。

●“龙”表示一种头上有冠或角的爬虫类动物。

有吉祥的含义——“福禄”的“禄”字原本就写作“褫”。“麟”从“鹿”这个义符也能交代它祥兽的身份。麒麟到底是什么动物？〔明〕永乐十二年郑和下西洋，到了东非，带回两只东非进贡的长颈鹿回燕京，并认为这就是麒麟，闽南话也称长颈鹿叫“麒麟鹿”。不过这和我们印象中带有鳞片的麒麟长得挺不一样的。

“麟”字的声符“粦”，本身是个指事字，《说文解字》解释道：“兵死及牛马之血为粦。粦，鬼火也。”全字从“大”再加四个点，那四个点表示人死后身上所产生的磷火，全字像是一个人躺在地上，数个点则表示是磷火，“粦”也就是“磷”的初文。后来的“粦”字的写法特别加强写出死者的那双脚，这有可能是因为人们认为人死了通常就是“两眼一瞪，两腿一伸”的关系。“磷火”又称“鬼火”。动物死后之所以产生磷火，是因为原本存在于骨骼内的“磷”被释放出来的缘故。由于磷的燃点很低，一接触到空气便会燃烧。为何“磷火”又称“鬼火”？因为磷火常出现在坟区或伤亡惨重的战区；磷火燃烧时多飘浮于半空中，人若行经，即会在身后产生气旋，将磷火吸入，看起来就好像跟着人走似的。由于这种发生在坟区或战区的现象十分恐怖，有如鬼追人，于是磷火就被附会而称鬼火了。

“虎”这个字，《说文解字》解释道：“山兽之君……象形。”它是个象

1.

2.

3.

4.

1.“鹿”是象形字。
2. 明朝人认为长颈鹿就是麒麟。
3.“麒麟”有祥瑞的含义。
4.“粦”字的四点表示人死后产生的磷火。

形字，全字就是把一只老虎给完整画出来。字中还特别强调虎口中的尖牙，以和其他动物用字作为区分，甲骨文的写法里更是另外将老虎身上的斑纹给仔细画出来。由于“虎”给人勇猛的印象，古代将军武臣最爱它，军帐里常见的“皋比”指的就是铺有虎皮的大座。

“彪”字则是一个在“虎”上多加了“彡”的会意字。“彪”，《说文解字》解释道：“虎文也。从虎，彡象其文也。”“彡”，《说文解字》解释道：“毛饰画文也。象形”，它有“花纹”的意思，像讲文章辞采的“彣”也从这个偏旁、讲光鲜色泽的“彩”也是从这个偏旁。从“虎”从“彡”的“彪”字指的也就是老虎身上的纹理。

⊙以本字组取名命字的名人

“龙”：先秦思想家公孙龙、明末东林党领袖高攀龙、清初清官于成龙。

“麟”：清末武术家黄麒英、清末革命义士徐锡麟、民初教育家蒋梦麟。

“虎”：演员孙飞虎、导演管虎。

“彪”：东汉史学家班彪、西晋史学家司马彪。

●“虎”字画出老虎的具体形象。

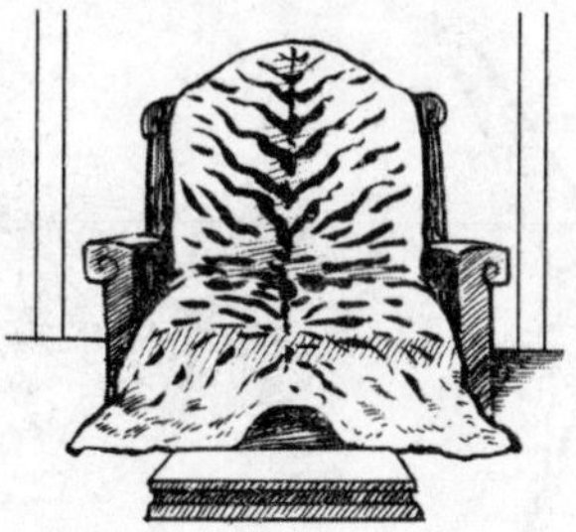

●“皋比”是指铺上虎皮的大座。

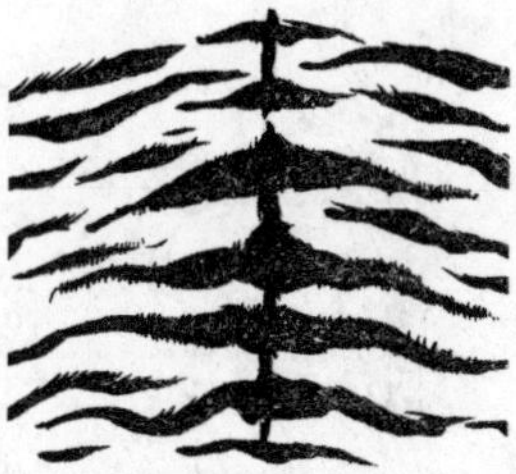

●“彪”字本指老虎的斑纹。

⊙以本字组取名命字的用意

“龙”原为传说中的神异动物，它集所有民族的主流图腾形象于一身，是中华民族共同信奉的神兽。由于其在华人的心目中具有神圣崇高的地位，所以后来被用为君王或皇帝的象征。除了皇宫和皇族，也只有神明所居住的宫殿和宗教一应器物可以使用龙的图案。以“龙”字取名命字，一个原因是取其祥瑞，另一个原因则是命名者期待被命名者能像龙一样一飞冲天，成为“人中之龙”。

“麟”单说是母麟，也可以泛指麒麟这类传说中的神兽。因为稀奇罕见，所以一旦出现，便被视为祥兆，代表将有好事发生。以“麟”字取名命字，除了取其祥瑞的意思，命名者还希望被命名者也能为他人带来好运，成为人见人爱的对象。

“虎”字为猫科猛兽的专名。因虎的前额有类似“王”字的斑纹，加上利牙巨口，在森林中几乎找不到对手，所以被封为“森林之王”。以“虎”字取名命字，一个是希望被命名者能身体强健，如虎一般勇猛；另一个是希望被命名者在人生的各种表现场合，都能虎虎生风、技压群雄，顺利地出人头地。至于“彪”字，原指老虎身上的斑纹，后来也能喻指老虎。以

“彪”字取名命字的用意除与取“虎”字相当外，也有期许被命名者除了有武力，也要有文采的用意。

◎与本字组有关的好话

以下收录与本字组有关的好话，除了方便自我介绍和介绍亲友外，读完也能增长词语知识和相关的应用能力。

龙 蛟龙得水

蛟龙得到了水的帮忙，就能兴风作浪。原来用以比喻统治者得到民心就能有所作为；后来用以比喻有能者获得施展抱负的机会，得以一展拳脚。《管子·形势》：“人主待得民，而后成其威，故曰：蛟龙得水，而神可立也，虎豹得幽，而威可载也。”

舞凤飞龙

如同龙飞凤舞的姿态那样；主要用来形容气势奔放雄壮的样子。〔宋〕张孝祥《鹧鸪天·赠钱横州子山》：“舞凤飞龙五百年，尽将锦绣裹山川。”

生龙活虎

像活动力强的龙或虎那般生气勃勃；主要用来形容人或文章生动活泼。《朱子语类·卷九五》：“只见得他如生龙活虎相似，更把捉不得。”

麟 龙骧麟振

龙骧，为龙昂举腾跃的样子；麟振，典故出自《诗经·周南·麟之趾》：“麟之趾、振振公子。于嗟麟兮”，毛传：“麟，信而应礼，以足至者也。振振，信厚也”，指麟足振地有声的样子；本句主要用来形容领兵者恩威兼备。

蝉衫麟带

薄绡制成、有如蝉翼的衣衫与有近似麟文的衣带；合指既飘逸又华美的衣服。〔唐〕温庭筠《舞衣曲》："蝉衫麟带压愁香，偷得莺簧锁金缕。"

凤毛麟角

凤凰的毛和麒麟的角；形容珍贵而稀少的人才或事物。〔明〕何良俊《四友斋丛说·文》："康对山之文，天下慕向之，如凤毛麟角。"

虎 燕颔虎头

像燕那般的领额与像虎那样的头形；形容相貌堂堂、十分威武。《东观汉记·班超传》："超问其状。相者曰：'生燕颔虎头，飞而食肉，此万里侯相也。'"

虎步龙行

踏着龙虎一样的稳健步伐；形容帝王那般不凡的仪表。柳弃疾《寄少华甬上即效其体》诗之二："虎步龙行属寄奴，一时瑜亮有黄须。"

与虎添翼

给老虎添上了翅膀；比喻协助才能本来就很强大的人，使其变得更强大。《三国演义·第二十七回》："丞相待关某甚厚。今彼不辞而去，乱言片楮，冒渎钧威，其罪大矣。若纵之使归袁绍，是与虎添翼也。"

彪 弸中彪外

内在充实有才华的人，他的文采一定表现在外。〔汉〕扬雄《法言·君子》："或问：'君子言则成文，动则成德，何以也？'曰：'以其弸中而彪外也。'"李轨注解："弸，满也；彪，文也。积行内满，文辞外发。"

凤、鹏、鸿、燕

⊙本字组与相关诸字的历史面貌和它们的造字本义

“凤”这个字，繁体字写作“鳳”，《说文解字》解释道：“神鸟也。天老曰：‘凤之象也，鸿前麟后，蛇颈鱼尾，鹳嗓鸳思，龙文虎背，燕颔鸡喙，五色备举。……’从鸟凡声。”这个字是个形声字，因为指的是一种祥禽，所以从“鸟”这个义符。“鸟”，《说文解字》解释：“长尾禽总名也。象形。”它本身就是个描绘鸟类全角的象形字。按照古籍对凤这种鸟类的描述：头上有冠、翅有凤眼，身上有好多美丽的花纹，它应该最接近今日的孔雀。“孔”有“大”的意思；“雀”即鸟：“孔雀”即“大鸟”，“凤”也是大鸟。

照时间较早的古文字形来看，“凤”字一开始并没加“凡”这个声符，全然是一个象形字，字形重点在描绘与众不同的鸟冠和鸟羽。但今日的“凤”字则写成从“鸟”“凡”声的形声字。“凡”作为“凤”的声符，本身是个象形字，即“盘”字初文（详参本书天文地理字组之六“佩”字）。

“鹏”这个字，繁体字写作“鵬”，《康熙字典》解释道：“《玉篇》：‘大鹏鸟也。’《集韵》：‘大鹏，鶤属。’《庄子·逍遥游》：‘鲲之大，不知其几千里也，化而为鸟，其名为鹏。’”“鹏”这个字指的也是大鸟，所以从“鸟”这个义符。不过“鹏”字本身也是个后起的形声字，它最早的写法

⊙本字组与相关诸字的历史面貌和它们的造字本义

	甲骨文	金文	战国文字	小篆
凤				
鸿				
鹏				（古文）
朋	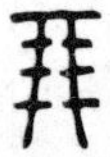			（古文）
燕				

是不加“鸟”形而直接写作“朋”的——“朋”本身是象形字，全字勾勒出一只敛着大羽的鸟，这个形象在《说文解字》所收的古文“朋”字形里最为明显。不加“鸟”形的“朋”和“凤”字初文根本就是同一个字（互为异体字），只不过“凤”字初文着重描绘这种鸟的“冠”和“羽”；“朋”字则特别聚焦在它的羽毛之丰美。为何后来“朋”字用为“朋友”之朋，《说文解字》解释道：“凤飞，群鸟从以万数，故以为朋党字。”这种大鸟习惯群居，所以鸟名之“朋”就引申而有“朋党”的意思了。

不过另外还要说明的是表示大鸟的“朋”字作为“朋友”之“朋”的时间较晚。早先在金文和甲骨文里的“朋”字以象形造字，全字画出“两串贝”，“贝”是上古的货币，所以这个早出的“朋”字指的是一种货币单位。《康熙字典》就说：“《易经·损卦》：‘或益之十朋之龟’；《诗经·小

●“鸟”字是象形字，小篆字形栩栩如生地描摹出鸟的外形。

●古人对凤凰的描述接近今日的孔雀。

雅》：‘锡我百朋’；《传》：‘五贝为朋。’《前汉书·食货志》：‘元龟岠冉，长尺二寸，直二千一百六十，为大贝十朋’；《注》：苏林曰：‘两贝为朋，朋直二百一十六，元龟十朋，故二千一百六十也。’”一朋为五枚贝所串成；一朋的价值是二百一十六个最小货币单位。

“鸿”这个字，繁体字写作“鴻”。《说文解字》解释道：“鸿鹄也。从鸟江声。”它是个从“鸟”“江”声的形声字，本指水鸟鸿鹄，所以从“鸟”这个义符；“江”作为声符，本指长江或是大水（详参本书天文地理字组第八“江”字）。“鸿”是大雁、鹄是黄鹄，二者都是在水边经常能看到的大水鸟，体形都不小。从这类水鸟的栖息地来理解“鸿”字，说它是个从“鸟”从“江”，“江”亦声的会意兼声字也是可以的。古人礼尚往来，经常选择鸿雁作为回礼的牲品（《仪礼》），“鸿”因此多了一层“知礼”的隐喻；诗序说《诗经·鸿鴈（雁）》：“美宣王也。万民离散，不安其居，而能劳来还定，安集之。至于矜寡，无不得其所焉”，“鸿”之栖也有“安居”的形象。

“燕”这个字，《说文解字》解释道：“玄鸟也。籋口，布翄，枝尾。象形。”它是个象形字，全字描绘出燕鸟之形，甲骨文的写法仔细地描绘出燕鸟之头、身、尾、双翅，非常写实。燕子是候鸟，秋去春来，可以说是

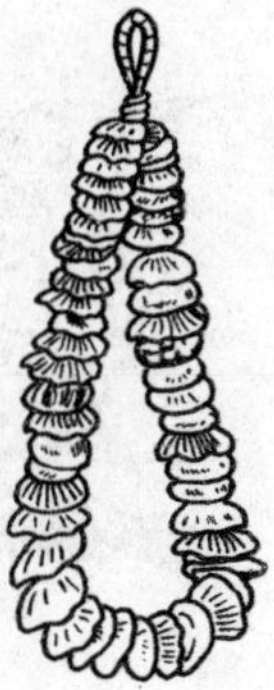

●“朋”字在甲骨文中看起来像两串贝。

春天的信使。燕子又爱筑巢家户门廊下，在选择居所时基于动物的本能，它会挑选安静、合家和乐融融的人家来落脚；慢慢地燕子筑巢即成为有德者居处的代表。燕子也是人类少数能接受一起生活在同个屋檐下的野生禽类。

⊙以本字组取名命字的名人

“凤”：清朝台湾阿里山通事吴凤、清末名妓朱莜凤（小凤仙）。

“鹏”：台湾文献学家龚鹏程、艺人李亚鹏。

“鸿”：东汉名士梁鸿、清末中兴名臣李鸿章、清末武术家黄飞鸿、民初著名画家徐悲鸿。

“燕”：汉成帝皇后赵飞燕、香港作家林燕妮。

⊙以本字组取名命字的用意

“凤”和“鹏”都是同一类的大鸟，这一类的大鸟常出现在古代传说中。由于美丽、稀有，被视为吉祥的象征。后来其图案花纹甚至只有皇室的贵族才能使用。大鸟在中国文化中具有如此崇高的地位，与商朝的“玄鸟”祖先崇拜及南方的“朱雀”信仰很有关系。“玄鸟”最早出现在《诗

1.

2.

3.

1. “鸿”字是指大型的水鸟。
2. “燕”的字形具体画出燕子的样子。
3. 燕子常在人家的门廊下筑巢。

经》中，《商颂·玄鸟》写道：“天命玄鸟，降而生商。”《史记·殷本纪》也提到：“殷契，母曰简狄，有氏之女，为帝喾次妃。三人行浴，见玄鸟堕其卵，简狄取吞之，因孕生契。”商是源于黄河中下游地区的古部落。另一个同样起源于这一地区的嬴秦，也有个古老传说提到女修吞食了玄鸟卵而生了秦的先祖。可见玄鸟不但是商民族之祖，而且是黄河中下游地区许多古老部落的共同宗祖和崇拜对象。玄鸟究竟是什么动物？有人引《广雅·释言》：“玄，天也”，玄鸟即是天上降下来的神鸟，也就是“凤”“鹏”了。后来这个流行于黄河中下游的崇拜，随着楚的华夏先祖向南方传播，结合五行中南方之行的“火”，微变成具有浴火凤凰的“朱雀”形象。并和北方的玄武（龟）、东方的青龙、西方的白虎合称“四灵”或“四兽”。以“凤”或“鹏”字取名命字，一方面是取其吉祥的象征，另一方面是因为凤及鹏都能一飞冲天，以之命名也是希望被命名者能扬眉吐气，名扬天下。

“鸿”字指的是天鹅、大雁、黄鹄一类的水栖禽鸟。这类禽鸟飞行姿态悠闲而高雅，给人一种遗世独立的感觉。它的翅膀十分有力，也能一飞冲天。以“鸿”字取名命字，主要寄寓命名者希望被命名者有“鸿”的优雅和高度的视野，进而能建立一番功业。

“燕”为人类居住地区常见的鸟类。它是候鸟，秋去春来。所以燕子来了也表示春天近了，因此“燕”字具有“春天的脚步近了”的隐含意义。春天万物复苏，生意盎然，也因此“燕”字多了吉祥、生气蓬勃的意思。以“燕”字取名命字，就是取其“春意”之义。另外“燕居”为有“德者之居”，“燕”字又能通“晏”，表示安乐，所以以“燕”字为名也寄寓了命名者希望被命名者能生活安乐、成为有德之人的用意。

◎与本字组有关的好话

以下收录与本字组有关的好话，除了方便自我介绍和介绍亲友外，读完也能增长词语知识和相关的应用能力。

凤 丹凤朝阳

鲜红羽色的凤凰朝向太阳；形容有才者得到明君赏识。《诗经·大雅·卷阿》：“凤凰鸣矣，于彼高冈。梧桐生矣，于彼朝阳。”〔明〕朱善《诗解颐·卷三》：“凤凰者，贤才之喻；高冈者，朝廷之喻；梧桐者，贤君之喻；朝阳者，明时之喻也。”

驭凤骖鹤

驾着凤骑着鹤；比喻得道飞升成仙。《太平广·卷九七》引〔唐〕皇甫枚《三水小牍·从谏》：“唐武宗嗣历，改元会昌，爱驭凤骖鹤之仪，薄点墨降龙之教。”

吉光凤羽

吉祥的光照与凤凰的毛羽；主要用来形容难得的艺术珍品。〔明〕王世贞《题三吴楷法十册之六》：“吾所缀集，皆待诏中年以后书，真吉光凤羽，缉而成裘，后人其宝守之。”

鹏 凤翥鹏翔

像凤或鹏那般振翅高飞；形容奋发而有所作为。〔清〕陆陇其《与李枚吉婿书》："吾婿英年有志，前程远大，苟发愤力学，将来凤翥鹏翔，何可限量。"

万里鹏程

如同鹏一般振翅即可高飞万里；形容前程远大。〔明〕冯惟敏《桂枝香·春怨》曲："拼着你万里鹏程，撇下俺一腔春恨。"也可作"鹏程万里"。

鸿 鸿鹄之志

像鸿鹄大鸟飞向远方的大志向。《吕氏春秋·士容》："夫骥骜之气，鸿鹄之志，有谕乎人心者诚也。"

巨学鸿生

巨和鸿都有大的意思；此指学识渊博之人。典故出自〔汉〕扬雄《羽猎赋》："于兹乎鸿生巨儒，俄轩冕，杂衣裳，修唐典，匡《雅》《颂》，揖让于前。"

业峻鸿绩

建立的功业高、成绩大。〔南朝·梁〕刘勰《文心雕龙·原道》："夏后氏兴，业峻鸿绩，九序惟歌，勋德弥缛。"周振甫注解："业峻鸿绩：即业峻绩鸿，功业高，成绩大。"

燕 燕雀相贺

燕和雀因为大厦落成，有栖身之处而互相庆贺，后来用作贺人新屋落成的吉祥话。《淮南子·说林训》："汤沐具而虮虱相吊，大厦成而燕雀相贺，忧乐别也。"

莺歌燕舞

莺儿啼歌，燕儿飞舞；这是春天才有的景致，所以本句主要用来形容春光明媚、万物欢悦。后来引申可形容形势大好。〔宋〕卢炳《满江红·贺赵县丞》："日丽风和熏协气，莺吟燕舞皆欢意。"也可作"莺吟燕舞"。

新婚燕尔

燕通宴，表示安乐。本句形容新婚极为欢乐的样子。〔元〕贾固《醉高歌过红绣鞋·寄金莺儿》："乐心儿比目连枝，肯意儿新婚燕尔。"

林、森、树

⊙本字组与相关诸字的历史面貌和它们的造字本义

“林”这个字，《说文解字》解释道：“平土有丛木曰林。从二木。”这个字是个从二“木”的会意字。“木”本身是象形字，像树木的树干、树枝、树根之形，叠用两个“木”表示树木成林之处，这样就造成了会意字“林”。

“森”这个字，《说文解字》解释道：“木多貌。从林从木。读若曾参之参。”它叠用三“木”，三代表多数，所以“森”字的意思就是树木很多！

“树”这个字，繁体字写作“樹”。《说文解字》解释道：“生植之总名。从木尌声。”它是个从“木”“尌”声的形声字，因为本义指“种树”，所以从“木”这个义符。至于它的声符“尌”，《说文解字》解释道：“立也。从壴从寸，持之也。”它是个从“寸”“木”“豆”声的形声字，本义就是“树立”“种植”。“寸”作为义符，本为指事字，先画一只手，再在手腕处点上一点。古代度量长度由指尖到腕口差不多就是一寸，“寸”也就是“吋”的初文；古人造字，字义相近的字在作为义符时可以交互使用，在字里从“又”（手）和从“寸”意义差别不大。“尌”的声符“豆”，本身是象形字，全字勾勒出一种高脚器皿，它是先人常用的食器，今日隆重的宗教庆典也常用它来装摆祭祀的供品；用作植物种子称谓，那是后来的假借

⊙本字组与相关诸字的历史面貌和它们的造字本义

	甲骨文	金文	战国文字	小篆
林				
木				
森				
树		（石鼓文）		
寸				

用法。具有声符“豆”的“尌”，从“寸”扶“木”而种，它也就是“树”的初文。

⊙以本字组取名命字的名人

“林”：清末民初学者沈林一、语言学家季羡林。

“森”：清朝训诂学家孔广森、川军名将杨森。

“树”：作家周树人（鲁迅）、作家赵树理。

⊙以本字组取名命字的用意

“林”字原本指成片的木本植物丛聚，后来引申可指人或事物的会聚之处；作为形容词则能形容众盛的样子。以“林”字取名命字，一个可能

●“木”字画出树木的样子。

●“林”字叠用二“木”表示众木成林。

●“树”字的本义表示种植树木。

是经过命相师的指点，被命名者命中缺木，所以取其为名加以救济；以“森”“树”等从“木”或“艹”旁字为名的，也有类似的目的；另一个可能是希望被命名者能享有或具备某种吉祥、才华、德行，并希望这些吉祥、才华、德行能如林汇聚于被命名者的身上。“森”字原来用以形容树木高耸繁密的样子，后来引申可形容众多茂。因为植物生长茂密，底下便会失去光照而有阴森幽暗的感觉，所以“森”又隐约可指“阴森”的气氛。既然植物长得茂密，一定很难从中通过，所以“森”也可以用来形容戒备严谨，密不透风的样子——“森严”。以“森”字为名，一个原因是被命名者五行缺木；另一个原因是希望被命名者能很有朝气，像布满植物的森林那般生机无限。

“树”字原本作动词用，表示“种植”这一个动作；由于修建建筑物需要树立梁柱，所以“树”字后来也引申出“建立”这一层意思。以“树”字为名，一个原因是被命名者五行缺木；另一个原因是命名者希望被命名者能够建立起好的名声、成就一番事业。

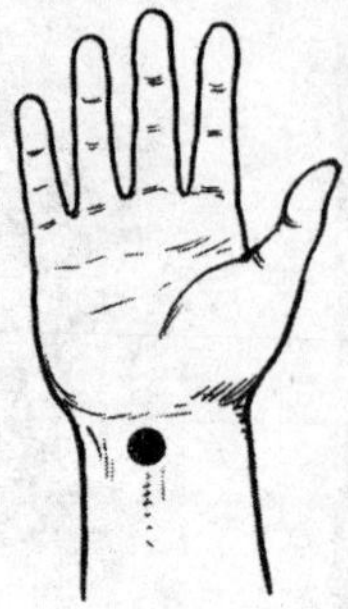

●"寸"为指事字，指用手腕位置表示一寸。

●"豆"为象形字，是一种高脚的器皿。

◎与本字组有关的好话

以下收录与本字组有关的好话，除了方便自我介绍和介绍亲友外，读完也能增长词语知识和相关的应用能力。

林 声振林木

声音的振波振动了树林；主要用来形容乐声或歌声激昂。《列子·汤问》："薛谭学讴于秦青，未穷青之技，自谓尽之，遂辞归。秦青弗止，饯于郊衢，抚节悲歌，声振林木，响遏行云。"

林下风气

林下原为士人交游吟和的处所；后可用来形容人具有悠闲飘逸的气质。〔南朝·宋〕刘义庆《世说新语·贤媛》："王夫人神情散朗，故有林下风气。"

杞梓之林

杞和梓都是良木；本句比喻人才众多。〔唐〕李庚《西都赋》："殷庙羞瑚琏之器，楚材惭杞梓之林。"

森 森罗万象

森指林木聚集处，罗上则有许多网洞；本句用来比喻天下各种事物所展现出的各种气象。〔南朝·梁〕陶弘景《茅山长沙馆碑》:“夫万象森罗，不离两仪所育；百法纷凑，无越三教之境。”

云屯森立

如云朵囤积和聚木林立的样子；指众多而整齐。〔清〕侯方域《为司徒公赠万将军序》:“以张公节制三方，其部下熊罴之士，云屯森立，而特属望将军，其必有以取之矣。”

壁垒森严

用来防御的土壁和堡垒工事坚固，戒备和守卫像长满树木的森林般严密。

树 树德务滋

建立良好的德政，首要之务是使它不断增益延续下去。《尚书·泰誓下》:“树德务滋，除恶务本。”

一树百获

种一次就能收获百次；主要用来形容培植人才就能获益长远。《管子·权修》:“一年之计，莫如树谷；十年之计，莫如树木；终身之计，莫如树人。一树一获者，谷也；一树十获者，木也；一树百获者，人也。”也可作“十年树木，百年树人”。

树俗立化

树立良好风俗、进行有效教化。《鹖冠子·王鈇》:“世莫不言树俗立化，彼独何道之行以至于此？”

松、柏、榕

附："容""蓉"

⊙本字组与相关诸字的历史面貌和它们的造字本义

"松"这个字，《说文解字》解释道："木也。从木公声。"它是个从"木""公"声的形声字，因为指的是一种针叶长寿常绿的树种，所以从"木"这个声符。"公"作为声符，本身为指事字，表示把某物分得很平均，这个观念就叫"公"。甲骨文"公"字上部是"八"，它是指事字，左右两笔平均，本义指"平分"；"公"字下部并非是勾勒嘴巴外框的"口"字，而是表示将要被平分的物品；"公"的全字就是以平分物品来表示公平、公正的意思。到了小篆的写法，则将原来象征物品的"口"部件写成像钩的形状；如此一来它就成了"厶"。"厶"是将手臂朝自己弯的样子，它是个象形字，就是"肱"的初文。因为只有拿了东西自私不分享，把它揣在怀里才会出现这个动作，所以"厶"又引申出"自私"的意涵——它同时也是"私"字的初文。自此，小篆"公"字的写法就从指事字变成了"背私为公"(《说文解字》)的会意字了。

"柏"这个字，《说文解字》解释道："鞠也。从木白声。"它是个从"木""白"声的形声字，也是指一种常绿的针叶树种，所以从"木"这个义符。声符"白"本指拇指，后借为"白色"之"白"（详参本书数序字组

⊙本字组与相关诸字的历史面貌和它们的造字本义

之四“伯”字）。“松”和“柏”都是长青的树种，如果人的寿命能像松柏那样，便是长寿。所以中国人流行在祖先的墓葬旁广植松柏，希望祖先能保佑家族基业及后代子孙长长久久。

1.

2.

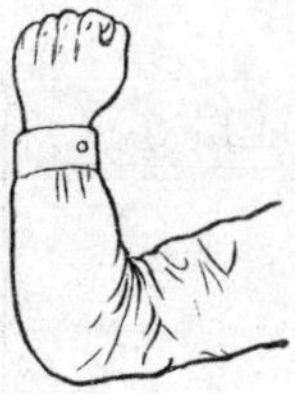

3.

4.

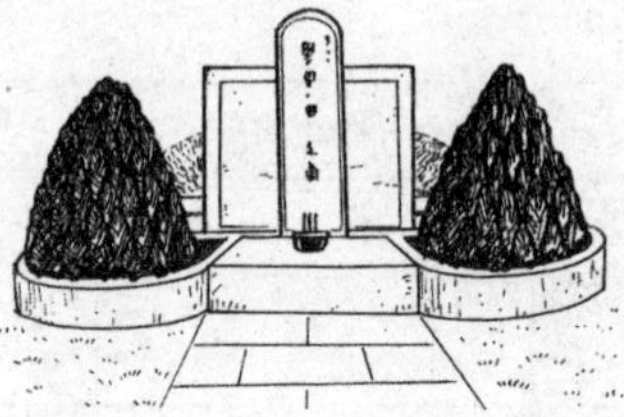

1. “松”为形声字。
2. “厶”描摹人弯起手臂的样子。
3. “柏”为形声字。
4. 在墓前种松柏是中国人的传统，希望祖先能保佑子孙长长久久，像长青的松柏那样。

“榕”这个字，《康熙字典》解释道：“……音容。《玉篇》：‘木名。’《三体诗注》：‘初生如葛藟缘木，后乃成树，生于南方。’嵇含《草木状》：‘榕叶如木麻，其荫十亩。’《榕城随笔》：‘闽中多榕树，因号榕城。枝叶柔脆，干既生枝，枝又生根，垂垂如流苏，少着物即萦系。或本干自相依附，若七八树丛生者，多至数十百条，合并为一，蜷樛结，柯叶荫茂。’”它是个从“木”“容”声的形声字，“榕”“松”一声之转，“松”的某一个品种也有叫“榕”的，所以“榕”也是指一种长绿长寿的植物，因此从“木”这个义符。榕的生命力强，除了气根可以吸收空气中的湿气并长成树干外，地下根的贯穿力也很强，所以包括墓园在内的建筑物并不适合种植。由于榕的生命力强，枝叶荫盖性高，很多地方上长成神木一般的大树公就是榕树。

“容”这个字，《说文解字》解释道：“盛也。……”它是个指事字，全字表示“穴”中有物入内，有“容纳”的意思。古人穴居在野处，洞穴既是居住的地方，当然也是储存物资的地方；“容”指的就是把物资储放到洞穴里。

“蓉”这个字，《说文解字》解释道：“芙蓉也。从艹容声。”它是个

●“榕”是形声字。

●地方上的“大树公”很多都是榕树。

●古人穴居，会把物资储放在洞穴中。

从“艹”“容”声的形声字，指的就是“芙蓉”，所以从“艹”这个义符；“容”在字中发挥的是声符的功能。“芙蓉”有二指：一为木芙蓉，开在树上；二为水芙蓉，是水生植物，这二种芙蓉都清美大方，十分可爱。所以“蓉”字也常被用来取名命字。

⊙以本字组取名命字的名人

“松”：清朝《聊斋志异》作者蒲松龄、台湾著名法医杨日松。

“柏”：清朝《朱子治家格言》作者朱柏庐、国民革命军将领王柏龄。

“榕”：近代民主革命家张榕。

⊙以本字组取名命字的用意

“松”“柏”“榕”都是长青的木种，枝叶青葱翠绿，给人富有生命力的感觉。“松”“柏”“榕”长青不枯，也让人容易联想到“长寿”。以“松”“柏”“榕”等字取名命字，一个可能是经相命师的指点，被命名者命中缺木，于是取从“木”旁的“松”“柏”“榕”等字为名，加以救济；另一个可能是取“松”“柏”“榕”的“长寿”意义，希望被命名者如“松”“柏”“榕”一样长久树立于天地之间。

●木芙蓉。

●水芙蓉。

“容”字原为穴中纳物的意思，后来假借为“面容”的“容”。以“容”字取名命字，一个是命名者希望被命名者具有大度量，能接纳别人的各种建议，“有容乃大”；另一个是命名者希望被命名者能有姣好的面容长相。后一种取名意图多半出现在为女子命名的情况之中。“蓉”字既可指木芙蓉，也可指水芙蓉。不论指的是哪种花，它们给人的都是雍容美艳的感觉。所以“蓉”字常被用来为女子取名命字。以“蓉”字为名，一个是希望被命名者能有“出水芙蓉”那般的美貌；另一个可能是经相命师指点，被命名者命中缺木，于是取从“艹”（“草”，广义的植物）旁的“蓉”加以救济。

◎与本字组有关的好话

以下收录与本字组有关的好话，除了方便自我介绍和介绍亲友外，读完也能增长词语知识和相关的应用能力。

松 玉洁松贞

像玉一样纯洁、像松一样坚贞；用来形容节操之高洁。〔唐〕皇甫枚《三水小牍·步飞烟》：“飞烟执象手曰：‘今日相遇，乃前生因缘耳。勿谓妾无玉洁松贞之志，放荡如斯。'"

餐松饮涧

吃松实喝涧水，指的就是一种隐居的生活。〔南朝·梁〕沈约《善馆碑》："达人独往之事，志非易立，餐松饮涧之情，理难轻树。"

松 **柏** 松柏之茂

松和柏都是长青的树种；能像松柏那样茂盛，也就是长寿不衰了。《诗经·小雅·天保》："如松柏之茂，无不尔或承。"郑玄解释道："如松柏之枝叶常茂盛，青青相承，无衰落也。"

松柏之志

形容具有像松柏那般坚贞不移的志节。〔宋〕叶廷珪《海录碎事·人事》："宗世林薄曹操为人，不与之交。后操作司空，总朝政，问宗曰：'可以交未？'答曰：'松柏之志犹存。'以忤旨见疏，位不配德。"

餐松啖柏

食用松柏的叶实，表示过着和修仙学道的人一样的超尘脱俗生活。〔元〕无名氏《玩江亭·第二折》："俺出家人闲来坐静，闷来游访，寻仙问道，飧松啖柏。"

松柏寒盟

在寒冷的天气里仍像松柏那样不忘交情；形容双方是患难之交。〔清〕李渔《怜香伴·斋访》："虽则是梅花冷淡，也甘守松柏寒盟。"

蓉 出水芙蓉

水面上初放的芙蓉花；可以用来形容诗文的清新或女子的清丽。〔宋〕洪咨夔《沁园春·用周潜夫韵》："濂溪家住江湄，爱出水芙蓉清绝姿。"

容 休休有容

有气度而从容的样子。《尚书·秦誓》："其心休休焉，其如有容。"

雍容闲雅

神情从容大方，举止温雅得体。《史记·司马相如列传》：“相如之临邛，从车骑，雍容闲雅，甚都。”也可作“雍容尔雅”或“雍容大雅”。

月貌花容

女子的容貌像月亮和花朵一样姣美。《醒世恒言·卖油郎独占花魁》：“〔秦重〕这一夜翻来覆去，牵挂着美人，那里睡得着。只因月貌花容，引起心猿意马。”

梅、兰、菊、竹、莲

⊙本字组与相关诸字的历史面貌和它们的造字本义

“梅”这个字，《说文解字》解释道：“楠也。可食。从木每声。”这个字是个从“木”“每”声的形声字，本义指的就是可以食用的“楠”果，所以从“木”这个义符。它或不从“梅”而写作从“某”得声，作“楳”。“梅”的声符“每”是“母”的异体字，全字为一泌乳女子跪坐于地的样子（详参本书天文地理字组之八“海”字）；“梅”的异体字“楳”，它的声符“某”为会意字，从“甘”在“木”上；“甘”本身是指事字，《说文解字》解释道：“美也。从口含一”，全字表示一甘甜食物吃进口中，本义即“美味”。“某”字表示长在树上吃来味久不散的酸果子，即“梅”无误——“某”也正是“梅”和“楳”的初文。

“兰”这个字，繁体字写作“蘭”。《说文解字》解释道：“香艹也。从艹闌声。”它是个从“艹”“闌”声的形声字，本义指的是一种性喜阴湿的香草，因此从义符“艹”。而“闌”作为声符，《说文解字》说它：“门遮也”，本身是个从“门”从“柬”的会意字，指把不允许进入的人或野兽阻拦在外。

“闌”的义符之一“门”是个从二“户”的象形字，全字就是把有两扇门板的大门给画出来，“户”就是单扇门板。一般人家出入口只要用单扇门

⊙本字组与相关诸字的历史面貌和它们的造字本义

	甲骨文	金文	战国文字	小篆
梅				
某				
甘				
兰				
阑				
门	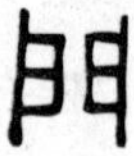			
柬				
菊				
匊				
竹				
莲				

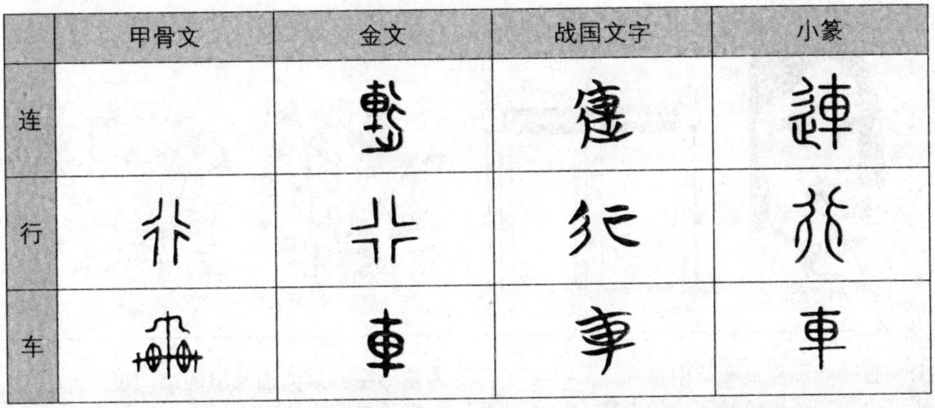

板就足够遮挡，所以“户”字后来引申出“家户”之“户”的意思。“阑”的义符之二“柬”是个指事字，全字从“束”外加点；“束”是个象形字，具体描绘一个包囊；包囊之中二点表示所包的是被拣择过的东西；“柬”即是“拣”之初文。“阑”字从“门”从“柬”表示要进入“门”必须经过身份的过滤才行；“阑”即是“栏”或“拦”字的初文。

“菊”这个字，《说文解字》解释道：“大菊，蘧麦。从艹匊声。”它是个从“艹”“匊”声的形声字，本义指的就是蘧麦，所以从“艹”这个义符。“匊”作为声符，本身是个从“勹”（人有怀抱之形）从“米”的会意字，《说文解字》解释道：“在手曰匊”，全字像人以将米加以“掬捧”，它也就是“掬”的初文。我们常形容一个人“笑容可掬”——笑容多到可以用手捧起来，那是把他的笑容给具体化了，这和我们说一个人“脸上堆满了笑容”的意思是相当的。

“竹”这个字，《说文解字》解释道：“冬生艹也。象形。”它是个会意字，从二“个”，这个“个”并不是“个”的简体字，它是竹叶下垂的具体描绘，由于竹子一枝多叶，所以从二“个”，就能表现出竹子竹叶聚多的特色。

“莲”这个字，繁体字写作“蓮”。《说文解字》解释道：“芙蕖之实也。

1.　　2.　　3.　　4.

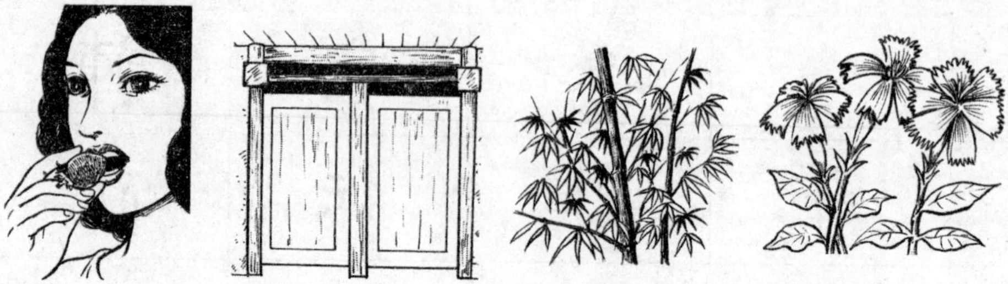

1.“甘”表示甜食在口中。　　2.“门”为象形字，具体描摹出两扇门板。
3.“个”字画出竹叶下垂的形象。　　4.“菊”字指的是蘧麦。

从艹连声。”它是个从“艹”“连”声的形声字，本义指的就是“水莲”，所以从“艹”这个义符。而其声符“连”，本身是个从“辵”从“车”的会意字。“车”字是个象形字，全字完整地描绘车厢和车轮。“辵”从“行”省从“止”，“行”是描绘十字路口的象形字。“止”即脚掌之象形（详参本书天文地理字组之四“峰”字）。结合这二者而成的会意字“辵”就含有行走于街道的意思。由于古代车辆的动力来源是兽力，必须将车连接上人或动物加以驮拉，车子才能前进，所以“连”字的本义就是“连接”。

⊙以本字组取名命字的名人

“梅”：清末民初粤剧名角陈皮梅、作家石评梅。

“兰”：清朝诗人徐兰、京剧名家梅兰芳。

“竹”：民国女权运动者张竹君。

“菊”：著名戏剧家焦菊隐、京剧演员言菊朋。

“莲”：清朝昆曲演员朱莲芬。

⊙以本字组取名命字的用意

“梅”字指的是柟、楠一类木种；也可指梅树所结的果子本身。梅树开

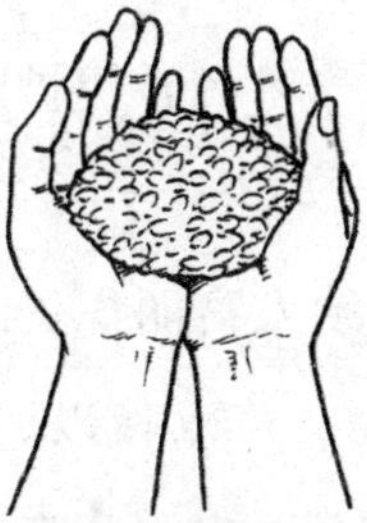

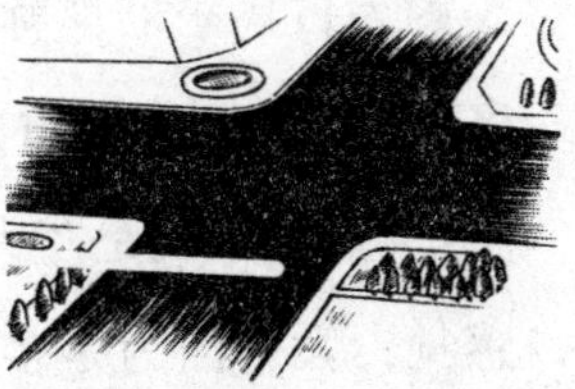

●“匊”是“掬”的初文，表示两手掬捧。

●“车”是象形字。

●“行”描绘出十字路口的样子。

花在冬季，所谓“愈冷它愈开花”，因此梅树给人一种在艰苦环境下仍然不放弃的形象。以“梅”字取名命字，一个可能是经相命师的指点，被命名者命中缺木，于是取从“木”的“梅”字为名，加以救济；一个可能是命名者希望被命名者能像梅树那般坚韧不拔，逆境之中依然坚持理想；另一个具有强烈时代意义的理由是，以国花“梅”字取名命字，是希望被命名者能有爱国的情操。

“兰”字既可指兰草，也可指其所开出来的兰花。兰性喜阴湿之处，常四散香气，大多在春天开花。由于《楚辞》里面的文章常以兰花等香草借代有德的君子，所以“兰”也被视为君子的象征。以“兰”字取名命字，一个可能是经相命师的指点，被命名者命中缺木，于是取从“艹”的“兰”字为名，加以救济；更大的原因是取“兰”字的君子形象，期待被命名者如同兰那般芳香宜人、德泽惠人。

“竹”字指禾本科多年生常绿植物，茎中空有节，常被采来作为建筑物和器物（特别是乐器）的原料。竹子枝叶经过严冬不会凋零，所以和历冬不凋的“松”“梅”合称“岁寒三友”。竹子既有长青的形象，也因为中空有节，和君子的“谦虚”“节操”品行特色相符，因而给人如同君子一般的感觉。以“竹”字取名命字，一个是希望被命名者有如竹子那般长青长寿；

另一个是希望被命名者有如竹子那般高风亮节、谦虚待人；还有一种可能是因为古代乐器惯称“丝竹”，以“竹”字为名或许表示命名者希望被命名者具有音乐文艺方面的才华。

“菊”字就是“大菊”（蘧麦）。大菊因花瓣数量多，给人富丽华贵的感觉；大菊因为是多年生草本植物，也因此蕴含长寿的意思。汉代以后，重阳举家出游登高、佩茱萸、饮菊花酒的习俗渐渐形成，“菊”也因此隐含亲慈爱护、思念家人的意义。以“菊”字取名命字，或许认为被命名者命中缺木，于是取从“艹”的“菊”字为名，加以救济；一个是希望被命名者（通常是女子）能青春永驻，姿色出众，雍容华贵；另一个是希望被命名者能重视家庭、孝老慈幼。

“莲”字一指水生荷花所结种子，即莲子，二指荷花本身。由于佛在宗教的形象中是坐拥莲花，所以“莲”因此也可以喻指佛所居世界或境界。〔宋〕周敦颐曾著《爱莲说》，以“莲”比喻出淤泥而不染的君子，自此“莲”也可以指称有德的君子。以“莲”字取名命字，一个可能是经相命师的指点，被命名者命中缺木，于是取从“艹”的“莲”字为名，加以救济；一个是希望被命名者有像“观音坐莲”那样洞观世事的清凉境界；另一个可能是期待被命名者能有莲花那般不同流合污的君子气节。

◎与本字组有关的好话

以下收录与本字组有关的好话，除了方便自我介绍和介绍亲友外，读完也能增长词语知识和相关的应用能力。

梅 盐梅相成

盐味与梅子的酸味互相调和；比喻能折冲各方势力的贤臣。〔宋〕罗大经《鹤林玉露·卷十二》：“窃意二老（太公、伯夷）受文王之养，平居暇日，同堂合席，念王室之如毁，固欲起而救乱；思冠冕之毁裂，又恐因而阶乱，故水火相济，盐梅相成，各以一事自任。”

雪胎梅骨

天生雪一般的玉洁、梅一般的坚贞。〔清〕李渔《怜香伴·香咏》：“小姐这等诗真有雪胎梅骨，冷韵幽香。”

妻梅子鹤

以梅为妻、以鹤为子，表示一无所求的清高修为。〔清〕徐釚《词苑丛谈·卷三》：“林处士（林逋）妻梅子鹤。”也可作“梅妻鹤子”。

兰 兰熏桂馥

像兰花或桂花那般的清香；形容德泽流芳，历久靡衰。〔唐〕骆宾王《上齐州张司马启》：“常山王之玉润金声，博望侯之兰熏桂馥，羽仪百代，掩梁窦以霞骞；钟鼎一时，罩袁杨而岳立。”

兰质蕙心

具有像兰与蕙这些香草般淑世的善良气质。〔唐〕杨虞卿《过小妓英英墓》诗：“兰质蕙心何所在？焉知过者是狂夫。”也可作“蕙心纨质”或“蕙质兰心”。

桂子兰孙

形容别人的子孙像桂花或兰花那般淑世善良；是对他人子孙的美称。〔明〕汤显祖《紫箫记·就婚》：“作夫妻天长地远，还愿取桂子兰孙满玉田。”

竹 松茂竹苞

像松树一样茂密，像竹林开满竹苞；形容兴盛繁荣。《诗经·小雅·斯干》：“秩秩斯干，幽幽南山。如竹苞矣，如松茂矣。”

竹马之好

年纪还轻、骑着竹马打闹所结下的交情。〔南朝·宋〕刘义庆《世说新语·方正》：“（诸葛靓）与武帝有旧……帝曰：‘卿复忆竹马之好不？’靓曰：‘臣不能吞炭漆身，今日复睹圣颜。’因涕泗百行，帝于是惭悔而出。”

品竹调弦

吹奏管乐器、弹奏弦乐器；广义地说即演奏乐器。〔元〕张寿卿《红梨花·第四折》：“往常我樽前歌宛转，席上舞蹁跹；生疏了品竹调弦，不承望侍欢宴。”也可作“品竹调丝”。

菊 春兰秋菊

春天开出兰花，秋天开出菊花；形容物各有其优点。《楚辞·九歌·礼魂》：“春兰兮秋菊，长无绝兮终古。”洪兴祖补注解：“古语云：春兰秋菊，各一时之秀也。”

莲 柳腰莲脸

腰如柳枝、脸似莲花；用来形容女性美好的姿色。〔唐〕韩偓《频访卢秀才》诗：“药诀棋经思致论，柳腰莲脸本忘情。”

步步生莲

典故出自《杂宝藏经·鹿女夫人缘》故事：鹿女每步迹皆生有莲花，后来成为梵豫国王第二夫人，生千叶莲花，一叶有一小儿，得千子，为贤劫千佛。后来引申可用来形容女子步姿优美。

芬、芳、英、华（花）

⊙本字组与相关诸字的历史面貌和它们的造字本义

“芬”这个字，《说文解字》解释道：“艹初生，其香分布。从艹从分，分亦声。”这个字是个从“艹”“分”声的形声字，本义是草初生所散发的植物香味，所以从“艹”这个义符。它的声符“分”，本身是个从“八”从“刀”的会意字，《说文解字》解释道：“别也。从八从刀，刀以分别物也。”“八”有平分的意思（详参本书动植物字组之四“松”字），“刀”这个象形字就像是一把刀（详参本书天文地理字组之六“珊”字），“分”全字表示用刀将一物分为两段。

“芳”这个字，《说文解字》解释道：“香艹也。从艹方声。”这个字是个从“艹”“方”声的形声字，本义是香草，所以从“艹”这个义符。它的声符“方”本身则是个指事字，全字先写一个“刀”，再把刀子的“柄”这部分用笔画给特别加强——“方”即“枋”（护手）的初文。

“英”这个字，《说文解字》解释道：“艹荣而不实者。一曰黄英。从艹央声。”它是个从“艹”“央”声的形声字，本义指开花不结果的花，所以从“艹”这个义符。它的声符“央”本身是个指事字，全字像是一个正面站立的人，在肩膊的位置写上代表扁担的部件笔画，表示人用扁担挑物。由于担物时人要在扁担中间，取得平衡才不会摔跤，所以《说文解字》才

⊙本字组与相关诸字的历史面貌和它们的造字本义

	甲骨文	金文	战国文字	小篆
芬				
分				
芳				
方				
英				
央				
华				
化		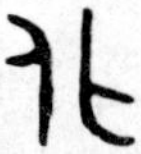	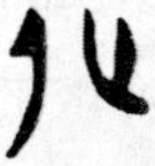	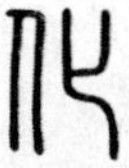
	隶书	行书	草书	楷书
花				

说："央，中央也"；"央"字的本义也就是"中间"。

"华"这个字，繁体字写作"華"。《说文解字》解释道："荣也。从艹

1.

2.

3.

4.

1.“分”有“以刀平分”的意思。 2.“枋”表示刀的护手。
3.“央”为指事字，像人以扁担挑物的样子。4.“华”表示植物枝叶茂密的样子。

从𠌶。”这个字是个从“艹”从“𠌶”的会意字，但它原来的写法并不从“艹”，单是“𠌶”本身就已经象形地完整表现出枝叶长得茂密、花开得繁荣的样子了。加了“艹”头的“华”算是后起形声字，“华”除了能表示枝叶茂密的意思，也和“花”字互为异体。“花”字，《康熙字典》解释道：“音哗。《正字通》：‘草木之葩也。’欧阳修《花品·序》‘洛阳人称花曰某花，称牡丹则直曰花。’”它是个从“艹”“化”声的形声字，指的就是花朵本身，所以从“艹”。它的声符“化”是个从“人”和倒“人”的会意字，全字由两个相反的人形组成；由正立人形变成倒立人形，字的本义就是“变化”。

⊙以本字组取名命字的名人

“芬”：清末思想家冯桂芬、二胡演奏家闵惠芬。

“芳”：香港艺人梅艳芳。

“英”：帝舜之妻女英、明朝画家仇英。

“华”（花）：明郑大臣陈永华、香港艺人刘德华。

⊙以本字组取名命字的用意

“芬”字指草初生时所产生的香气，后来引申可用来指称一切香气。“芳”字原指花香，后来泛指植物所发出的香气。自从《楚辞》频繁地使用许多香草隐喻有德君子之后，“芬”“芳”也能由香味袭人进而比喻以德润人。以“芬”“芳”取名命字，一个可能是经相命师指点，被命名者命中缺木，于是取从“艹”的“芬”或“芳”字为名，加以救济；另一个可能是希望被命名者能成为有德君子，像植物香气芬芳那般受人欢迎，让遇到的人都乐于亲近。

“华”字原指植物枝叶及花开叠叠的样子；“花”字为其异体字。因为“华”“花”在授粉后会结出果子，所以“华”“花”就给人一种“生命延续”的印象；“华”“花”为了吸引蜜蜂前来取蜜授粉，颜色必须特别的鲜艳，“华”“花”也就因此和“美丽”“多彩多姿”画上等号。古人用“妙笔生花”来形容一个人的文笔好到文章通达都像开出花来，“花”字多少也隐含了“文采”这层意义。我国古称华夏，后来也单以“华”字称代全民族。综上可知，以“华”或“花”字取名命字，一个可能是经相命师指点，被命名者命中缺木，于是取从“艹”的“华”或“花”字为名，加以救济；一个可能是希望被命名者能延续香火，子孙绵延；一个可能是期待被命名者将来能具有出众的美貌或文采；另一个可能是希望被命名者能热爱自己的民族“中华”。

◎与本字组有关的好话

以下收录与本字组有关的好话，除了方便自我介绍和介绍亲友外，读完也能增长词语知识和相关的应用能力。

芬

遗芬余荣

遗留下来的花香和花瓣；比喻前人所留下来的美名和功绩。《宋书·礼志三》：“爰洎姬汉，风流尚存，遗芬余荣，绵映纪纬。”

遗芬剩馥

芬和馥都是花香；此指前人所留下的好文章。〔明〕李东阳《聚芳亭卷·跋》：“而诗书图史，遗芬剩馥，在其子孙者，其来未艾，谓非少保公之贤而致然哉！”

芳

芳兰竟体

兰花香味遍满全身；这里用来形容一个人的人品高雅脱俗。《南史·谢览传》：“览意气闲雅，视瞻聪明。武帝目送良久，谓徐勉曰：‘觉此生芳兰竟体。’”

跗萼联芳

形容兄弟之间就像花跗萼那般互相照应，后来也指富贵显荣。〔唐〕王《谢弟缙新授左散骑常侍状》：“不材之木，跗萼联芳。断行之雁，飞鸣接翼。”

言芳行洁

言语清新、行为高洁。〔清〕方文《赠别周颖侯》诗：“言芳行洁师古人，白玉不肯污纤尘。”

英

蜚英腾茂

所作所为和人所盛誉的程度相当；即名实相符。《史记·司马相如列传》：“蜚英声，腾茂实。”司马贞索隐引胡广曰：“飞扬英华之声，腾驰茂盛之实也。”

英姿飒爽

姿态英武，神采豪爽。〔唐〕杜甫《丹青引赠曹将军霸》：“褒公鄂公毛发动，英姿飒爽来酣战。”

含英咀华

英和华在此都用以借代好文章；本句主要形容仔细品味诗文的精华。〔唐〕韩愈《进学解》：“沈浸醲郁，含英咀华。”也可作“含菁咀华”。

华 （花）衔华佩实

华为外在，实为内涵；本句形容文章的形式和内容十分搭配。〔南朝·梁〕刘勰《文心雕龙·征圣》：“然则圣文之雅丽，固衔华而佩实者也。”

踵事增华

踵益其事，增加其华；指继续原来的成就，使它更加昌盛。〔南朝·梁〕萧统《文选·序》：“若夫椎轮为大辂之始，大辂宁有椎轮之质，增冰为积水所成，积水曾微增冰之凛，何哉？盖踵其事而增华，变其本而加厉，物既有之，文亦宜然。”

物华天宝

聚集了万物的精华和天生的珍宝。〔唐〕王勃《滕王阁序》：“物华天宝，龙光射牛斗之墟；人杰地灵，徐孺下陈蕃之榻。”

第五篇

人 德

伦、道、德

⊙本字组与相关诸字的历史面貌和它们的造字本义

“伦”这个字，繁体字写作“倫”。《说文解字》解释道：“辈也。从人仑声。一曰道也。”它是个从“人”“仑”声的形声字，本义为人类社会中的辈分和衍生出来的秩序，所以从“人”这个义符。“仑”作为声符，本身则是个从倒“口”吹“册”（排笛）的会意字。因为排笛照着长短来排组，所以“仑”本身也有“秩序”的意思；从这里来看，视“伦”字为从“人”“仑”“仑”亦声的会意兼声字也不算错。

“道”这个字，《说文解字》解释道：“所行道也。从辵从首。一达谓之道。”它是个从“辵”从“首”的会意字，因为表示要前去的方向或地方，所以从“辵”这个义符。它的另一个义符“首”是个象形字，本义就是头，全字画出一颗头和头上的毛发，头所向的地方即是要前去行走的道路，所以“道”从“辵”“首”的会意。由于“道”有“将前行之道路”义，后来才引申出“将采用的解决之道”或“人生的处事之方”等抽象的意思。

“德”这个字是个从“彳”“悳”声的形声字。从“彳”有行走义，在这里表示“德”就是人得去实践的德行。“悳”则是个从“直”从“心”的会意字。“心”是象形字，全字具体描绘动物的心脏，全字笔画清晰画出心室、心房。“悳”的另一个义符“直”则是个从“目”从“丨”的会意

⊙本字组与相关诸字的历史面貌和它们的造字本义

	甲骨文	金文	战国文字	小篆
伦				
仑				
道				
首				
德				
悳				
直				
心				

字，表示是视线所及的那条直线，字义引申而有“正直”的意思。“悳”从“心”从“直”的会意，表示“心中正直”，它就是“德”的初文。

古人认为心是思考的器官，而非脑，这大概是因为心肺的生理反应与思维息息相关的缘故——生气时呼吸急，心跳快，高兴时心跳亦快；心理放松时呼吸缓，心跳变慢等。所以凡是和思考、情绪有关的字，如

●“仑”描摹出口吹排笛的样子。

●“首”是象形字。描绘人头和毛发。

●头的方向指出前进的道路，所以“道”字从“首”“辵”。

“悲”“怒”“怨”“怡”“恨”“欢”等，都是从“心”这个义符。

⊙以本字组取名命字的名人

“伦”：汉朝工艺家蔡伦、宋朝山东农民军领袖王伦、书法家马叙伦。

“道”：宋朝词人晏几道、南宋主和派大臣贾似道、明末殉国忠臣黄道周。

“德”：唐朝史学家令狐德棻、唐朝经学家陆德明、清朝文学家沈德潜。

⊙以本字组取名命字的用意

“伦”字指的是辈分或同类。由于东方极重视社会关系中不同辈分的上下关系，所以“伦”又可以指规范不同辈分关系的“伦常”或“伦理”。以“伦”字取名命字，或是表示命名者希望被命名者能安于自己的辈分和地位，做个安分守己的人；或是命名者希望被命名者能好好地遵守伦常和社会的秩序。

“道”字原指人所前往的方向或地方，后来可以指称“道路”。遇到问题有很多方法可以解决，就像是想去一个地方未必只有一条道路可以到达，

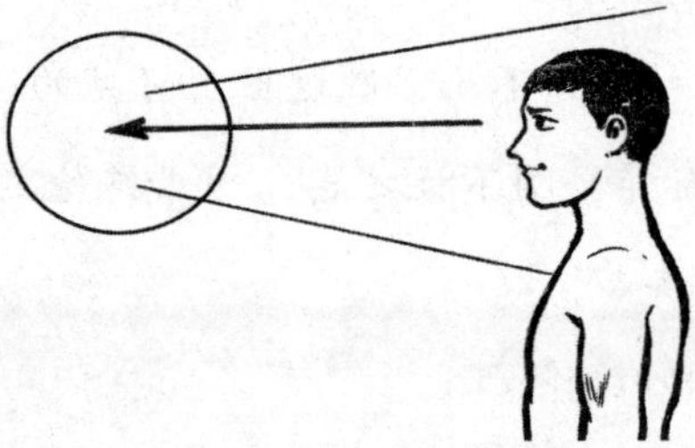

●“心”是象形字，描绘出心脏的样子。

●“直”字表示视线所及的直线。

于是“道”字又可指称“方法”；天地运行的方法和规则也因为这层因素而被先秦的道家称作“道”。之后“道”字引申而有“人所遵循的所有约定俗成的约束”，那个约束也可以称作“德”。“德”原指心中正直的念头，引申可指称所有德行的总名。

以“道”字取名命字，一个是希望被命名者在人生的道路上，遇到任何困难都能迎刃而解；一个是希望被命名者能去领会天地运行的大道，顺应这大道而行，养生全身；另一个是希望被命名者能时时刻刻实践“道德”，成为一个有大德行的人。

◎与本字组有关的好话

以下收录与本字组有关的好话，除了方便自我介绍和介绍亲友外，读完也能增长词语知识和相关的应用能力。

伦 无可比伦

没有可以相比得上的。〔唐〕李翱《卓异记·序》："皇〔唐〕帝功，瑰特奇伟，前古无可比伦。"

超世绝伦

杰出不凡，胜过世上可见的同类。〔元〕刘祁《归潜志·卷十二》："自非坚刚不拔之志，超世绝伦之人，其遇忧患、遭废绌而不变易者，鲜矣哉！"

语妙绝伦

言语精妙，无人可以相比。〔清〕梁绍壬《两般秋雨盦随笔·科场对》："又姚秋农总宪典顺天乡试，有用《尚书》'率循大下'者，则批云：'大下'二字，疑'天下'之误。是科蒋秋吟侍御分校，有用《尚书》'不率大戛'者，则批云：'大戛'二字不典。因对云：'蒋径荒芜，大戛含冤呼大下。姚墟榛莽，秋农一笑对秋吟。'语妙绝伦。"

道 直道而行

按照正直之道而行事。《论语·卫灵公》："斯民也，三代之所以直道而行也。"朱熹解释道："直道，无私曲也。"

得道多助

行正道的人能得到很多帮助。典故出自《孟子·公孙丑下》："得道者多助，失道者寡助。寡助之至，亲戚畔之；多助之至，天下顺之。"

仙风道格

具有仙人那样的风格。〔宋〕苏舜钦《朝奉大夫天章阁待制王公行状》："公襟上高爽，有仙风道格，日与二三逸人，放意于江山之间。"也可作"仙风道骨"。

德 厚德载物

拥有厚实的德行，可以孕育万物。《易经·坤卦》："《象》曰：地势坤。君子以厚德载物。”

同心同德

众人的思想和行动完全一致。《尚书·泰誓中》：“予有乱臣十人，同心同德。”

名德重望

有好的名誉和声望。〔明〕李贽《与弱侯焦太史书》：“所幸菩萨不至终穷，有柳塘老以名德重望为东道主。”也可作“德高望重”。

圣、贤、哲（喆）

⊙本字组与相关诸字的历史面貌和它们的造字本义

“圣”这个字，繁体字写作“聖”。《说文解字》解释道：“通也。从耳呈声。”它是个从“耳”“口”“壬”的会意字。“口”是象形字，全字描绘嘴巴的外框。“耳”也是象形字，全字就是把主管听觉的单只耳朵给画出来。所以《说文解字》才说，“耳，主听也。象形。”“壬”字则像一人挺立在土地上，为“挺”字初文。“圣”字从“耳”，表示此人的智慧可以明白地辨别听到的消息；从“口”，表示此人可以明确地下达对所率人民最有利的命令；从“壬”，表示此人挺拔于天地之间。具备以上所有条件的人，当然就是“圣人”了！

“贤”这个字，繁体字写作“賢”。《说文解字》解释道：“多才也。从贝臤声。”这个字为从“臤”从“贝”的会意字，本义指的就是具有多种才能的人；因为“贤人”是国家不可或缺的宝贝，所以此字从“贝”。“贝”本身是个象形字，全字具体描绘双壳类软足动物。由于以前辅佐君王的贤人有很多都是从奴隶群中挑选出来的人才（《孟子》：“舜发于畎亩之中，傅说举于版筑之间，胶鬲举于鱼盐之中，管夷吾举于士，孙叔敖举于海，百里奚举于市”），所以“贤”字才取“臤”这个从“臣”“又”的会意字做义符。“臤”就是用手将眼戳瞎的意思；古时代的奴隶主担心奴隶跑掉，

⊙本字组与相关诸字的历史面貌和它们的造字本义

	甲骨文	金文	战国文字	小篆
圣		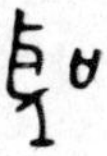		
耳				
廷*				
贤				
臤				
贝				
哲		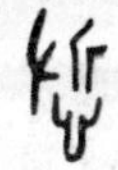		

所以会残害他们的视力、行动力，又或者加上镣铐限制他们的行动，因此，大部分出身奴隶身份的人才，才会用从“臤”的“贤”字加以称呼。

“哲”这个字，《说文解字》解释道：“知也。从口折声。”这个字是个从“口”“折”声的形声字，本义指“具有知识”。它原本的写法从“心”这个义符，表示心中懂得不少事；因为心中懂事，别人未必知道，后来才改从“口”这个义符，表示此人懂得不少事，口才便给，一副很有智慧的样子。至于“哲”的声符“折”，《说文解字》说：“断也”，它是会意

	甲骨文	金文	战国文字	小篆
折				
斤				
手				
吉				
士				

字，最原本的写法从断“木”从“斤”，“斤”是斧斤的象形描绘，一般用以砍木，与斧相似，但比斧小且刀刃方向是横的，和锄头反倒有点相像。“折”全字像是斤斧将树折砍成两半的样子，后来砍成两半的“木”和二“中”产生讹混，相叠的二中又误连而讹成“手”形，才写成现在从“手”从“斤”的会意字“折”。至于“喆”字，《玉篇》解释道：“同哲”，它是“哲”的异体字，从二“吉”会意。“吉”这个字，《说文解字》解释道：“善也。从士、口”，它是个从“士”从“口”会意字。“士”为象形字，《说文解字》解释道：“事也”，它是斧头一类工具的象形描写，后来指执握这类工具的人。能执“士”就表示一技在身，所以它的字义后来又引申指读书人“士”。“口”在“吉”字中则指铸金浇灌金水的模具入口。“吉”本来是铸造工艺的优良器物，由于器物制造优良可供长久使用，于是衍生出“吉利”的意思。明哲之人可以为大家解决生活的问题，为大家带来很大的吉祥和便利，因此“哲”才衍生出叠用两个“吉”的异体字“喆”。

1. 

2. 

3. 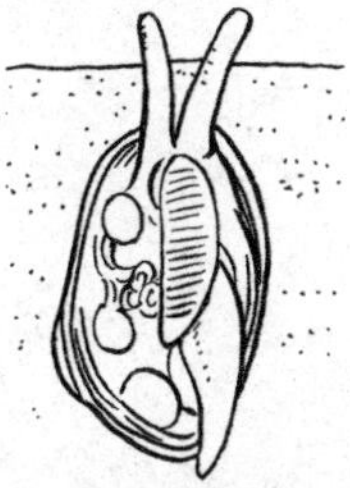

4. 

1.“耳”为象形字，描摹出耳朵的形象。 2.“壬”字像人挺立在地上。
3.“贝”字描绘一种双壳类软足动物。 4. 古人会用镣铐限制奴隶行动。

⊙以本字组取名命字的名人

“圣”：清朝文学批评家金圣叹、当代教育家叶圣陶。

“贤”：明代宦官魏忠贤、作家张贤亮。

“哲”（喆）：历史学者陈衡哲、古建筑学家罗哲文、科学家李远哲。

⊙以本字组取名命字的用意

“圣”字原指无所不通，能够做出正确判断又多才多艺的人。后也专指在某个领域得到重要成就的人。能够对德行有良好的实践，那也是圣人。百姓期待国家出现明主，也希望在位的正是明主，所以惯用“圣”字称呼皇帝，如此“圣”字便产生了神圣的意涵，引申扩大之后，宗教里的神明也可以用“圣”来形容。以“圣”字取名命字，一是希望被命名者能有像圣人那般的能力和品德，二是希望被命名者因为良好的道德实践，能得到像皇帝或神明那样的崇高地位。

“贤”字本指具有特殊才华的国家辅臣，后来凡是具有特殊才能或德行的都能以“贤”称之。以“贤”取名命字，其用意与以“圣”字类似，只是强度较弱——未必要像“圣”那样高高在上，样样抢头香、拿第一！

1.

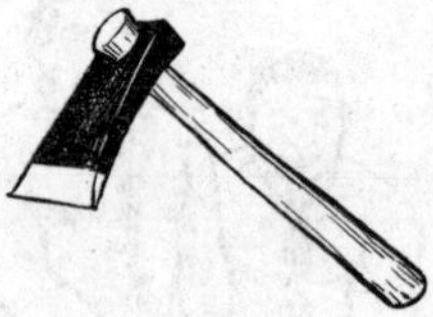

3.

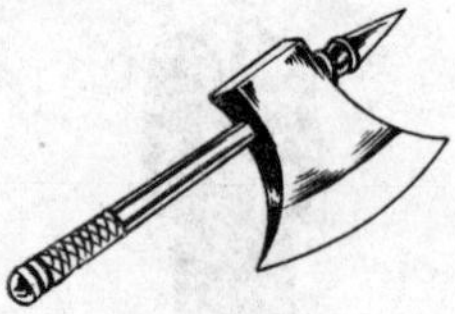

2.

4.

1.“斤”是斧斤的象形。 2.“折”表示用斧砍树成两半。
3.“士”为象形字，描摹斧头一类的工具。 4.“吉”字本指铸造工艺优良的器物。

“哲”字原指有智慧，口才出众、能折服众口（之人）。口才要好，脑筋也要够清楚才行，所以后来“哲”字也能泛指贤明之人。以“哲”字取名命字，其用意与以“贤”字相类似，只是“哲”字和“贤”字相较，更多出“机敏”的含义。

◎与本字组有关的好话

以下收录与本字组有关的好话，除了方便自我介绍和介绍亲友外，读完也能增长词语知识和相关的应用能力。

圣 圣神文武

圣是全知的境界，神是预知的能力，文是懂得所有知识，武是具有运用知识的能力；本句主要用来称颂统治者或杰出人物。《尚书·大禹谟》："帝德广运，乃圣乃神，乃武乃文。"

神功圣化

建立了神一般的功绩，成就了圣人才能达到的教化；本句主要用来颂扬统治者。〔宋〕秦观《任臣策下》："兴利除害甚于嗜欲，攘击奸恶如报私仇，首尾数年之间遂成冠古之治，虽神功圣化敏妙自然，亦此曹献替可否之力也。"

出圣入神

出入都是圣人神人的境界；用来形容神奇高妙的程度。〔明〕李贽《四书评·孟子·尽心下》："中间六语最吃紧，正是出圣入神真口诀，凡具善信根基者佩服之。"

贤 君圣臣贤

君上圣明，臣下贤良；形容君臣相互配合，使得政治清明。〔元〕宫天挺《范张鸡黍·楔子》："今日君圣臣贤，正士大夫立功名之秋，为此来就帝学。"

简贤任能

选用贤能的人来任事。〔后晋〕刘昫《旧唐书·郭子仪传》："委诸相以简贤任能，付老臣以练兵御侮，则黎元自理，寇盗自平，中兴之功，旬月可冀。"

十室容贤

只有十户人家的小地方也能出贤人。《弘明集·正诬论》："且十室容贤，而况万里之广！重华生于东夷，文命出乎西羌，圣哲所兴，岂有常地？"

哲 （喆）知人则哲

能鉴知人的品行才能，可称得上明智。《尚书·皋陶谟》："知人则哲，能官人。"曾运干正读："哲，智；官，任……言知人则能器使。"

聪明睿哲

聪敏又有智慧；古代常用来颂扬帝王。《逸周书·谥法》："聪明睿哲曰献。"

允哲允谋

既睿智又有富谋略。〔晋〕陆云《祖考颂》："明明邵侯，允哲允谋，睿心昭德，淑问宣猷。"

仁、孝、慈、群、友

附："有"

⊙本字组与相关诸字的历史面貌和它们的造字本义

“仁”这个字，《说文解字》解释道：“亲也。从人从二。”这个字是个会意字，从“二”“人”，表示两人相亲相爱。从另外一个角度来说，“仁”这个德行，必须要有两人以上才能实践。

“孝”这个字，《说文解字》解释道：“善事父母者。从老省，从子。子承老也。”这个字是个从“老”省从“子”的会意字，表示子孙侍奉老人，态度要谦卑和顺的意思。“孝”字所从的义符“老”，本身则是个象形字，全字画出一手上持杖之人，还在笔画里特别强调他头上的毛发与众不同（白发），所以《说文解字》才说：“老……言须发变白也。”至于“孝”字的另一个义符“子”是个象形字，全字描绘襁褓中露出两只小手的婴儿，本义指的就是小孩子，后来引申可指称后代子孙。

“慈”这个字，《说文解字》解释道：“爱也。从心兹声。”这个字是个从“心”“兹”声的形声字，本义为“爱”。“兹”字本义就是“丝”，全字像是丝的纤维交缠的样子。

“群”这个字，《说文解字》解释道：“辈也。从羊君声。”这个字是个从“羊”“君”声的形声字。因为羊是群居型动物，所以此字从“羊”。

⊙本字组与相关诸字的历史面貌和它们的造字本义

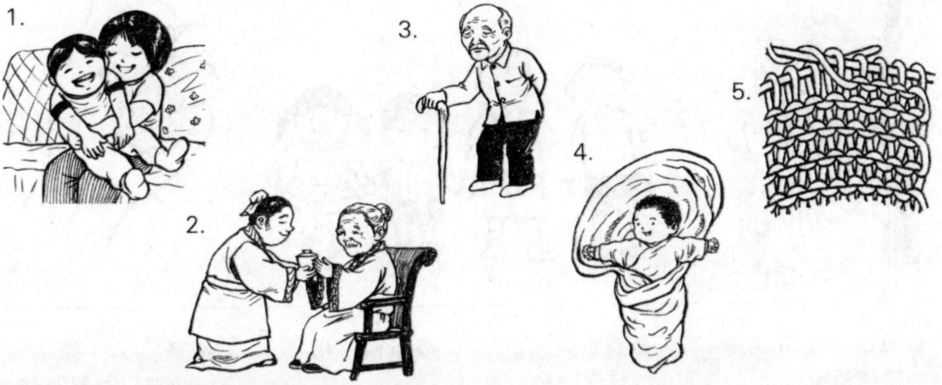

1. “仁”表示两个人相亲相爱，为会意字。
2. “孝”字表示子孙侍奉老人，态度谦卑和顺。
3. “老”为象形字，全字画出持杖的老人。
4. “子”是象形字，描摹襁褓中露出小手的婴儿。
5. “兹”字描摹出纤维交缠的样子。

“君”作为声符，《说文解字》解释道：“尊也。从尹。发号，故从口”，它是个从“尹”从“口”的会意字。“尹”，《说文解字》解释道：“治也。从又、丿，握事者也。”所以“君”全字就是以“又”持令牌而“口”出命令，这个人就是大家的领袖——“君”。

“友”这个字，《说文解字》解释道：“同志为友。从二又。相交友也。”这个字以二“又”（手）为义符，表示两手合作的意思。由于朋友会互相辅助、合作，所以“友”字才从“二”“又”会意。

“有”这个字，《说文解字》解释道：“从月又声。”这个字其实是从“又”“肉”的会意字。手部的线条勾勒造成“又”字；“肉”字则为一整块肉的象形（详参天文地理字组之六“瑶”字）。“肉”在古时是珍贵难得的食物，手中牢牢握有稀罕的肉，自然是拥有它、可以享用它了。

⊙以本字组取名命字的名人

“仁”：唐朝名将薛仁贵、唐朝名臣狄仁杰、宋朝名画家米友仁、明朝

●“君”表示手持令牌的领袖。

●同志为友，“友”表示两手相互合作之义。

●“有”以手握珍贵的肉，表示拥有、可以享用。

思想家王守仁。

“孝”：宋朝词人张孝祥、明朝忠臣方孝孺。

“慈”：汉末方士左慈、科幻作家刘慈欣。

“群”：书法家于立群、相声演员牛群。

“友”：元末汉王陈友谅、哲学家冯友兰。

（“有”：清末新政推行者康有为、语言学家周有光。）

⊙以本字组取名命字的用意

“仁”这个字在儒家的思想里可以是所有德行的全称。作为名词，则指亲爱他人之心，以“仁”为本所做的一切体贴人的行为，就叫作“恕”。由于对人亲善，必会施予恩惠，所以名词性的“仁”也包含了“恩泽”这一层意思。以“仁”字取名命字，这是命名者希望被命名者能具有“仁德”，又或者能朝修道成“仁”的这条路上努力。

“慈”是“爱”的一种，它是长辈对晚辈的爱，所以可以用“慈”形容父母尊长，但不能用来形容下属晚辈。后来“慈”字的使用在发展上窄化，比较常用来形容女性长辈的性格；所以谦词中的“家严”指的是父亲，“家慈”指的便是母亲。以“慈”字取名命字，表示命名者希望被命名者能爱护弱小、具有同情同理心。

“友”也是“爱”的一种，但它只存在于平辈之间，表示平辈之间关系融洽，合作愉快，可以用来形容包括兄弟姐妹在内平辈间的融洽感情。作为名词使用即“朋友”的意思。以“友”字取名命字，寄寓了命名者希望被命名者能与平辈相处融洽，进而得到朋友、贵人之助的用心。

“群”原本是三个以上的兽畜相聚而成的集体，后来引申可指称朋辈或集团。理想的朋辈或集团相处必然融洽，所以“群”字因此又多了一层“友爱”的意思出来。以“群”字取名命字，表示命名者希望被命名者能合群、和朋友打成一片，进而得到朋友的弼助。

“有”字和“无”字的观念相对，本义指“取得”。既然取得，必然拥有，所以“有”字又引申出“具有”“富有”的意思。以“有”字取名命字，表示命名者希望被命名者能在物资上充裕无虞，或祝福被命名者具有某种德行、能力。

◎与本字组有关的好话

以下收录与本字组有关的好话，除了方便自我介绍和介绍亲友外，读完也能增长词语知识和相关的应用能力。

仁 仁言利博

谓有德行的人所说的话对大家都很有帮助。典故出自《左传·昭公三年》：“君子曰：‘仁人之言，其利博哉！晏子一言而齐侯省刑。’”也可作“仁言利溥”。

成仁取义

为了正义而牺牲性命。〔元〕脱脱等《宋史·文天祥传》：“天祥临刑殊从容……其衣带中有赞曰：‘孔曰成仁，孟曰取义，惟其义尽，所以仁至。读圣贤书，所学何事，而今而后，庶几无愧。’”

仁者能仁

有身份、有修为的人，做出来的事总是合乎情理。〔元〕王实甫《西厢记·第五本第三折》："卖弄你仁者能仁，倚仗你身里出身。"

慈

慈明无双

慈为上对下的仁爱，明是通达事理；本句通常用来赞扬同辈中德行最优良的人。《后汉书·荀爽传》："爽字慈明，一名谞。幼而好学，年十二，能通《春秋》、《论语》。太尉杜乔见而称之，曰：'可为人师。'爽遂耽思经书，庆吊不行，征命不应。颍川为之语曰：'荀氏八龙，慈明无双。'"

大慈大悲

佛教语，表示佛菩萨对广大众生的无边慈善心和怜悯心。《大智度论·卷二十七》："大慈大悲者，四无量心中已分别，今当更略说：大慈与一切众生乐，大悲拔一切众生苦。"后形容人心肠慈善。

心慈面软

因为心地慈祥而板不起脸来。《红楼梦·第六十八回》："待要不出个主意，我又是个心慈面软的人，凭心撮弄我，我还是一片痴心。"

群

群而不党

和以处众而不私爱。《论语·卫灵公》："君子矜而不争，群而不党。"何晏集解引孔安国曰："党，助也。君子虽众，不相私助，义之与比。"朱熹解释道："和以处众曰群，然无阿比的意思，故不党。"

普济群生

广泛地济助众生。〔明〕无名氏《庆长生·第一折》："九幽拔苦消灾障，普济群生佑下方。"也可作"普度众生"。

独鹤鸡群

像鹤站在鸡群之间，显而易见；形容一个人的才能或仪表出众。〔清〕钱谦益《客途有怀吴中故人周吏部景文》诗："独鹤鸡群自寡俦，三间老屋日西头。”也可作“鹤立鸡群”。

友 玉昆金友

玉和金都是珍贵之物；本句为同辈兄弟的美称。〔唐〕李延寿《南史·王铨传》：“铨虽学业不及弟锡，而孝行齐焉。时人以为铨锡二王，可谓玉昆金友。”也可作“玉友金昆”。

岁寒三友

三友指的是松、竹、梅。松、竹耐寒而长青，梅则愈冷愈开花；三者有如冬季之友互相映衬。〔宋〕葛立方《满庭芳·和催梅》词：“梅花，君自看，丁香已白，桃脸将红，结岁寒三友，久迟筠松。”

霞友云朋

只与云霞做朋友；比喻避世隐居。〔宋〕叶适《朝请大夫提举江州太平兴国宫陈公墓志铭》：“或栖连岗，或泛长流；霞友云朋，造物与游。”

有 左宜右有

不论向左或向右，都可以有适宜的作为和成就；比喻君子才德兼备，不论怎样都能有很好的发展。《诗经·小雅·裳裳者华》：“左之左之，君子宜之；右之右之，君子有之。”也可作“左宜右宜”。

善有善报

行善到最后会有好回报。《璎珞经·有行无行品》：“又问目连：‘何者是行报耶？’目连白佛言：‘随其缘对，善有善报，恶有恶报。’”

匹夫有责

国家强盛，这是每个国人的责任。语本〔清〕顾炎武《日知录·正始》：“保天下者，匹夫之贱，与有责焉耳矣。”

义、宜、礼、敬

⊙本字组与相关诸字的历史面貌和它们的造字本义

“义”这个字，繁体字写作“義”。《说文解字》解释道：“己之威仪也。从我、羊。”它是个从“我”“羊”声的形声字，本义指的是仪式进行中所执的兵器仪仗，所以从“我”这个义符。“我”本来是具有锯齿的兵器，后来假借为第一人称，本义就慢慢不见了。“羊”作为声符，全字是象羊头的象形字（详参本书天文地理字组之八“洋”字）。在庄严的场合，两旁列队的人会手持兵器以增强仪式之盛重和严肃气氛，“义”也就是“仪”字的初文。“义”的本义是仪仗，后来引申可指“仪式”；因为仪式的进行有其固定遵守的流程，于是又引申出“仪节”的意思来。

“宜”这个字是个象形字，全字描绘一组用来分层盛装食物的容器。因为容器里有肉，所以字写得便像肉被分放在“宜”里各层的样子，这么谨慎装盛的食物主要用来祭神。由于不同的神祇祭品规格有所不同，必须挑选适宜的祭牲才行，所以“宜”字后来就引申出“合宜”“适合”的意思。

“礼”这个字，繁体字写作“禮”。《说文解字》解释道：“履也。所以事神致福也。从示从豊，豊亦声。”它是个从“示”从“豊”的会意字，“豊”还兼作声符。“礼”所从的“示”本身是个象形字，全字表示祭祀的对象，也就是神主牌。“豊”也是象形字，《说文解字》说：“行礼之器也。

⊙本字组与相关诸字的历史面貌和它们的造字本义

从豆，象形。”它是放满贵重祭品的深容量豆形容器。对着神主牌“示”虔敬地将“豊”奉上，这也就是祭神之“礼”了。起初先民以行礼之器“豊”代表用礼，它也是“礼”字的初文。

“敬”这个字，《说文解字》解释道：“肃也。从攴、苟。”这个字是会意字，本义为“警肃”。全字像是有人手持武器，“攴”从背后靠近身着华丽衣冠之人“苟”，所以必须出“口”提醒小心，它也就是“警”的初文。因为字意含有“提防小心”的意思，后来引申有“警戒”的意义。由于警

1.“我”字本指有锯齿的兵器。　2.“义”的本义是“仪仗”，后来引申为“仪式”。
3.“示”表示神主牌，为象形字。　4.“宜”为象形字，描绘出多层的容器。

戒情形之下，不管做什么事都特别谨慎，所以“敬”字后来更发展出“敬事”这一层意思来。

⊙以本字组取名命字的名人

“义”：宋太宗赵光义、南朝宋《世说新语》编者刘义庆。

“宜”：明朝官吏朱兆宜、新闻工作者范敬宜。

“礼”：三国曹魏大臣孙礼。

“敬”：五代后晋开国君王石敬瑭、明末著名说书家柳敬亭、清朝《儒林外史》作者吴敬梓。

⊙以本字组取名命字的用意

“义”字本义同“仪”，所以具有“仪仗”“仪节”“仪式”的意思。遵守这些礼节规范，做出合宜的行为便是“义”。后来“义”作为某一种道德的专称，可以表示“正派”“公正”，也能表示为了公益所做的牺牲——“舍生取义”。以“义”字取名命字，主要是希望被命名者能行为举止合乎典范，从而做一个正正当当、为大局着想的人。

“宜”字本指祭神的菜肴盛具，后来引申有“适宜”的意思。“宜”是

●“豊”字指放满贵重祭品的豆形容器。

行“义”之后所表现出来的态度，也可以是一种随和的、能适应任何人的一种修为。以“宜”字取名命字，一个原因和取“义”字的用意相当；另一个用意在于希望被命名者能具有随和的气质，以顺应生命中各种不同的挑战。

“礼”字原指敬神祈福、献上祭品的仪式过程。由于这类仪式都有固定的流程必须遵守，所以“礼”字后来便泛指一切社会中的行为准则和道德规范。以“礼”字取名命字，一个原因是希望神灵降福、保佑被命名者；另一个原因是希望被命名者能遵守社会规范，成为一个彬彬有礼的君子。

“敬”字本义与“警”字同。由于“警戒”必然在精神上“敬谨”，所以“敬”字又延伸出“敬事”的意思。以“敬”字取名命字，其用意是希望被命名者对人对事都能恭敬有礼，还要时时刻刻戒慎恐惧、自我警惕，以较高的道德标准要求自己成为一个有德之人。

◎与本字组有关的好话

以下收录与本字组有关的好话，除了方便自我介绍和介绍亲友外，读完也能增长词语知识和相关的应用能力。

义 含仁怀义

具备仁义的德行。〔汉〕刘向《说苑·辨物》："故麒麟麇首牛尾，圆顶一角，含仁怀义。"

大义凛然

为了维护正义而显现出严肃不可侵犯的样子。〔清〕顾炎武《日知录·孙氏西斋录》："孙樵所作《西斋录》，乃是私史，至于起王氏已废之魂，上配天皇；条高后擅政之年，下系中宗，大义凛然。"

仗义执言

伸张正义，讲几句公道话。〔清〕缪荃孙《京本通俗小说·冯玉梅团圆》："此人姓范名汝为，仗义执言，救民水火。"

宜 择福宜重

如果福泽可以选择，当然要选择大吉利。典故出自《国语·晋语六》："择福莫若重，择祸莫若轻。"意如两利相权取其重。

各得其宜

人和事物都被安排到适当的位置。《荀子·正论》："圣王在上，图德而定次，量能而授官，皆使民载其事而各得其宜。"

因时制宜

根据不同时空背景来制订适宜的做法。〔唐〕房玄龄等《晋书·刘颂传》："所遇不同，故当因时制宜，以尽事适今。"

礼 克己复礼

约束自己，使得言行能合乎礼法。《论语·颜渊》："克己复礼为仁。"

卑礼厚币

态度谦恭，但所赠币帛却更丰厚；这是招揽人才的做法。《史记·魏世家》："惠王数败于军旅，卑礼厚币，以招贤者。"

至心朝礼

诚心诚意地朝拜礼敬。孙锦标《通俗常言疏证·释道》：“〔唐〕房玄龄等《晋书·王嘉传》：‘人候之者，至心则见之，不至心则隐形不见。’按，道经云‘至心朝礼’，本此。”

敬 敬老慈幼

尊敬年老的人，慈爱幼儿孩童。《孟子·告子下》：“敬老慈幼，无忘宾旅。”也可作“敬老慈稚”或“敬老慈少”。

敬终慎始

待人处事自始至终都很谨慎。典故出自《礼记·表记》：“事君慎始而敬终。”

敬天爱民

敬奉天命，爱护人民。〔明〕宋濂等《元史·释老传·丘处机》：“及问为治之方，则对以敬天爱民为本。”

智、晓

附："知"

⊙本字组与相关诸字的历史面貌和它们的造字本义

"智"这个字，《说文解字》解释道："识词也。"这个字原本从"知"从"甘"，是个会意字，表示智慧之人对别人的劝说，使他人也如醍醐灌顶那般得到智慧。它的义符"知"本身也是个会意字，《说文解字》解释道："词也。从口从矢。"全字从"口"从"矢"，表示一个人的辩才无碍，反应如箭射一般快；能有这样的反应，可见这个人是很有知识的。后来"知""智"字中的"矢"或讹为"大"形，或加了"于"旁。"于"为乐器"竽"之初文。加了义符"于"，又赋予"知"字另一层哲理：知者的话听来应如"竽"那样地怡心悦耳。

"晓"这个字，繁体字写作"曉"。《说文解字》解释道："明也。从日尧声。"它是个从"日""尧"声的形声字，本义是太阳刚爬上山头、天刚亮，后来引申出把话说明白、把道理说清楚的意思。"晓"字从"日"，表示太阳升起而天明；而道理说清楚之后也像挂在天空的太阳那般明白。至于"晓"字的声符"尧"，本来指的就是三皇五帝里的帝尧。因为帝尧和他的部族活动区域都在黄土高原，所以他的名字"尧"字从"人"从"垚"；"垚"从三"土"，《说文解字》解释道："土高也。从三土"，本义

⊙本字组与相关诸字的历史面貌和它们的造字本义

	甲骨文	金文	战国文字	小篆
智				
于				
知		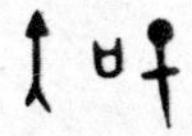		
晓				
尧				

也就是黄土叠积而成的高地，以从三“土”的义符“垚”来给活动在黄土高原的帝尧取名，可以说是名实相符了！

⊙以本字组取名命字的名人

“智”：明末清初科学家方以智、国民党高级将领唐生智。

“晓”：演员刘晓庆。

（“知”：唐朝诗人贺知章。）

⊙以本字组取名命字的用意

“智”字原本指的是辩才无碍，能用语言明白表示自己意思的能力。凡是口才好的脑筋也必然清楚，所以“智”字引申而有“智慧”“聪明”的意

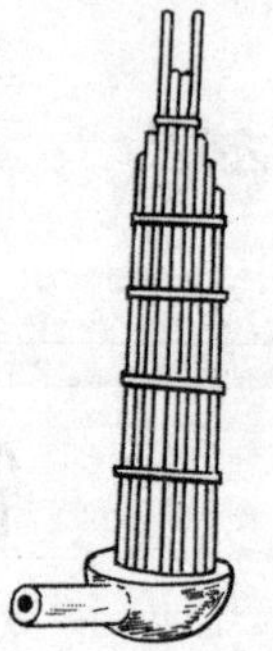

●“竽”是一种古代乐器，初文写作“于”。

●“垚”的本义是黄土积叠成的高地。

思。以“智”字取名命字，寄寓了命名者希望被命名者能拥有“智慧”“机智”“辩才”的用意，同时也是希望被命名者能以此能力帮助自己通过未来的重重考验。

“晓”字原本指天刚亮的意思，引申为将道理说清楚，或明白事理。以“晓”字取名命字，表示命名者希望被命名者能够像天际放光明那样通晓许多道理，也期许被命名者将来能成为一个正大光明的人。

“知”字原本作动词用，意为“明白”“理解”；“知”字同时也可以通“智”字。以“知”字取名命字，或者取“智”字的用意，或者希望被命名者能明白、体会，进而实践某种人生道理。

◎与本字组有关的好话

以下收录与本字组有关的好话，除了方便自我介绍和介绍亲友外，读完也能增长词语知识和相关的应用能力。

智 智周万物

对于万物没什么不知道的。典故出自《易经·系辞上》：“知周乎万物而道济天下。”

大智如愚

才智极高的人，因为不炫耀自己，所以看来好像很愚笨。〔宋〕苏轼《贺欧阳少师致仕启》：“大勇若怯，大智如愚。”

智勇兼全

同时兼有智慧和勇气。〔明〕张凤翼《红拂记·奸究觊觎》：“我一向颇有窥西京的意思，叵耐杨素那老儿威名甚重，智勇兼全，故此掩甲休兵，未遂所愿。”也可作“智勇双全”。

晓 家喻户晓

每家每户都明白；形容人尽皆知。《论语·泰伯》：“民可使由之，不可使知之”，朱熹集注引〔宋〕程颐曰：“圣人设教，非不欲人家喻而户晓也，然不能使之知，但能使之由之尔。”也可作“家谕户晓”。

知 乐天知命

乐于顺从天道的安排，安守命运的本分。《易经·系辞上》：“乐天知命，故不忧。”

先知先觉

比别人先察觉、先晓得。《孟子·万章上》：“天之生此民也，使先知觉后知，使先觉觉后觉也。”

知 真知灼见

真正知道，确实看见；形容具有智慧，可以洞悉一切。《警世通言·王安石三难苏学士》：“真知灼见者尚且有误，何况其他！”

信、忠、勇

⊙本字组与相关诸字的历史面貌和它们的造字本义

“信”这个字，《说文解字》解释道：“诚也。从人从言。会意。”它是个从“人”从“言”的会意字，本义指“诚信”。它的义符“言”本身是象形字，全字描绘一个人吹奏侈口造型乐器的样子，后来引申可指人嘴巴所发出的声音或讲出来的话。人讲出来的话就要保证真实、人讲出来的承诺就要做到，因此表示“诚信”意思的“信”字才会从“人”从“言”的会意。

“忠”这个字，《说文解字》解释道：“敬也。从心中声。”这个字是个从“心”“中”声的形声字，本义是允诺别人的工作一定要做好。答应的事不能忘记，一定要放在心上，所以“忠”字才从“心”这个义符！答应的工作既然放在心上，心中无时无刻不去想，“忠”这个字理解成从“心”从“中”，“中”亦声也不算错。

“勇”这个字，《说文解字》解释道：“气也。从力甬声。”这个字是个从“力”“甬”声的形声字，本义就是“勇气”，所以从“力”这个义符。“力”本身则是象形字，全字具体地把农具犁给描绘出来，它也就是“犁”的初文；“力”后来引申有施力于田或用力的意思。“勇”字较古的写法或者从“戈”这个义符。“戈”，《说文解字》解释道：“平头也。从弋，一横

⊙本字组与相关诸字的历史面貌和它们的造字本义

	甲骨文	金文	战国文字	小篆
信				
言				
忠				
勇				
力				
甬				

之。象形。”它是长柄的武器，可以刺，也可以远远地砍和割，后来引申泛指一切武力。明知前方有武力的威胁，可能会牺牲性命，但仍然勇往直前，这当然就是“勇”。至于作为“勇”字声符的“甬”，本身也是象形字，全字具体描绘一个有把手的桶子，“甬”也就是“桶”字的初文。

⊙以本字组取名命字的名人

“信”：南北朝文学家庾信、京剧表演艺术家周信芳。

“忠”：三国名将黄忠、宋朝抗金名将韩世忠、明末流寇“黄虎”张献忠。

1.

2.

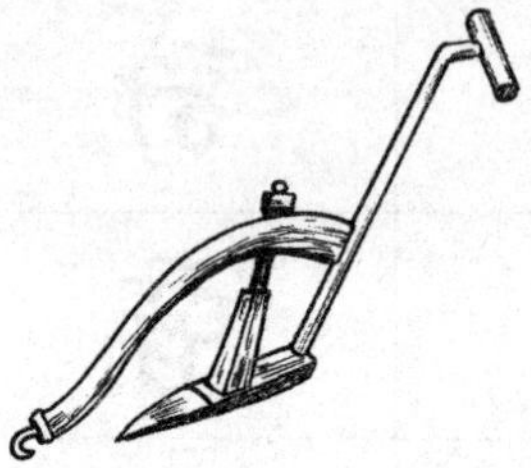

3.

4.

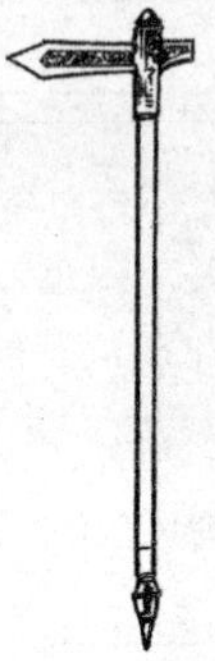

1. “言”字描绘吹奏乐器的样子。 2. “力”字是农具“犁”的具体描绘。
3. “戈”表示一种长柄兵器。 4. “甬”字描绘出有把手的桶子。

“勇”：清朝平三藩之乱名将张勇、作家白先勇。

⊙以本字组取名命字的用意

“信”字原指人嘴巴发出的声音或说出来的话；人要对自己说出来的话负责，所以“信”字就有了“诚实”的意思。你的话可信，那你的人就值得信任，所以“信”字因此又引申出“相信”“信任”这层意涵；如果依靠、凭恃某种宗教或信仰的教义作为生活的依托，那便表示你“信奉”某种教条。以“信”字取名命字，表示命名者希望被命名者将来能成为一个言而有信、值得他人信赖和支持的人。

“忠”字原指心中不断记得别人交代的事。因为恭敬地对待别人交付之事，所以“忠”字便具有“敬事”的意涵。能一心一意只想着完成别人交付之事，心无旁骛，这也是一个很正直的人了。因此“忠”字还隐含“正直”的意思。以“忠”字取名命字，表示命名者希望被命名者不论遇到什么事都要尽心竭力，对任何人都要忠诚无私。

“勇”字的本义就是“勇气”，因为有勇气，所以凶猛无惧，遇事果敢。以“勇”字取名命字，表示命名者希望被命名者在面对人生的种种挑战时，能勇于面对、勇气十足。

◎与本字组有关的好话

以下收录与本字组有关的好话，除了方便自我介绍和介绍亲友外，读完也能增长词语知识和相关的应用能力。

信 信而有征

确实有所根据。〔汉〕许慎《说文解字·序》：“博采通人至于小大，信而有征，稽撰其说，将以理群类、解谬误、晓学者、达神旨。”

讲信修睦

讲究信用，和邻里修好。《礼记·礼运》：“选贤与能，讲信修睦。”

信手拈来

直觉地随手取来；常用来形容写作诗文时运用材料、驾驭语言的从容。〔宋〕陆游《秋风亭拜寇莱公遗像》诗：“巴东诗句澶州策，信手拈来尽可惊。”

忠 求忠出孝

寻求忠臣必自孝子之门。典故出自《后汉书·韦彪传》：“夫国以简贤为务，贤以孝行为首。孔子曰：‘事亲孝故忠可移于君，是以求忠臣必于孝子之门。’”

忠肝义胆

心里想的、怀里揣的都是忠义的思想。〔宋〕辛弃疾《永遇乐·戏赋辛字送茂嘉十二弟赴调》词：“烈日秋霜，忠肝义胆，千载家谱。”也可作“忠心赤胆”或“义胆忠肝”。

勇 有勇知方

既有勇气又知道义方。典故出自《论语·先进》：“子路率尔而对曰：'千乘之国……由也为之，比及三年，可使有勇，且知方也。'"

见义勇为

看到正义之事便勇敢地去做。典故出自《论语·为政》："见义不为，无勇也。"

勇冠三军

勇敢的程度是全军之首；主要用来形容勇猛过人。《后汉书·刘演传》："伯升部将宗人刘稷，数陷陈溃围，勇冠三军。"

和、平

⊙本字组与相关诸字的历史面貌和它们的造字本义

“和”这个字，《说文解字》解释道：“相应也。从口禾声。”这个字从“口”“禾”声，本义指与人的言语、歌声相应和，所以从义符“口”；它的声符“禾”则为稻禾之象形（详参本书时序字组之一“秋”字）。因为与人之言、歌相和，绝不能突兀或偏执地自求表现，所以“和”字后来引申有“言和”“平和”的意思。

“平”这个字，《说文解字》解释道：“语平舒也。从亏从八。八，分也。爰礼说。”这个字从“于”从“八”会意。“八”是指事字，本义指“平分”（详参本书动植物字组之四“松”字）；“于”即是“竽”字初文。在演奏“竽”时每个节拍都很平均，使声调柔和平缓，这样就是“平”，所以“平”有“平缓”“平和”的意思。

⊙以本字组取名命字的名人

“和”：三国吴太子孙和、北宋诗人林和靖。

“平”：鲁迅夫人许广平、民国学者储安平。

⊙本字组与相关诸字的历史面貌和它们的造字本义

	甲骨文	金文	战国文字	小篆
和				
平				

⊙以本字组取名命字的用意

“和”字原指与他人声音相应——能够和谐地跟着别人、乐器演唱或伴奏。后来引申有“附和”“响应”的意思。因为要和别人和音，所以必须和他人处于和谐的状况，声音也要相互协调。既然和谐、协调，就不能有冲突，所以“和”字也就多了“和顺”“和睦”的意味，作为动词，“和”字则可以指“调和”“结合”。以“和”字取名命字，表示命名者希望被命名者能和谐地与他人相处，和他人的互动能温和、一团和气。既然和气，就能生财；既然祥和，也就自然平安了。

“平”字原为节拍平稳的意思，后来引申有平静安舒的意思。既然平静，就不会倾斜，既不倾斜，就很端正。以“平”字取名命字，寄寓了命名者希望被命名者能做事平平正正、一生稳稳当当的用意。

◎与本字组有关的好话

以下收录与本字组有关的好话，除了方便自我介绍和介绍亲友外，读完也能增长词语知识和相关的应用能力。

●“和”字本义与他人的言语、歌声相应和。

和 和光同尘

有光则随光显亮，无光则同尘暗淡；形容随遇而安、不露锋芒的样子。典故出自《老子》：“和其光，同其尘。”王弼注解：“无所特显，则物无所偏争也；无所特贱，则物无所偏耻也。”吴澄注解：“和，犹平也，掩抑的意思；同，谓齐等而与之不异也。镜受尘者不光，凡光者终必暗，故先自掩其光以同乎彼之尘，不欲其光也，则亦终无暗之时矣。”

一团和气

一团祥和之气；多用来形容人的态度和蔼。《二程外书·卷十二》：“明道先生坐如泥塑人，接人则浑是一团和气。”

和颜悦色

和蔼的脸色和喜悦的神色。《论语·为政》：“子夏问孝，子曰：‘色难。’”，刘宝楠正义引〔汉〕郑玄的解释：“言和颜说色为难也。”也可作“和颜说色”。

平 修齐治平

是修身、齐家、治国、平天下的简称。典故出自《礼记·大学》：“古之欲明明德于天下者，先治其国；欲治其国者，先齐其家，欲齐其家者，先修其身。”后来也可作为中国哲学和政治学的统称。

平心静气

心情平和、态度冷静。〔宋〕吕本中《官箴》：“又如监司郡守严刻过当者，须平心定气与之委曲详尽，使之相从而后已。”也可作“平心易气”。

三平二满

平日、满日即旧时所占卜出适合种谷的日子。本句原指一如往常的上工（然后休息），后来引申可指平平淡淡的安稳日子。〔宋〕黄庭坚《四休居士诗序》：“太医孙居昉，字景初，为士大夫发药，多不受谢。自号四休居士。山谷问其说，四休笑曰：‘粗茶淡饭饱即休，补破遮寒暖即休，三平二满过即休，不贪不妒老即休。’”

廉、谦、诚

⊙本字组与相关诸字的历史面貌和它们的造字本义

“廉”这个字，《说文解字》解释道：“仄也。从广兼声。”它是个从“广”“兼”声的形声字，本义指的是房屋狭窄的侧廊，所以从义符“广”。“广”本身则为象形字，全字具体描绘一面无墙、宽敞的建筑物，“廉”的声符“兼”是个从“又”从“秝”的会意字，《说文解字》解释道：“并也。从又持秝。兼持二禾，秉持一禾。”一手取一“禾”为“秉”；另一手同时拿取二“禾”那就是“兼”。由于“廉”在建筑物的设计里一般来得较为狭小，所以字义又引申出“简略”“节省”的意思，而“廉洁”此一个义项为“廉”字的大宗用法。

“谦”这个字，繁体字写作“謙”。《说文解字》解释道：“敬也。从言兼声。”它是个从“言”“兼”声的形声字，本义就是“谦虚”。“谦虚”的人讲话都很客气，所以这个字从义符“言”。

“诚”这个字，繁体字写作“誠”。《说文解字》解释道：“信也。从言成声。”本义指的就是守信、值得信赖；值得信赖的人一定得说话算话，所以这个字从义符“言”。至于它的声符“成”，《说文解字》解释道：“就也。”它是个从“戊”从“丁”的会意字，“丁”还兼作声符。“成”字的义符“戊”是象形字，指的是斧头之类的工具。“戊”的声符“丁”也是象形

⊙本字组与相关诸字的历史面貌和它们的造字本义

	甲骨文	金文	战国文字	小篆
廉				
兼				
秉*				
谦				
诚				
成				
戊				
丁				

说明：星号表示与字组无直接相关，但讨论时用得到。

字，早先的写法只画出它的钉头，到了小篆则画成一个头大脚尖的钉子，它也就是“钉”字的初文。“成”字全字表示斧、钉具备，当然就可以“完成”工作了！

1.

2.

3.

4.

1. “廉”字本义指房屋的侧廊。
2. “广”描绘出没有墙壁的建筑物。
3. “戊”为象形字，指斧头之类的工具。
4. “丁”是象形字，生动地描绘出钉子的形状。

⊙以本字组取名命字的名人

“廉”：商纣王大臣飞廉、清朝画家居廉。

“谦”：明朝忠臣于谦、清初文学家钱谦益、清朝书法家赵之谦。

“诚”：宋朝金石学家赵诚、明朝思想家洪自诚。

⊙以本字组取名命字的用意

“廉”字本指狭窄的侧边走廊，后来引申而有“简省”“简俭”“清廉”的意思。以“廉”字取名命字，寄寓了命名者希望被命名者能够以俭持家的用意。将来被命名者如果功名在身，也莫忘初衷，要为做事而不为做官、求芳名而不求钱财。

“谦”字的本义就是“谦虚”；既然谦虚，那做什么事都谦卑而谦让，也必是容易满足之人了。以“谦”字取名命字，表示命名者希望被命名者虽有才华，但切忌锋芒太露；谦卑求知、谦冲自牧，才能得到贵人相助，一生平安顺利。

“诚”字的本义就是“诚敬”“诚恳”。一个人诚敬、诚恳，就必能显示

"真正"作为一个人的面貌，所以"诚"字又隐含"真实"的这一层意思。以"诚"字取名命字，表示命名者希望被命名者处事恭敬；待人以诚，能不虚伪地以人的本来善性面貌来与人互动，得到大家的疼惜。

◎与本字组有关的好话

以下收录与本字组有关的好话，除了方便自我介绍和介绍亲友外，读完也能增长词语知识和相关的应用能力。

廉 廉顽立懦

廉和立都当动词用；这句话是说高尚的节操可以使原本顽固或懦弱的人振奋向上。典故出自《孟子·万章下》："故闻伯夷之风者，顽夫廉，懦夫有立志。"

廉而不刿

虽然有棱边但还不至于割伤人；形容做人很有原则，懂得宽厚待人。《礼记·聘义》："廉而不刿，义也。"

砥廉峻隅

经过磨砺之后使棱角更加分明。〔明〕唐顺之《方砚铭》："汝之守，足以砥廉峻隅，而不刓于顽也。"

谦 一谦四益

谦虚的人能得到很多好处。典故出自《易经·谦卦》："天道亏盈而益谦，地道变盈而流谦，鬼神害盈而福谦，人道恶盈而好谦。"

谦虚谨慎

虚心、小心和敬心。《晋书·张宾载记》："及为右长史、大执法，封濮阳侯，任遇优显，宠冠当时，而谦虚敬慎，开襟下士，士无贤愚，造之者莫不得尽其情焉。"也可作"谦虚敬慎"。

谦尊而光

谦虚的尊者能显示其光明美德。典故出自《易经·谦卦》："谦，尊而光，卑而不可逾。"

诚 主敬存诚

实践敬慎和诚明的德行。典故出自《易经·乾卦》："闲邪存其诚。"《礼记·少仪》："宾客主敬，祭祀主敬。"

诚心诚意

真实的心意。〔明〕王守仁《传习录·卷中》："而今之初学小生，皆欲通其说，究其术，其称名僭号，未尝不曰：'吾欲以共成天下之务'，而其诚心实意之所在，以为不如是则无以济其私而满其欲也。"也可作"诚心实意"。

推诚布公

示人以诚，让人相信你的无私。〔明〕刘元卿《贤奕编·官政》："亦使士大夫识得行记己用世规模，须在推诚布公，集谋广益。"

尧、舜、禹

⊙本字组与相关诸字的历史面貌和它们的造字本义

“尧”这个字，繁体字写作“堯”，这个字从“人”从三“土”。三“土”表示中国境内土堆栈得最多的地方——黄土高原。黄土高原也是帝尧和他的部族活动的主要区域（详参本书人德字组之五“晓”字）。

“舜”这个字在小篆里已经变成会意兼声字。但在较早的写法里或从“土”，表示帝舜因有德而得国土；字或从“火”，指出帝舜时期人类信仰主流——拜火信仰；小篆中的“舛”可能是原来“火”形的变形声化。“舜”字原来的写法为“土”旁上面加个“允”。“允”，《说文解字》解释为“信”。它是象形字，全字在一个侧人字形上部人头处增加笔画，主要在强调一个人低头深思、具有诚信的样子。“舜”字里的“允”或者写作“夋”。这也是古书里为何“帝舜”又能写作“帝俊”的原因。

“禹”这个字，《说文解字》解释道：“虫也。从禸，象形。”这象形字本来是画出一只爬虫类的样子，有可能这种动物也是大禹部落的图腾形象的一部分。由于禹能治水，当时的人或许将能呼风唤雨的龙或蛇及其他强而有力、能在水中自由活动的两栖爬虫动物形象加以附会到禹的身上。中国古代百科全书《山海经·海内经》还记载了禹化为黄熊入水的故事！

⊙本字组与相关诸字的历史面貌和它们的造字本义

	甲骨文	金文	战国文字	小篆
舜				
允				
禹				

⊙以本字组取名命字的名人

“尧”：清雍正朝名将年羹尧、民初滇军军阀领袖唐继尧。

“舜”：宋朝诗人苏舜卿、日本籍华裔作家陈舜臣。

“禹”：唐朝诗人刘禹锡、宋朝史学家范祖禹、清朝地理学家顾祖禹。

⊙以本字组取名命字的用意

“尧”字原指高原住民，由于帝尧及其部落所居在黄土高原，“尧”字慢慢变为帝尧及他所属部族的专名。《史记·五帝本纪》记载：帝喾有两个儿子：挚和放勋；帝喾死后，以其年龄最大的儿子挚继承帝位，为帝挚。尧十分能干，十三岁时就受命辅佐帝挚。帝挚才干平平，但尧却仁慈爱民，治国有方。于是各部族首领纷纷归附于尧。帝挚最终将帝位禅让于尧。尧继帝位后勤于政事，生活俭朴。为了管治天下，还明确制定法度，同时设置谏鼓，让国人都能对国事发表意见。他也树立谤木，让百姓可以批评自己的过失。为了照顾百姓生活，帝尧任命羲和掌管天文，授民农时。分派

●“允”为象形字，强调低头深思的样子。

●“禹”是象形字，看起来像两栖爬虫类。

羲仲、羲叔、和仲、和叔住在四方，负责观察日月星辰和大自然变化，提醒百姓能及时耕种和收获。因此得到人民的爱戴。

“舜”即帝舜，名俊，“舜”字原来是“夋”字之误写。帝尧老年，到处都出现洪水。帝尧先是任命鲧来治水，结果鲧治水失利，遭到流放。官员们接着推荐舜。舜是瞎子的儿子。父亲固执，母亲放肆，弟弟傲慢，他却能以孝道使得家庭和睦。帝尧很是喜欢，先把两个女儿娥皇、女英嫁给舜，来观察他的德性。舜让二妃回妫汭家中侍奉公婆。帝尧又让九个儿子跟随舜，来观察他处理人事的能力。帝尧的九个儿子也受到舜的影响，变得更加忠厚诚敬。帝尧又派舜担任几个官职，舜都尽职尽责，之后的几个考验舜也都顺利通过。最后尧将帝位禅让给舜。因为舜的贤能，连蛮夷也来归附。

“禹”原指某种两栖类大虫，后来作为夏朝开国君王大禹之专名。禹幼年随父亲鲧东迁。帝尧时，中原洪水泛滥造。帝尧命令鲧治水，历时九年未能平息洪水灾祸。禹接受帝命，接续鲧的工作继续治水。禹总结了父亲失败的教训，改以疏导河水的方式治水。禹亲自率领老百姓疏通河道，还一边疏通一边改善灌溉工程。最后不只治水成功，还使得荒地变成良田。他也因为治水有功，得到百姓的爱戴，接受舜的禅让继任帝位，并开启了中国第一个世袭的王朝“夏”。

综上，以“尧”“舜”“禹”等字取名命字，非常明显地表示命名者希望被命名者能向这些上古的帝王学习，以之为榜样，建立一番伟大的功业。

◎与本字组有关的好话

以下收录与本字组有关的好话，除了方便自我介绍和介绍亲友外，读完也能增长词语知识和相关的应用能力。

尧 舜 尧趋舜步

像尧、舜那样的言行举止；主要用来夸赞统治者的仪容。《宋史·乐志十三》：“皇帝降席，流云四开；尧趋舜步，下蹑天阶。”

尧天舜日

就像在尧、舜的圣明统治下过日子；形容太平盛世。〔宋〕叶适《代薛瑞明上遗表》：“岩栖穴处，未尝不戴于尧天；气尽形销，无复再瞻于舜日。”

禹 禹惜寸阴

指禹勤于治水，一刻也不敢浪费。〔晋〕皇甫谧《帝王世纪》：“尧命〔禹〕以为司空，继鲧治水，乃劳身勤苦，不重径尺之璧，而爱日之寸阴。”

贡禹弹冠

贡禹因为与王吉友好，知道王吉任官，愿意出仕；本句比喻意辅佐志向相同的人。典故出自《汉书·王吉传》：“吉与贡禹为友，世称‘王阳在位，贡公弹冠’。言其取舍同也。”

第六篇

动 作

生、子、学

⊙本字组与相关诸字的历史面貌和它们的造字本义

“生”这个字是个象形字，把冒出平地的植物给完整画出来，所以“生”这个字本义为“生长”（详参本书天文地理字组之二“星”字）。

“子”这个字也是象形字，由于小孩刚出生，在襁褓之中，只露出两只小手，所以“子”全字就是婴儿在襁褓中的样子（详参本书人德字组之三“孝”字）。

“学”繁体字写作“學”，这个字是从二“爪”“爻”“宀”“子”的会意字。“爪”即是手爪的象形；“爻”为指事字，一说为绳索交系的样子，“宀”则为建筑物的象形（详参本书天文地理字组之六“瑄”字）。“学”全字表示长辈伸出双手教晚辈结绳。结绳记事是生活中很重要的基本技能，因为捆绑不同质材，结法亦有所不同。

⊙以本字组取名命字的名人

“生”：著名企业家牛根生、台湾艺人张雨生。

“子”：唐朝诗人陈子昂、唐朝中兴名臣郭子仪、宋朝忠臣向子堙。

“学”：国民党高级将领张学良、科学家钱学森。

⊙本字组与相关诸字的历史面貌和它们的造字本义

	甲骨文	金文	战国文字	小篆
生				
学				

⊙以本字组取名命字的用意

“生”字本义指植物刚长出、发芽的样子。“生”字用在动物身上便指“生育”“生产”这一类的意思。由于生物“生”出，便有了生命，因此“生”字也和“死”字的观念相对，可表“生存”或“生命延续”的意思。后来“生”字也假借为学问良好者或热衷学习之人的专称（“学生”“先生”“诸生”）。以“生”字取名命字，在婴儿容易夭折的年代，一个用意是希望被命名者不只能顺利长大，还要长保生气蓬勃，健康有活力；另一个用意是期待被命名者能成为博览群书的博学之人。

“子”字本指襁褓中的婴儿，后来引申可指所有子孙后代。古代爵位第四也称“子”（其前为“公”“侯”“伯”）。“子”字又通“慈”，具有爱护子女晚辈的意思。作为假借的用法，“子”既是对男子的美称，也是十二地支第一。十二地支第一对应到十二生肖属鼠，所以“子”字也可隐指鼠年出生的人。以“子”字取名命字，一个是希望被命名者未来能够加官晋爵；一个是取其美称的意思；一个是期许被命者能成为慈爱之人；另一个原因或仅是单纯标示出被命名者出生年份及生肖。

“学”字既有学习的意思，也有教育的意涵。同时“学”字也可以作为

1.
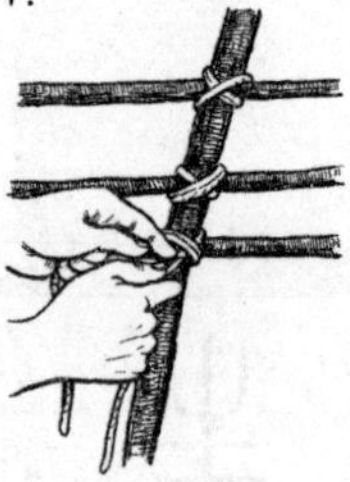
2.

3.
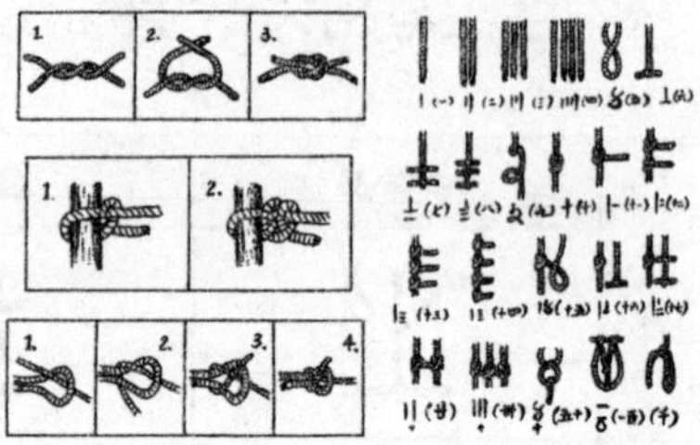

1. “爻”为指事字，描摹绳索交系的样子。
2. “学”字表示长辈伸出双手教晚辈结记事。
3. 古代利用不同的结绳法来记事。

某种教学内容——学识或学派说法的总称。以“学”字取名命字，一个是希望被命名者能勤学不倦，自我充实；另一个是希望被命名者持续努力，在某个学术或道德层次取得良好的成就，成为一代宗师。

◎与本字组有关的好话

以下收录与本字组有关的好话，除了方便自我介绍和介绍亲友外，读完也能增长词语知识和相关的应用能力。

生 厚生利用

增益民生、物尽其用。典故出自《尚书·大禹谟》：“正德，利用，厚生，惟和。”

即景生情

因为眼前的某些景象而触发某种情绪。〔明〕郎瑛《七修续稿·诗文·碧沚诗》：“此诗流丽畅逸，而第七句关锁处，即景生情，警拔深契。”

子 公子王孙

即王公贵族的后代子弟。《战国策·楚策四》：“〔黄雀〕自以为无患，与人无争也。不知夫公子王孙，左挟弹，右摄丸，将加己乎十仞之上，以其类为招。”

千金之子

即富贵人家的子弟。《史记·袁盎晁错列传》：“臣闻千金之子坐不垂堂。”

真命天子

古人所称秉承天命的皇帝。《二十年目睹之怪现状·第八十回》：“我早就算定真命天子已经降世。”今日或者用来形容命中注定的人生伴侣，因此也可另作“真命天女”。

学 学富五车

肚子里的学问多到可以装满五台车；形容一个人的知识渊博。《庄子·天下》：“惠施多方，其书五车。”

家学渊源

家学世代相传，所以根源深厚。〔明〕吴植《剪灯新话·序》：“宗吉家学渊源，博及群集，屡荐明经，母老不仕。”

笃学不倦

深刻地学习而不知疲倦。〔明〕方孝孺《与郑叔度书》：“足下淳明慈良，有君子之器，又笃学不倦，其至于古人也奚御，愿益加之意，以果所望。”

思、念、志

附："诗"

⊙本字组与相关诸字的历史面貌和它们的造字本义

"思"这个字，《说文解字》解释道："容也。从心囟声。"它是个从"心""囟"声的形声字；古人认为心是思考的器官，所以此字从"心"这个义符。"心"字是个象形字，全字画出心脏之形（详参本书人德字组之一"德"字）。"囟"这个声符，《说文解字》解释道："头会，脑盖也。象形。"它本身亦是个象形字，全字描绘头盖囟门的样子。由于婴儿必须从产道挤出母体，当时全身最大的部位为头部，为使头部可以顺利挤出，头顶保留一个骨头未硬合的空间叫"囟门"。这个部位会在婴儿出生后慢慢密合。

"念"这个字，《说文解字》解释道："常思也。从心今声。"它是个从"今"从"心"的形声兼会意字。因为本义为"心中所想"，所以从"心"这个义符。它的声符"今"是指事字，全字如同口含一物，是"含"字的本字（详参本书天文地理字组之五"金"字）。心有所想，于是口中念念不忘，这就是"思念"的"念"。

"志"这个字，《说文解字》解释道："志，意也。从心之声。"它是个从"心"从"之"的形声兼会意字。本义为"心的意向"，所以从"心"

⊙本字组与相关诸字的历史面貌和它们的造字本义

	甲骨文	金文	战国文字	小篆
思				
由				
念				
志				
之				
诗				
寺				

这个义符。“之”是“止”字的分化字，有“往”“去”的意思。“之”虽然作为“志”字的声符，但同时它也可和义符“心”的意思相结合，指出“志”的本义——“志”字就是表示心所想的方向、心所想做的事，也就是“志向”的“志”。

“诗”这个字，繁体字写作“詩”。《说文解字》解释道：“志也。从言寺声。”它是个从“言”“寺”声的形声字。它的本义指心里面所想的，用韵文的形式来抒发，因此从“言”这个义符。至于声符“寺”，本身也是

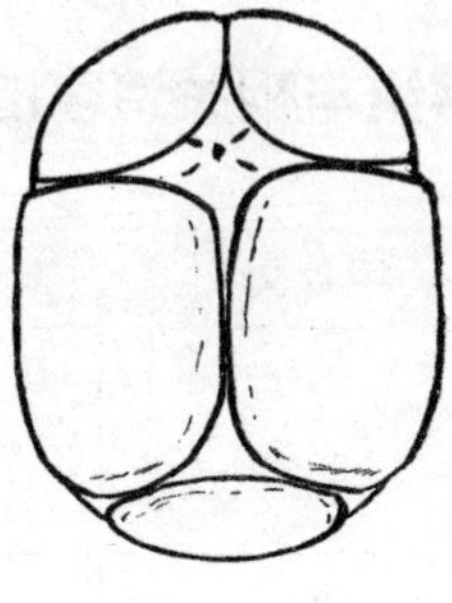

●“囟”是象形字描摹出头盖囟门的形状。

个从“寸”“之”声的形声字。造字时义符从“寸”与从“又”相当，“寺”的本义就是“持有”，它是“持”字的初文。

⊙以本字组取名命字的名人

“思”：春秋儒家名士子思、晋朝诗人左思、唐朝画家李思训、唐朝乱臣史思明。

“念”：清朝训诂声韵学家王念孙。

“志”：诗人徐志摩。

（“诗”：乒乓球运动员刘诗雯、游泳运动员叶诗文。）

⊙以本字组取名命字的用意

“思”字本作动词用，表示“思考”“想”这类内心的运动。这类内心的运动若是因为外物而发动，那便是“思慕”“想念”。如果思慕、思念之人事物无法及时得见，心里头便会觉得难过，所以“思”字引申而有“哀怜”“悲伤”的意思。若是作为名词，指的便是心里头的“思绪”或“感情”。在某些特定的文体里，“思”字或可以作为句中无义的助词或可以作为句末的语气词。以“思”字取名命字，多半用其动词义，希望被命名者可以思索，或是将很重要的德行、人物、事件放在心上；以“思”字作为无义的虚词来调节名字的音韵平仄者，这类情况较为少见。

“念”字多半作动词用，表示“思念”“怀念”；引申有“思考”“怜爱”的意思。它也可通“念”字，表示“诵读”。作为名词用则表示“念头”“想法”。以“念”字取名命字，其用意与采“思”字为名相当；因为“念”的动作比“思”更易察见，所以“念”字在取名命字的应用上算是“思”字的加强版。

“志”字本义是“心的方向”，作名词用来表示“意志”“志向”。它也是德行的一种，表示立下高远的目标然后努力去追求。“志”亦通“志”，作动词用，表示“记得”“记录”“标记”。以“志”字取名命字，多采其动词义，一是寄寓命名者希望被命名者能立下鸿鹄大志的用意；二是希望被命名者能永远记得很重要的德行、人物、事件。后一种命名用意和取“思”“念”“铭”等字来命名是相当的。

“诗”字原来指的是一种韵文的体裁，这种体裁的源头是《诗经》。《礼记》说：“温柔敦厚，诗教也”，学诗可以使人品行敦良，所以“诗”字又能隐喻这类德行。“诗”是心之志发而为言，所以“诗”字也隐含“志”字的含义。以“诗”字取名命字，一个是希望被命名者有文采，能出口、下笔如诗；一个是希望被命名者得到诗教而温柔敦厚；另一个用意和取“志”字为名的用意相当。

◎与本字组有关的好话

以下收录与本字组有关的好话，除了方便自我介绍和介绍亲友外，读完也能增长词语知识和相关的应用能力。

思 周情孔思

具有周公和孔子的思想感情；常用来赞美具有高尚情操的人。

极智穷思

用尽才智和思虑。〔清〕侯方域《豫省试策四》："圣人所极智穷思而以为无奇者，乃就十数肉食之人而询焉，采焉……则亦徒见其劳民伤财而已矣。"

前思后想

前前后后反复思量。《镜花缘·第六十六回》："他既得失心重，未有不前思后想。"

念 念兹在兹

念念不忘某事。《尚书·大禹谟》："帝念哉！念兹在兹，释兹在兹。名言兹在兹，允出兹在兹，惟帝念功。"

长念却虑

思前顾后，反复琢磨。《史记·秦始皇本纪》："小人乘非位，莫不怳忽失守，偷安日日，独能长念却虑，父子作权，近取于户牖之闲，竟诛猾臣，为君讨贼。"

念念不忘

时时刻刻无不在思念。〔北宋〕张君房《云笈七签·卷五五》："日日存之，时时相续，念念不忘。"

志 行古志今

遵循古人的道理来为今日服务。《逸周书·常训》："夫民群居而无选，为政以始之。始之以古，终之以古，行古志今，政之至也。"

寝丘之志

中国名相楚令尹孙叔敖临终时，告诫其子切勿接受楚王所封的肥美土地，而要去求贫瘠的寝丘，以保长久不失。因此后人形容与世无争、知足之心为"寝丘之志"。

千里之志

远大、迈向千里之外的志向。《吕氏春秋·长利》："与一举则有千里之志，德不盛、义不大则不至其郊。”

诗 诗肠鼓吹

激发诗人写作冲动的音乐。〔唐〕冯贽《云仙杂记·俗耳针砭诗肠鼓吹》：“戴颙春携双柑斗酒，人问何之，曰：‘往听黄鹂声，此俗耳针砭，诗肠鼓吹，汝知之乎？’”

诗礼传家

以诗礼精神世代相传。〔元〕柯丹丘《荆钗记·会讲》：“诗礼传家忝儒裔，先君不幸早倾逝。”

画意诗情

富有诗画的意境和情趣。朱自清《燕知草·序》：“杭州是历史上的名都，西湖更为古今中外所称道；画意诗情，差不多俯拾即是。”

建、立、兴

⊙本字组与相关诸字的历史面貌和它们的造字本义

“建”这个字从“聿”从“廴”会意，表示树立某个东西。“聿”是个会意字，全字之造形一说是以“又”持笔，一说是以“又”立柱。“建”字的另一个义符“廴”也是象形字，全字把阶梯及阶前庭堂给画出来，它是“廷”及“庭”字的初文。“建”字表示将这个柱立在建地里，本义就是“树立础柱”，之后再由此引申出“树立”“建立”“设立”的意思，所以《说文解字》才会说：“建，立朝律也。”

“立”这个字，《说文解字》解释道：“住也。从大立一之上。”这个字是个指事字，本义就是“站立”，所以全字才会写成像是一人大立于地面之上的样子。

“兴”繁体字写作“興”，这个字的外围分别写了两个“爪”（手）和两个“又”（手），中间抬有轿子或车厢，“口”形则是标出这个轿子或车厢的车门入口。所以“兴”的本义指的就是抬架或抬轿，后来“口”形与架轿被讹写为“同”形，所以《说文解字》才会误以为此字从“同”。由于抬架或轿都要将之升起，“兴”字后来才引申出“兴起”的意思。

⊙本字组与相关诸字的历史面貌和它们的造字本义

	甲骨文	金文	战国文字	小篆
建				
聿				
立				
兴				

⊙以本字组取名命字的名人

“建”：隋末起义军首领窦建德、唐初太子李建成、唐朝诗人常建。

“立”：民国抗日名将孙立人、相声表演艺术家马三立。

“兴”：近代民主革命家黄兴、表演艺术家文兴宇。

⊙以本字组取名命字的用意

“建”字本作动词用，表示“建立”“设置”。若是建国，一则需要立定法律，二则需要封赐诸侯和设立官府，所以“建”字又引申出“立法”和“封建”的动词义项。既然建立，必将某物竖起，所以“建”字也能表示“树立”。如果提出来的是很有建设性的意见，那就叫“建议”。“建”可通“健”，作名词用，即“健康”的意思。以“建”字取名命字，多采其动词义，主要是希望被命名者能建立一番大事业；少数则是取“建”字之通假

1.

2.

3.

4.

1.“聿”的字形有“手特笔”或“立柱”两种说法。
2.“廴”字描绘出庭阶的形状。
3.“立”形状字像人站立的样子，为指事字。
4.“兴”字的本义为抬架或抬轿。

“健”字之义，希望被命名者能无灾无病，身体健康。

“立”字作动词用，本指一人挺直站立的意思，后来常与“建”字合用，从而有“建树”“成就”的名词义；从无到有也可以用“立”字表示。作动词用，意指“设立”“制立”；从王储变成帝王、从虚名到得实位也可用“立”字。“立”是一个人顶天立地地站着，十分坚定的样子，所以“立”也可当形容词用，意表“坚定”。以“立”字取名命字，一部分用意和以“建”字取名相当；另一部分则是命名者希望被命名者能成为心中有坚定志向、顶天立地的大人物。

“兴”字全字为四手举轿之形，本义相当于动词的“举起”“兴起”“升起”。轿子被举起来，表示轿子的主人要动身、轿子要出发了，所以“兴”字就引申出“起身”“发动”的意思。如果是被动因为某件事的吸引、驱使而想动身去做某件事，那便是“兴趣”。又因为“建”“立”“兴”三字都具有“起”的意思，所以“兴”字也因此可以表示“创立”“建立”。以“兴”字取名命字，一个原因与以“建”“立”字取名相当；另一个原因是希望被命名者可以复兴，或持续保有某种强盛的状态，如好运、财富、才华等。

◎与本字组有关的好话

以下收录与本字组有关的好话，除了方便自我介绍和介绍亲友外，读完也能增长词语知识和相关的应用能力。

建 悬鼗建铎

鼗是长柄鼓、铎是金铃，都可用来引起统治者的注意；本句指广开言路，使下情可以上达。典故出自《淮南子·泛论训》："禹之时，以五音听治，悬钟鼓磬铎，置鼗，以待四方之士。为号曰：'教寡人以道者击鼓，谕寡人以义者击钟，告寡人以事者振铎，语寡人以忧者击磬，有狱讼者摇鼗。'"

运筹建策

运算筹码、提出策略。《隋书·李德林传》："运筹建策，通幽达冥，从命者获安，违命者悉祸。"也可作"运筹决策"。

建功立业

建立功勋和事业。〔宋〕苏轼《应制举上两制书》："建功立业，兴利捍患。"

立 修辞立诚

创作要呈现的是作者的真情实意。典故出自《易经·乾卦》："修辞立其诚，所以居业也。"

特立独行

独立不群；形容志行高洁，不随波逐流。《礼记·儒行》："世治不轻，世乱不沮，同弗与，异弗非也，其特立独行有如此者。"

柴立不阿

独立而不私阿，与"特立独行"意近。〔清〕陈康祺《郎潜纪闻·卷七》："年羹严谴，而公以恩遇始终，正见公之柴立不阿。"也可作"刚直不阿"。

兴 兴高采烈

兴致高、心情激动。典故出自〔南朝·梁〕刘勰《文心雕龙·体性》:“叔夜俊侠,故兴高而采烈。”也可作“兴高彩烈”。

兴会淋漓

兴味浓厚;兴趣被引起并获得满足。《儿女英雄传·第三十回》:“那里还能时刻照管的到他,有时到了兴会淋漓的时节,就难免有些‘小德出入’。”

夕寐宵兴

很晚睡、很早起;形容勤劳的样子。《南史·宋纪上·武帝》:“是故夕寐宵兴,搜奖忠烈;潜构崎岖,过于履虎;乘机奋发,义不图全。”

之、进、达

⊙本字组与相关诸字的历史面貌和它们的造字本义

"之"这个字,《说文解字》解释道:"出也。"这个字与"止"字是一字分化而出的。"止"为"趾"之本字，引申有行走的意思，所以"之"字也有前往的意思（详参本书动作字组之二"志"字）；但后多借用为虚词。

"进"这个字，繁体字写作"進"。《说文解字》解释道:"登也。"它是个从"辵""隹"声的形声字，本义指"登上高处"，所以从"辵"这个义符。而"隹"这个声符本身是个象形字，全字具体描绘出一只短尾鸟。

"达"这个字，繁体字写作"達"，这个字原先写作从"辵"从"大"，是个会意字，表示"大"（人）已到达目的地，后来"大"形下面加了"羊"形，全字就变成表示人将羊驱赶到达目的地的意思。字义也引申可指"到达"了。

⊙以本字组命名取字的名人

"之"：南朝数学家祖冲之、南朝政治家颜之推、唐朝边塞诗人王之涣、明末清初学问家王夫之、清末中兴名臣张之洞、新文化运动倡导者胡适之。

"进"：汉末将军何进。

⊙本字组与相关诸字的历史面貌和它们的造字本义

	甲骨文	金文	战国文字	小篆
进				
隹				
达				

“达”：三国蜀汉名将孟达、太平天国大将石达开。

⊙以本字组取名命字的用意

“之”字与“止”字同源，原为脚掌之象形；脚向着哪，即表示要走到哪去，所以“之”的动词用法表示“往”“去”。“之”字也假借作指示代词，与英文“this”相当。又或者假借作连词，与英语“and”“but”相当；或者假借作介词，与英文“of”相当；或假借作语气词，在句中发挥调节声韵仄或音节的作用。以“之”字取名命字，一个是用它的“往”“去”义项，希望被命名者能去追求某种高尚的境界；但大部分以“之”字取名命字的用法是把它当无意义的语气词用，在名字当中发挥调和音节的作用。

“进”字本义作动词用，表示“向前”或向更高一个阶级移动；既然向前，那就不会退步，所以“进”字引申而有“进步”“成长”“强化”的意思。“进”与“退”若是以是否当官为依据，“退”指的是“退隐”，“进”指的就是“出仕”。如果今天你更上一层楼是靠别人帮忙，那就表示别人“进荐”了你；如果“进荐”的不是人而是物，那“进”字就是指“奉送”

●"隹"的象形字就像一只短尾鸟。

●"达"为会决字，表示赶羊到目的地。

了。以"进"字取名命字，一个是希望被命名者能积极进取，争取到更好的生活条件或是别人的尊崇；另一个是期望被命名者能遇到生命中的贵人，得到别人的举荐，在工作上能一切顺利。

"达"字本作动词用，表示"到达"的意思。能平安顺利到达，一定一路畅通，所以"达"字又引申出形容词义"通达"。对人情世故都能想得通、想得明白，不去钻牛角尖，这也可以称作"通达"或是"豁达"；因此"达"字作名词用时，也能隐喻明智之人。以"达"字取名命字，一个是希望被命名者能一切顺利，所追求的各种目标都能达到；另一个是期待被命名者能成为豁达、通晓事理、具超高智慧的人。

◎与本字组有关的好话

以下收录与本字组有关的好话，除了方便自我介绍和介绍亲友外，读完也能增长词语知识和相关的应用能力。

之 伐冰之家

伐冰即凿取冰块。古代只有卿大夫以上的贵族才盖得起冰窖，丧祭才用得起冰块。所以本句泛指达官贵族。《礼记·大学》："伐冰之家，不畜牛羊。”

延津之合

指〔晋〕龙泉、太阿两剑在延津会合的故事，后来引申形容因缘际会而结合。也可作“延津剑合”。

北门之寄

唐德宗将北门守卫大任交付李自良；后来用来比喻担负重要的军事责任。《旧唐书·李自良传》：“德宗以河东密迩胡戎，难于择帅，翌日，自良谢，上谓之曰：‘卿与马燧存军中事分，诚为得礼；然北门之寄，无易于卿。’”

进 以退为进

采取退让作为而实为图进。〔汉〕扬雄《法言·君子》：“昔乎颜渊以退为进，天下鲜俪焉。”

竿头日进

虽然已像百丈竿头那样超越他人，但还要更加努力才是；比喻学问或技术不断提升。典故出自〔宋〕释道原《景德传灯录·卷十》：“师示一偈曰：‘百丈竿头不动人，虽然得入未为真，百尺竿头须进步，十方世界是全身。’”

勇猛精进

佛教语，指奋勉修行。《无量寿经·卷上》：“勇猛精进，志愿无倦。”

达 下情上达

下位者的心情或状况能够通达于上位者。典故出自《管子·明法》：“下情不上通，谓之塞。”

求志达道

用隐居来保全自己的意志，用行义来贯彻自己的主张。典故出自《论语·季氏》：“隐居以求其志，行义以达其道。”

廓达大度

心胸开阔，气度宽宏。〔清〕太平天国洪仁玕《干王洪仁玕等劝谕清朝官兵弃暗投明檄》：“尔等抑知我天朝廓达大度，胞与为怀，不分新旧兄弟，皆是视同一体。”

承、继

⊙本字组与相关诸字的历史面貌和它们的造字本义

“承”这个字,《说文解字》解释道:“奉也。受也。从手从卩从収。”这个字在小篆里的写法是从二“又”加一“手”拱奉一“卩”(跪人,详参本书天文地理字组之六“玲”字)在上,本义就是“承担”。

“继”这个字,繁体字写作“繼”。《说文解字》解释道:“续也。从纟、㡭。一曰反㡭为继。”它是个从“纟”从“㡭”的会意字,本指将纟给接续上,所以从义符“纟”。“纟”为象形字,全字描绘纟的纤维交缠。不过“继”字原本没有“纟”这个义符,全字只作从“刀”从二“幺”(与“纟”“系”意近,只是笔画繁简不同),加了“纟”的“继”字是后起形声字。“㡭”和“绝”字的写法相反,是变体指事字,字意也就是“绝”字的相反义——“继续”。“绝”,《说文解字》解释道:“断丝也。”全字从刀断丝,是个会意字,本义指把丝切断。

由于“绝”的刀形后来又分裂成二“刀”,二刀形又讹写成“色”,才变成今日“绝”字写法的!

⊙以本字组取名命字的名人

“承”:《西游记》作者吴承恩、明末重臣洪承畴。

⊙本字组与相关诸字的历史面貌和它们的造字本义

	甲骨文	金文	战国文字	小篆
承				
继				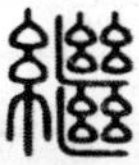
系				
绝*				
色*				

“继”：宋朝党项族西平王李继捧、夏国王李继迁族兄弟、明朝抗倭名将戚继光。

⊙以本字组取名命字的用意

“承”字的本义是当动词用，表示“奉托”或“承载”。如果是在被动的情况下则指“承受”“承继”或“蒙受”。以“承”字取名命字，表示命名者希望被命名者能够蒙受神鬼、先祖或长辈的照顾与福荫；又或者是希望被命名者能够继承先祖、长辈所传承下来的家业或良好的门风。

“继”字本义指的是不绝，既然不绝，那就能连绵不断，所以除了“连续”义，它还多了一层“延续”的意思。以“继”字取名命字，表示命名者希望被命名者能福寿连绵，延续家业、香火或是良好的门风。

●“承”字的本义表示承担。

●“系”为象形字，描绘出纤维交缠的样子。

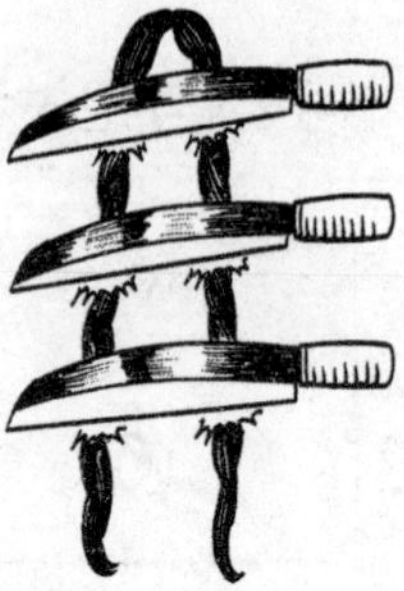

●“绝”是会意字，表示以刀切断。

◎与本字组有关的好话

以下收录与本字组有关的好话，除了方便自我介绍和介绍亲友外，读完也能增长词语知识和相关的应用能力。

承 承上启下

承接前者，启发或引出后者。《礼记·曲礼上》：“故君子戒慎”，〔唐〕孔颖达解释道“故”字是“承上启下”的转折词。

先意承志

孝子能够预先臆度父母的心意而顺从他们的心志。《礼记·祭义》：“君子之所为孝者，先意承志，谕父母于道。”

四海承风

教化风行于四海之内。《孔子家语·好生》：“舜之为君也，其政好生而恶杀，其任授贤而替不肖。德若天地而静虚，化若四时而变物也。是以四海承风。”

继 继继承承

能前后相承，延续不断。〔唐〕韩愈《平淮西碑》：“圣子神孙，继继承承，于千万年，敬戒不怠。”

兴灭继绝

使灭绝的再重新振作起来，延续下去。典故出自《论语·尧曰》：“兴灭国，继绝世。”

继往开来

继承前人的事业，开拓出未来的大好前途。〔明〕王守仁《传习录·卷上》：“文公精神气魄大，是他早年合下便要继往开来，故一向只就考索著述上用功。”

宗、祖

⊙本字组与相关诸字的历史面貌和它们的造字本义

“宗”这个字,《说文解字》解释道:“尊祖庙也。从宀从示。”它是个从“宀”从“示”的会意字，本义为尊敬祖庙所做出来的礼拜动作。因为与祖庙有关，所以从义符“宀”；祖庙里一定摆满了神主牌，所以再加“示”，同“宀”会意。进了宗庙习惯性地会行一些尊敬朝拜的仪式，因此“宗”字一般常用作动词。

“祖”这个字,《说文解字》解释道:“始庙也。从示且声。”它是从“示”“且”声的形声字，因为本义指“始祖之庙”，所以从义符“示”。“且”作为声符，本身也有表意的功能。“且”一说为象形字，即生殖崇拜中的假阳具，因为从“且”，所以“祖”字指称自己生命的根源。一说“且”即神主牌，和“示”一样亦是受膜拜的对象。

⊙以本字组取名命字的名人

“宗”：清朝小说家毛宗岗、清末中兴名臣左宗棠。

“祖”：宋朝史学家范祖禹、明朝戏剧作家汤显祖、清初地理学家顾祖禹。

⊙本字组与相关诸字的历史面貌和它们的造字本义

	甲骨文	金文	战国文字	小篆
宗				
祖				
且				

⊙以本字组取名命字的用意

“宗”字原本指的是朝拜祖庙的意思，如果作为名词用，则是指祭祀祖先的地方。因为朝拜，所以必然尊崇，因此“宗”字作动词用又有尊崇的意思。以“宗”字取名命字，一个是希望被命名者能成为别人所尊崇的对象，换句话说就是希望被命名者将来成为人们的领袖；另一个是希望被命名者能尊崇或遵守某种德行，并以之作为生活的准则、座右铭。

“祖”字原本指的是祖庙——奉祀祖先的宗庙。作为动词用的话，“祖”字则有追本溯源、效法崇尚的意思。以“祖”字取名命字，一个是希望被命名者不要数典忘祖，要时时刻刻提醒自己祖先所施予自身的德惠；另一个可能是希望被命名者能效法崇尚某个远古的圣人贤哲，并以之作为榜样。

◎与本字组有关的好话

以下收录与本字组有关的好话，除了方便自我介绍和介绍亲友外，

●“宗”的字形描绘出祖庙中放满了神主牌，所以从“宀”“示”，为会意字。

●“且”是象形字，有学者认为与阳具崇拜有关系。

读完也能增长词语知识和相关的应用能力。

宗 文宗学府

文章的宗伯和学问的渊府；形容学问渊博的人。〔北魏〕杨衒之《洛阳伽蓝记·景明寺》：“〔子才〕文宗学府，腾班马而孤上；英规胜范，凌许郭而独高。”

宗 **祖** 祖武宗文

祖崇武王、尊敬文王；本义主要用来指尊崇祖先。

光宗耀祖

意近“光耀门楣”，指为宗族争光，使祖先显耀。《红楼梦·第三十三回》：“儿子管他，也为的是光宗耀祖。”

祖 显祖扬名

让祖宗显耀，使自己名声远扬。〔汉〕陈琳《檄吴将校部曲文》：“及吴诸顾陆旧族长者，世有高位，当报汉德，显祖扬名。”

不祧之祖

不迁入祧庙的祖先，一般指创业之祖、元祖；后来引申可指创立某种事业而永远受到尊崇的人。

成佛作祖

佛教语，指修成佛道，成为祖师；后来引申可指获得杰出成就的人。《白雪遗音·马头调·小尼姑》："成佛作祖待做甚么？陈妙常也曾还俗过。"

保、右（佑、祐）

⊙本字组与相关诸字的历史面貌和它们的造字本义

“保”这个字，《说文解字》解释道：“养也。”它是个从“人”从“子”加一或二表示环背婴儿手臂笔画的增体会意字，全字就是大人背负婴儿、给予保护的意思。小孩打出生，要到一岁才会学走路，到三四岁才能免于大人的提携怀抱。“保”字就是指小孩在三四岁前受到大人保护的概念。

“祐”这个字，《说文解字》解释道：“助也。从示右声。”它其实是个会意兼声字。义符兼声符的“右”从“又”从“口”会意，表示以实际行动或是口出良好的建议来帮助别人，“右”其实就是“祐”和“佑”的初文。只是后来为了区分是人所佑助或是神所佑助，于是才又另外造了“祐”和“佑”这两个后起形声字：人助用“佑”字；神助用“祐”字。“佑”这个字，《康熙字典》道：“音有。佐助也。又《集韵》、《正韵》并与祐同。”

⊙以本字组取名命字的名人

“保”：元末军事将领王保保、清末民初学问家丁福保。

“佑”：明初重臣张天佑、铁路专家詹天佑。

⊙本字组与相关诸字的历史面貌和它们的造字本义

	甲骨文	金文	战国文字	小篆
保				
祐				
右				
左				
	甲骨文	金文	战国文字	小篆
佑	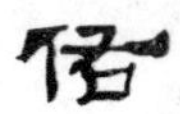			

⊙以本字组取名命字的用意

“保”字原本指长辈背携孩童加以照顾的样子，后来连神灵照顾凡人都可以用“保”字。照顾过程会有需要加以帮助的地方，所以“保”字也隐含了“辅助”的意思。以“保”字取名命字，表示命名者希望被命名者能够顺利得到长辈和神灵的照顾，常保身体健康。

“右”（《说文解字》：“手口相助也”）原本和“左”字（《说文解字》：“手相左助也”，会手持工具助人的意思）同意，都有“辅助”“保护”的意思。以从“右”的“佑”或“佑”取名命字，寄寓了命名者希望被命名者人生之路有贵人相助的用意。后来为了区别帮助的主动者是人或是神灵，

●“保”为会意字，表示大人背负着婴儿。

●“右”为会意字，“帮助人”的意思。

才又从“右”分化出从“人”的“佑”字和从“示”的“祐”字。

◎与本字组有关的好话

以下收录与本字组有关的好话，除了方便自我介绍和介绍亲友外，读完也能增长词语知识和相关的应用能力。

保 天保九如

典故出自《诗经·小雅·天保》：“天保定尔，以莫不兴。如山如阜，如冈如陵，如川之方至，以莫不增……如月之恒，如日之升。如南山之寿，不骞不崩。如松柏之茂，无不尔或承。”诗中连用九个“如”字来祝颂福寿绵长。所以本句即用为祝寿的颂词。

保泰持盈

保有平安和兴盛的局面。《明史·孝宗纪赞》：“孝宗独能恭俭有制，勤政爱民，兢兢于保泰持盈之道，用使朝序清宁，民物康阜。”也可作“持盈保泰”。

明哲保身

原指明智之人不参与可能给自己带来危险的事；后多指生怕危及自己，回避对抗的处世态度。

右（佑、祐）灵威神佑

神灵显灵来保佑。〔汉〕班固《高祖泗水亭碑铭》：“勤陈东征，剟擒三秦。灵威神佑，鸿沟是乘。”

丰融垂佑

丰有大的意思，融有光亮的意思；本句指大大地给予保佑。《宋史·乐志九》：“丰融垂佑，以永洪休。”

永垂护佑

永远护卫和保佑。〔明〕沈榜《宛署杂记·恩泽》：“仰荷神恩，永垂护祐。”

佩、涵

⊙本字组与相关诸字的历史面貌和它们的造字本义

“佩”这个字，《说文解字》解释道：“大带佩也。从人从凡从巾。佩必有巾，巾谓之饰。”它是个从“人”从“巾”“凡”声的形声字，本指古时君子身上佩戴的手帕之类饰物，因此从“人”“巾”。“巾”，《说文解字》解释道：“佩巾也。”它是个象形字，全字具体描绘人身上系佩之巾布。“佩”的声符“凡”本为象形字，即“盘”之初文（详参本书天文地理字组之六“佩”字）。“佩”字本来作名词用，表示佩巾，后来可泛指衣上的装饰；作动词用则可表示“佩戴”的意思。

“涵”这个字，《说文解字》解释道：“水泽多也。从水函声。”它是个从“水”“函”声的形声字，本义表示水之蕴含多泽，所以从义符“水”。“函”作为它的声符，本身是象形字，全字为箭袋“箙”的具体描绘。箭袋一般挂在射手的侧边腰际，方便抽取使用；填装长箭的箭袋就得背在身后。

⊙以本字组取名命字的名人

“佩”：直系军阀首领吴佩孚、喜剧演员陈佩斯。

“涵”：明末清初文学家申涵光、文艺理论家林默涵。

⊙本字组与相关诸字的历史面貌和它们的造字本义

	甲骨文	金文	战国文字	小篆
佩				
巾				
涵				
函				

⊙以本字组取名命字的用意

“佩”字作为名词使用时，表示系挂在衣服上的配饰；作为动词使用的话，又可指“佩带”，引申也有“钦佩”的意思。以“佩”字取名命字，大多是采其动词的用法，表示命名者希望被命名者能佩有某种德行，或佩有某种珍贵难得的宝物。前者是期待被命名者能具有良好的品德；后者是期待被命名者能够富贵荣华。

“涵”字原作动词使用，表示“浸润”，因为要加以浸润，势必是被包含在某种液体之中，所以“涵”字又引申出“包含”“包容”的意思。既然能“包容”，那心胸当然要很宽大，因此“涵”字引申出“宽恕”的意思来。以“涵”字取名命字，一个原因是希望被命名者能浸润在某种幸福的氛围当中；另一个原因是希望被命名者能够有包容万物的宽大心胸。

●“佩”为象形字，表示人身上的佩巾。

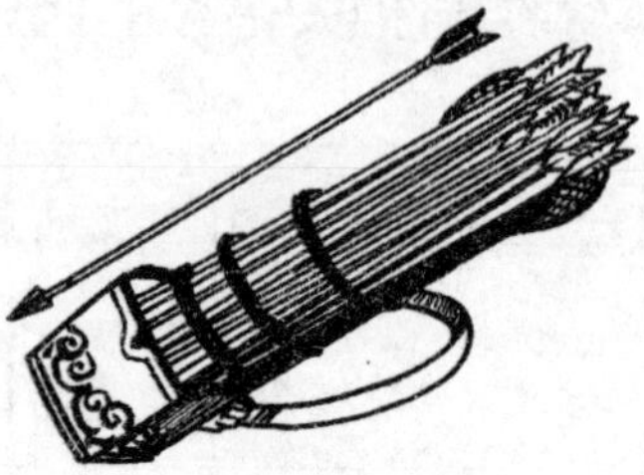

●“涵”字的声符“函”具体地描绘出箭袋的形状。

◎与本字组有关的好话

以下收录与本字组有关的好话，除了方便自我介绍和介绍亲友外，读完也能增长词语知识和相关的应用能力。

佩 怀黄佩紫

怀里揣着金印、腰间佩着紫绶，此为高官才有的佩件；本句形容身居高官显位。《梁书·陈伯之传》：“怀黄佩紫，赞帷幄之谋；乘轺建节，奉疆场之任。”

衔华佩实

原指草木开花结果。〔南朝·梁〕沈约《愍衰草赋》：“衔华兮佩实，垂绿兮散红。”后来引申可形容文章的形式和内容都很完美。〔南朝·梁〕刘勰《文心雕龙·征圣》：“然则圣文之雅丽，固衔华而佩实者也。”

涵 优游涵泳

悠闲探索、深入体会。《论语·为政》：“七十而从心所欲，不踰矩”，朱熹集注引胡氏曰：“圣人言此，一以示学者当优游涵泳，不可躐等而进。”

茹古涵今

品味古人的智慧，具有今人的涵养。〔唐〕皇甫湜《韩文公墓志铭》："茹古涵今，无有端涯。"也可作"博古通今"。

海涵地负

像海那样的包容力和像地那样的负载力；形容一个人的才华特异。〔宋〕陈亮《笏记》："皇帝陛下，日照天临，海涵地负。"

茹、若

附：“如”

⊙本字组与相关诸字的历史面貌和它们的造字本义

“茹”这个字，《说文解字》解释道：“飤马也。从艹如声。”它是个从“艹”“如”声的形声字，本义指“以草喂马”。“如”作为“茹”的声符，本身则是会意字，《说文解字》解释道：“从随也。从女从口。”本义指以口命令女子如意顺从的意思，后来引申为从随顺服的意思。

“若”字本为象形字，全字描绘一女子跪坐着梳理自己的头发，本义指“使头发柔顺”；后来又从这里引申出“柔顺”或“顺心”的意思。字形里代表头发的笔画也慢慢讹成了“屮”形、“艹”形，“又”形又被义近的“右”形取代，便成为今日“若”字的写法。

⊙以本字组取名命字的名人

“茹”：京剧表演艺术家李玉茹、中科院院士陈茹玉。

“若”：明末清初德籍科学家汤若望、文学大家郭沫若。

（“如”：唐太宗朝名相杜如晦、明末名妓柳如是。）

⊙本字组与相关诸字的历史面貌和它们的造字本义

	甲骨文	金文	战国文字	小篆
茹				
如				
若				

⊙以本字组取名命字的用意

“茹”字本作动词用，指喂牛马的动作。后来字义窄化为“进食”。因为喂牛马都用草，所以名词化后的“茹”字也引申可指蔬菜全体。由于世人常用“含辛茹苦”形容守寡女子将子女抚养长大，也就此赋予了“茹”字较为阴柔的印象。如果相命师算出被命名之女孩命中缺木，命者名也就容易取具有“艹”头的、具阴柔形象的“茹”字加以命名。只不过此举并非要被命名者吃草或吃苦，以“茹”字为名只是单纯地取它的阴柔形象和它的“艹”头偏旁罢了！

“若”字本义为“顺发”，引申有“顺从”“顺心”的意思。“如”字亦因全字表示女子听命服从的意思，所以引申出“顺从”的意思。在男权社会中，为了维护男子的第一优先权和掌控权，都会希望女子是顺从温柔的。这也就是为什么“若”“如”二字很容易地被取来用作女性名字的关系。

●“茹”是形声字，本义指用草喂马。

●“如”字的本义为命令女子服从。

●“若”本为象形字，描绘女子梳头发的样子。

◎与本字组有关的好话

以下收录与本字组有关的好话，除了方便自我介绍和介绍亲友外，读完也能增长词语知识和相关的应用能力。

茹 不吐不茹

不欺负老实人，对坏人也不姑息；形容人的刚正不阿。典故出自《诗经·大雅·烝民》：“人亦有言，柔则茹之，刚则吐之。维仲山甫，柔亦不茹，刚亦不吐，不侮矜寡，不畏强御。”

饮冰食蘖

喝冰水、吃树芽；形容生活清苦，但为人清白。

含辛茹苦

忍受着辛苦。《二刻拍案惊奇·卷二十》：“至于商家连疑心也不当人子，只好含辛忍苦，自己懊悔怨恨，没个处法。”也可作“含辛忍苦”。

若 大巧若拙

真正灵巧的人因为不争出风头，所以看起来反而笨拙。《老子》：“大直若屈，大巧若拙，大辩若讷。”

凛若冰霜

态度十分严肃，像冰霜一样不易接近。〔宋〕曾巩《酬柳国博》诗："洞无畦畛心常坦，凛若冰霜节最高。"

优游自若

从容不迫，非常自在。〔清〕陆以湉《冷庐杂织·彭文勤公》："凡置卷数百，二仆侍侧，左展卷，右收卷，循环不息。侍者告疲，公优游自若也。"

如 一见如旧

初次相见却有如相识许久。典故出自《左传·襄公二十九年》："〔吴公子札〕聘于郑，见子产，如旧相识。"

令行如流

命令的推行就像水流向下一样顺利。银雀山〔汉〕墓竹简《孙膑兵法·奇正》："故行水得其理，漂石折舟；用民得其性，则令行如流。"

似漆如胶

情投意合，就像漆和胶一样黏腻得难分难舍。《水浒传·第四十七回》："徒闻似漆与如胶，利害场中便忍抛。"

振、震

⊙本字组与相关诸字的历史面貌和它们的造字本义

“振”这个字，《说文解字》解释道：“举救也。从手辰声。一曰奋也。”它是个形声字，本义指的是“拯救”，所以从“手”这个义符。它的声符“辰”本身则是象形字，全字把人手中所举着的、由大蛤蜊磨成的这一类农具给画出来。

“震”这个字，《说文解字》解释道：“劈历振物者。从雨辰声。”它是个从“雨”“辰”声的形声字。因为“震”是风雨雷震的专用字，所以从“雨”这个义符，而字里的“辰”则单纯作为声符使用。

⊙以本字组取名命字的名人

“振”：清末民初国学大师罗振玉、文学评论家郑振铎。

“震”：清朝朴学大师戴震。

⊙以本字组取名命字的用意

“振”字本义是“赈济”“挽救”；帮了别人等于是“举拔”“显扬”别人，所以“振”字才又发展出“振作”“奋起”的字义。因为取名命字一般都往“吉祥”的方向作思考，所以名字取“振”字取其晚起的意思，它寄

⊙本字组与相关诸字的历史面貌和它们的造字本义

	甲骨文	金文	战国文字	小篆
振				
辰				
震				

寓了命名者希望被命名者能持续不断地振作自己，进而名扬四海的用意。

“震”字指的是雷鸣霹雳后大地震动的样子。因为闪电雷击使人惊恐，所以“震”字又有威严使人惊惧的这一层意涵。以“震”字取名命字，寄寓了命名者希望被命名者能名震天下，威势使人敬畏的用意。

◎与本字组有关的好话

以下收录与本字组有关的好话，除了方便自我介绍和介绍亲友外，读完也能增长词语知识和相关的应用能力。

振 振领提纲

即提纲挈领、把重点抓出来。《隋书·文学传·潘徽》：“总括油素，躬披缃缥，芟芜刈楚，振领提纲，去其繁杂，撮其指要，勒成一家，名曰《江都集礼》。”

玉振金声

本指玉器和青铜敲击的声音，在此指磨墨及振笔声；隐喻文风很

●“辰”为象形字，全字表示人手持贝壳做的农具。

盛。〔唐〕杨炯《从弟去溢墓志铭》：“莫不玉振金声，笔有余力。”

启聩振聋

使得眼瞎和耳聋的人都知道；比喻唤醒糊涂的人。〔清〕邓显鹤《邹君墓志铭》：“居德善俗，启聩振聋，儒者之效，匪徒言说。”

震 名震一时

在某个时期享有很大的名气。《新唐书·刘晏传》：“晏始八岁……号神童，名震一时。”

龙威虎震

像龙飞虎奔那样的气势；常用来形容书法的笔势强劲有力、灵活舒展。〔宋〕赵与时《宾退录·卷二》：“〔袁昂《书评》：〕梁鹄书，如龙威虎震，剑拔弩张。”

震古烁今

震动古人、显耀当世；常用来形容某人的功绩很大。〔清〕谭嗣同《仁学·四六》：“美释黑奴而封之……称震古烁今之仁政焉。”

飞、翔、羽、逸

⊙本字组与相关诸字的历史面貌和它们的造字本义

“飞”这个字，繁体字写作“飛”。《说文解字》解释道：“鸟翥也。象形。”它是个省体指事字，全字表示鸟飞得太快，抬头只见其羽翅的残影。所以“飞”的本义指的就是鸟翅飞举的样子。

“翔”这个字，《说文解字》解释道：“回飞也。从羽羊声。”它是个从“羽”“羊”声的形声字，本义指“空中盘旋”。鸟类在空中盘旋主要是借着上升气流才能滞空，所以鸟翼一般都会完全打开。因此抬头时明显可见一双张开的大翅膀；所以“翔”字才从“羽”这个义符。

“羽”这个字是象形字，《说文解字》解释道：“鸟长毛也”，全字具体画出鸟羽之形。

“逸”这个字，《说文解字》解释道：“失也。从辵、兔。兔漫驰善逃也。”它是个从“辵”从“兔”的会意字。本义指兔子一下子逃得无影无踪，因此从“辵”“兔”会意。由于兔子的奔跑速度很快，经常一下子就不见踪影，“逸”字后来就引申出“逸失”的意思。又由于兔子生在野外，能够自由嬉戏奔跑，“逸”字因此又引申出“安逸”“逸乐”这一层意涵。

⊙本字组与相关诸字的历史面貌和它们的造字本义

	甲骨文	金文	战国文字	小篆
飞				
翔				
羽				
逸				
兔				

⊙以本字组取名命字的名人

“飞”：汉成帝皇后赵飞燕、三国名将张飞、宋朝爱国名将岳飞。

“翔”：故宫博物院前院长单霁翔。

“羽”：三国名将关羽、唐朝茶叶专家陆羽、武侠作家梁羽生。

“逸”：娱乐大亨邵逸夫、画家陈逸飞。

⊙以本字组取名命字的用意

“飞”字本指鸟展翅而飞。如果今天往上飞的不是鸟，而是人的身价或是物价，那“飞”字指的就是“飞涨”了。以“飞”字取名命字，最主要的用意在于期待被命名者能像鸟一飞冲天那般飞黄腾达、平步青云。

●“飞”是指事字，表示鸟飞得很快，只见残影。

●“翔”字的本义指鸟在空中盘旋。

●“羽”字具体地画出鸟类羽毛的形状。

“翔”字作动词用，表示鸟在空中盘旋；速度像禽鸟飞翔那般快，也可用“翔”字形容。以“翔”字取名命字，除了与取“飞”字为名的用意相当外，也有期待被命名者能很快取得重大成就的用意。

“羽”字本指鸟翅上长而扁的毛，后借指称鸟类的翅膀或鸟类本身。由于羽毛一根接着一根并排，就像朋友们一个并着一个一样，所以“羽”也引申出“党羽”这一层意思。古人称修炼成仙，就像身上长了羽毛可以飞上天，这叫作“羽化”。以“羽”字取名命字，一个用意是希望被命名者能像鸟一样可以轻易直冲天际、翱翔万里；一个用意是希望被命名者能有朋友相助；另一个用意是希望被命名者能具有像仙人一样的能力、修为，或是达到逍遥的境界。

“逸”字本作动词用，指兔子一溜儿烟地逃跑不见。既然逃跑，那便无影无踪，所以“逸”字后来也能表示“隐逸”“散逸”。人若是能逃离无谓的烦恼和世俗的枷锁，那便是超绝人伦的境界，心情也肯定是闲适安乐的，所以“逸”字也可当形容词用，表示“安逸”。以“逸”字取名命字，最主要的原因是希望被命名者能够生活安逸、清闲自在，一直无忧无虑下去。

◎与本字组有关的好话

以下收录与本字组有关的好话，除了方便自我介绍和介绍亲友外，读完也能增长词语知识和相关的应用能力。

飞 舞凤飞龙

像凤凰和龙冲飞上天那般的气势。〔宋〕张孝祥《鹧鸪天·赠钱横州子山》词：“舞凤飞龙五百年，尽将锦绣裹山川。”也可作“龙飞凤舞”。

流星飞电

像流星或闪电那样快的速度。〔明〕屠隆《彩毫记·湘娥访道》：“人世是流星飞电，荣华才转眼，似车轮下阪，弩箭离弦。”也可作“流星掣电”。

腾达飞黄

飞黄为传说中的神马；本句指如骑上神马一样，很快地达到高位。〔清〕黄钧宰《金壶泪墨·鸳鸯印传奇始末》：“女初闻生至，私念九年之别，如彼其才，或者登金马，蹑玉堂，为文学清华之选，不则风云际会，腾达飞黄，意中事耳。”也可作“飞黄腾达”。

翔 横翔捷出

超逸杰出。〔宋〕苏轼《上刘侍读书》：“执五寸之翰，书方尺之简，而列于大夫之上，横翔捷出，冠压百吏。”

飞鸾翔凤

像鸾和凤那般的俊才之士。〔明〕许三阶《节侠记·侠晤》：“诸公飞鸾翔凤，望重时流。”

鹄峙鸾翔

形容书法笔势挺拔而飘逸。〔清〕蒲松龄《拟上万几之暇临摹法书特赐诸臣御书名一幅群臣谢表》：“追后羲献齐名，喜行间之萦蛇绾蚓；

柳颜并着，惊纸上之鹄峙鸾翔。”

羽 羽翼已成

可以用来飞翔的羽毛已经长好；比喻独立的力量已经具备。《史记·留侯世家》：“我欲易之，彼四人辅之，羽翼已成，难动矣。”

弯弓饮羽

将箭射进石头；后来用以形容军士勇猛善射的程度。典故出自《韩诗外传·卷六》：“昔者楚熊渠子夜行，寝石以为伏虎，弯弓而射之，没金饮羽，下视知其为石，石为之开，而况人乎！”《史记·李将军列传》：“广（李广）出猎，见草上石，以为虎而射之，中石没镞，视之石也。”

威凤一羽

以威凤喻良善的政策；本句指管窥善政之一斑。《梁书·刘遵传》：“及弘道下邑，未申善政，而能使民结去思，野多驯雉，此亦威凤一羽，足以验其五德。”

逸 奔逸绝尘

跑得极快，连灰尘都来不及扬起沾到。《庄子·田子方》：“颜渊问于仲尼曰：‘夫子步亦步，夫子趋亦趋，夫子驰亦驰；夫子奔逸绝尘，而回瞠若乎后矣。’”

逸群绝伦

具有超出世人和同辈的能力。《隋书·杨素传》：“处道当逸群绝伦，非常之器，非汝曹所逮也。”

清新俊逸

清美新颖，才能出众。典故出自〔唐〕杜甫《春日忆李白》诗：“清新庾开府，俊逸鲍参军。”

升（昇、陞）、登、冠

⊙本字组与相关诸字的历史面貌和它们的造字本义

《说文》段玉裁注："十合为升。十升为斗。十斗为斛。""升"这个字是象形字，全字具体描绘古时常见的有柄容器。"升"与"斗"这种容器的形制差不多，只是容量不一样，因此它们的字形也相差无几。为了加以区别，古人于是在"升"旁加上小点；那些小点或指容器中散落的东西，或表示它能够容纳要称量的东西的意思。古时本来假借"升"字为"升高"之"升"，为了区别二字，后来又增加"日"符造成后起形声字"昇"来加以区别（日出东升）。至于"升"的另一个后起形声字作"陞"，它多了"阜""土"两个义符，音"升"，《康熙字典》解释道："《玉篇》：'上也，进也。'《广韵》：'登也，跻也。'"它本指升上台阶这个动作，后来也引申指官位有所晋升。

"登"这个字，《说文解字》解释道："车也。从癶、豆。象登车形。"它是从"癶""豆"的会意字，本义指"登上车厢"，所以才从"癶"这个义符——"癶"全字描写的就是左右两只脚。字里的另一个义符"豆"并非容器之豆，而是用来垫脚、方便上车的小凳，因为这类小凳侧面很像"豆"字，所以"登"字才写成"豆"。古时候的马车很高，又没附加车梯；拥有车子的又多是富贵人家。富贵人家出门盛装打扮，穿着正式服装爬上

⊙本字组与相关诸字的历史面貌和它们的造字本义

	甲骨文	金文	战国文字	小篆
升				
斗				
升				
登				
冠				

爬下既不方便，又很难看。所以上下马车一定要配合用上这种小凳才方便。

“冠”这个字，《说文解字》解释道：“豢也。所以豢发，弁冕之总名也。从冂从元，元亦声。”它是个从“冂”“元”“寸”的会意字，本义指的就是以手将帽戴于头上。“冠”字由三个部件组成：“冖”是象形字，全字勾勤出帽子的线条；“元”则是人头，“寸”和“又”在造字时因义近可以互用。“冠”全字动态地展示手拿帽子戴在头上的连续动作，后来名词化可泛指所有帽冕。“冠”在古时是只有成年才能戴的头饰，未成年都只能绑上发髻，所以成年礼又叫“冠礼”，甫成年称“弱冠”。作为身份地位的象征，不同的官职能戴的官帽也不同。中国历代官帽中以两宋的官帽最为夸张，两宋官帽的两翅和帽体本身极不符合比例。据说这是因为宋朝开国君王赵匡胤某日朝上与众臣议事，却看到大臣们在交头接耳讲悄悄话，一则

●“登”的义符“豆”，表示垫脚的小凳子。

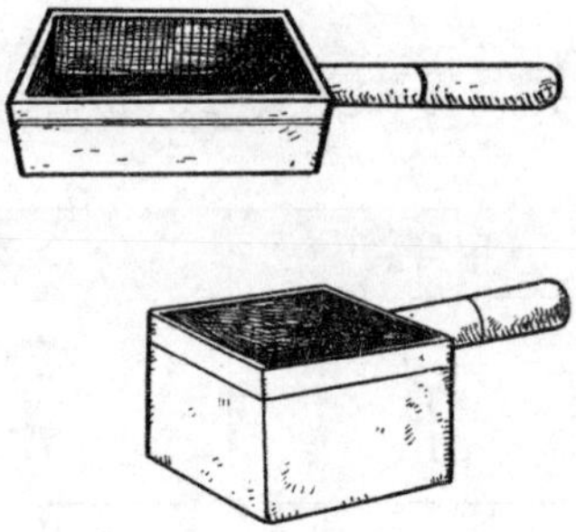

●“升”和“斗”两字都是古代的有柄容器。

感到不悦，二则赵匡胤也怕他们结党营私，于是发明了这种展角造型的官帽，使得身着正式服装的官员们无法咬耳朵！

⊙以本字组取名命字的名人

“升”（昇、陞）：桥梁专家茅以升。

“登”：汉末江淮儒将陈登。

“冠”：画家吴冠中、中国古典文学专家余冠英。

⊙以本字组取名命字的用意

“升”字本为量具，后来假借指“上升”“晋级”的意思，与“昇”“陞”等意义相同。要往上升便要登上某物，所以这三个字也有“登上”这层意思。职位提升了表示在某种程度上是受到别人的提拔和赏识，所以“升”也可指“荐升”。祭品登上祭坛，进献给神明，或贡品登上大殿，进献给统治者，也能用“升”这个字。以“升”“昇”“陞”字取名命字，一个原因在于期许被命名者的待遇、修为或职位能步步高升；另一个原因是期待被命名者能遇到贵人或是明主赏识，适当地得到推荐，能一展所长。

●“冠”字表现出戴帽子的动作。

●宋朝官帽最特殊的地方在左右有长长的帽翅。

“登”字原作动词用，表示上车，后来可泛指“上升”。“登”字同时也具有进献或荐升的意思。以“登”字取名命字，与取“升”“昇”“陞”等字相当。

“冠”字本作动词用，表示将帽冠戴到头上。后来转为名词，可指一切帽冠。古时只有成年男子可以戴冠，所以“冠”是成年人的象征。作为官职的区别，不同身份也要戴不同形制的帽冠，因此“冠”也是一种社会地位的标志。由于“冠”在人的头首，高出人的其他身体部位甚多，所以“冠”字也可用作形容词，表示“第一”“超绝”的意思。以“冠”字取名命字，一个是希望被命名者将来能得到较高的社会地位；另一个是希望被命名者的任何表现都能十分出众、超出他人甚多。

◎与本字组有关的好话

以下收录与本字组有关的好话，除了方便自我介绍和介绍亲友外，读完也能增长词语知识和相关的应用能力。

升（昇、陞）行远升高

典故出自《尚书·太甲》：“若升高，必自下；若陟遐，必自迩”

和《礼记·中庸》："君子之道，辟（譬）如行远必自迩，辟如登高必自卑。"本句用来比喻为学由浅入深，慢慢提高。

日升月恒

旭日东升，月亮转盈；比喻事物的发展愈来愈好。典故出自《诗经·小雅·天保》："如月之恒，如日之升。"

入室升堂

孔子学生中修为境界很高而能进入孔门正室的人；后来引申为形容人的学识技艺具很高的水平。《孔子家语·弟子行》："卫将军文子问于子贡曰：'吾闻孔子之施教也，先之以《诗》《书》，而道之以孝悌，说之以仁义，观之以礼乐，然后成之以文德。盖入室升堂者七十有余人，其孰为贤？'"

登 五子登科

源自宋代窦禹钧五个儿子仪、俨、侃、称、僖相继及第的故事，事见《宋史·窦仪传》。后来常用以作为结婚的祝福词或吉祥语。

入阁登坛

进入内阁、登坛拜将；形容荣任高官显爵。《儿女英雄传·第二十四回》："列公，你只看他这点遭际，我觉得比入阁登坛金闺紫诰还胜几分。"也可作"命相拜将"。

冠 冠山戴粒

东海之鳌神力几可冠山，而群蚁之力只能戴粒；本句比喻大小各得其宜。典故出自《艺文类聚·卷九七》引《符子》："东海有鳌焉，冠蓬莱而游于沧海，腾跃而上则干云，没而下潜于重泉。有红蚁者闻而悦，与群蚁相要乎海畔，欲观鳌之行，月余未出群作也。数日风止，海中隐沦如岊，其高概天，或游而西。群蚁曰：'彼之冠山，何异乎我之戴粒也。'"

峨冠博带

高冠和阔衣带，为古代儒生或士大夫的装束；后来引申可指正式的服装。《三国演义·第三十七回》：“门外有一先生，峨冠博带，道貌非常，特来相探。”

冠冕堂皇

像戴有冠冕那般的峨高庄严；后来可用以形容庄正严肃的样子。太平天国朱翔庭《建天京于金陵论》：“较之妖穴罪隶，其冠冕堂皇之盛，不更判以天渊乎？”

治

附："君""邦""国"

⊙本字组与相关诸字的历史面貌和它们的造字本义

"治"这个字，《说文解字》解释道："水。出东莱曲城阳丘山，南入海。从水台声。"它本是某条出自东莱的河流专名，从"水""台"声。后来假借为治水、治理之"治"。"治"的声符"台"本身也是形声字，从"口""目"(以)声，本义为"喜悦"，即"怡"字初文；因为喜悦，所以笑到合不拢嘴，字才从"口"这个义符。至于"台"的声符"目"，本身则是个指事字，全字像是人的手上执有一个用来解决工作的工具，它的本义指的就是"用""应用"。

"君"这个字指的是手持杖以口发号施令之人，即领袖(详参本书人德字组之三"群"字)。而"邦"这个字，《说文解字》解释道："国也。从邑丰声。"它是个从"邑"从"封"省的会意兼声字，本义指一个政治实体权力可及的土地范围——邦国。因为字有领土之义，所以从"邑"这个义符，《说文解字》："邑，国也。""邑"从"囗"从"卩"会意，"囗"为象形字，全字描绘被圈起来的疆界，它也就是表示人所居处的区域——"囗"即"围"的初文。"卩"也是象形，全字描绘一人跪坐(详参本书天文地理字组之六"玲"字)。"邑"从"囗""卩"，表示在这个范围里住满了跪着

⊙本字组与相关诸字的历史面貌和它们的造字本义

	甲骨文	金文	战国文字	小篆
治				
吕（以）				
邦				
邑		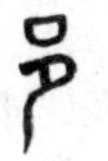		
封				
国	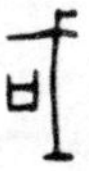			

被统治的人，这个范围就是由统治者所管理的“都邑”。

而“邦”的另一个义符兼声符“封”，本身也是个会意字，甲骨文“封”字的下部是一个土堆，土堆上栽种了一株树苗；金文、小篆增加了“手”部件，全字表示伸手向土中栽种树苗的样子，引申有树标分界的意思。所以《说文解字》才会说：“爵诸侯之土也。从之从土从寸，守其制度也。”一邦为人所治、人所居的特定行政区域，所以“邦”字才会从“邑”“封”省。

“国”这个字，繁体字写作“國”。《说文解字》解释道：“邦也。从口从或。”“国”字与“邦”字义同，所以一样从“口”这个义符；至于

●“台”的声符“㠯”形象像是人手执工具。

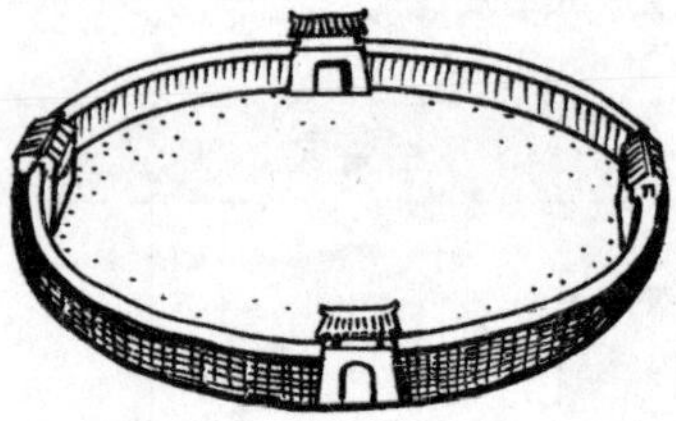

●“囗”为象形字，表示被圈起来的疆界。

“或”，从“戈”“口”声，“戈”表示以干戈守卫，金文的写法里还多加了两横，表示守卫地区的疆界范围。后来“口”声符或讹变为“囗”，不论从“戈”“口”声或从“戈”“囗”会意，这样的一个字形结构已经能充分表示“邦国”这个观念，所以“国”和“域”字是累加“囗”和“土”义符的后起形声字。

⊙以本字组取名命字的名人

“治”：清朝名医郭治、国民党高级将领张治中。

（“君”：汉朝文人司马相如之妻卓文君、哲学家唐君毅。）

（“邦”：汉朝开国皇帝刘邦、宋朝词人周邦彦。）

（“国”：汉朝抗击匈奴大将赵充国、汉朝经学家孔安国、清末民初大儒王国维，清末中兴名臣曾国藩、曾国荃兄弟。）

⊙以本字组取名命字的用意

“治”字一作专名词，指山东大沽河流域，或是直隶永定河；一作动词，表示“治水”。后来“治水”的动词义项引申出“整治”“治理”等意思。既然得到治理，便会呈现出有秩序的状态，所以“治”能和“乱”对

●“封”字的引申义有以树标分界的意思。

●“或”的字形表示以干戈守卫。

举，前者则可以指国家太平，后者可指国家动乱。身体功能出现混乱，便会生病，使这个混乱恢复正常，就叫“诊治”；将所学的知识加以整理，使其有序，便叫“治学”。以“治”字取名命字，主要是希望被命名者具有自治、治人的能力，进而能够在政治（众人事务）方面有一番建树，为国家带来太平治世。

“君”字本指古代拥有土地和政权的统治者，后来泛指某件事物的主宰者。作为动词用则有“统治”的意思。由于“君”是上位者，所以后来“君”字也发展成敬称：子孙称父祖、妻妾称夫、外人称母或妻，都可以用“君”字。以“君”字取名命字，一个是希望被命名者将来能取得比较高的社会地位；另一个是取“君”字的美称和敬称意涵，此与取“子”字为名的一部分用意相当。“邦”字本作名词用，指属辖于某个统治权的“城邑”，后来泛指“国家”。作动词用则指“裂土封侯”。“国”字也指“城邑”“国家”，引申而有“国事”“政治”的意思；如果当动词用，则表示“治理国事”。以“邦”或“国”字取名命字，主要用意在于希望被命名者能具有政治方面的能力，能为邦国出一份力，成为国之栋梁。

◎与本字组有关的好话

以下收录与本字组有关的好话，除了方便自我介绍和介绍亲友外，读完也能增长词语知识和相关的应用能力。

治 无为之治

从道家顺应自然的观念发展出来，不求有所作为的治理方法。

励精图治

振奋精神，力使国家得到良好治理。《宋史·神宗纪赞》："励精图治，将大有为。"

治国安邦

善治国家，安定家邦。太平天国洪仁玕《英杰归真》："间有古之长仆，亦有治国安邦之功，救世保民之力，其形象概亦毁之，其意何也？"

君 博物君子

博学多识的有德之人。《左传·昭公元年》："晋侯闻子产之言，曰：'博物君子也'。"

正人君子

品行端正的有德之人。《新唐书·张宿传》："宿怨执政不与己，乃日肆谗惎，与皇甫镈相附离，多中伤正人君子。"

邦 本固邦宁

人民是国家之本，人民安居乐业，国家就能太平。《尚书·五子之歌》："民惟邦本，本固邦宁。"

一言兴邦

讲一句话就可以兴国。《论语·子路》："一言而可以兴邦，有诸？"

经邦论道

治理国家，谈论治国之道；比喻居于高位者所从事的政治工作。

《隋书·李穆传》："臣日薄桑榆，位高轩冕，经邦论道，自顾缺然。"

国 天府之国

像天堂一样土地肥沃、物产丰富的地方。典故出自《战国策·秦策一》："苏秦始将连横，说秦惠王曰：'大王之国……田肥美，民殷富，战车万乘，奋击百万，沃野千里，蓄积饶多，地势形便，此所谓天府，天下之雄国也。'"

倾国倾城

女子美丽到可以使国家颠覆的程度。典故出自《汉书·外戚传上·李夫人》："延年侍上起舞，歌曰：'北方有佳人，绝世而独立，一顾倾人城，再顾倾人国。宁不知倾城与倾国，佳人难再得！'"也可作"倾城倾国"。

以身许国

将生命贡献给国家；殉国。《晋书·周札传》："既悟其奸萌，札与臣等便以身许国，死而后已。"

庆、乐、欣、怡

⊙本字组与相关诸字的历史面貌和它们的造字本义

“庆”这个字，繁体字写作“慶”。《说文解字》解释道：“行贺人也。”它是从“鹿”从“心”的会意字，本义指“为人庆贺”。要为别人的喜事庆祝，必当献上贵重的猎物大鹿以表示心意，所以此字从“鹿”从“心”。“鹿”和“心”都是象形（说详本书动植物字组之一“麟”字和人德字组之一“德”字）。

“乐”这个字，繁体字写作“樂”。《说文解字》解释道：“五声八音总。象鼓鞞。木，虡也。”是个象形字，全字描绘鼓架、鼓棒等全套的乐器设备，因为乐器的演奏多出现在欢乐的场合，所以“乐”字因而引申出“快乐”的意思。

“欣”这个字，《说文解字》解释道：“笑喜也。从欠斤声。”这个字是形声字，从“欠”“斤”声，本义为“因开心而大笑”，因此从义符“欠”。“欠”，《说文解字》解释道：“张口气悟也。”它是象形字，全字描绘一个人张口呵气出声的样子。呵呵大笑，笑到嘴巴都合不拢，那不是“欣”是什么？至于“欣”的声符“斤”则是表示斧斤之形的象形字（详参本书人德字组之二“哲”字）。

“怡”这个字，《说文解字》解释道：“和也。从心台声。”它是个从

⊙本字组与相关诸字的历史面貌和它们的造字本义

	甲骨文	金文	战国文字	小篆
庆				
乐				
欣				
欠				
怡				
台				

“心”“台”声的形声字，本义指“心中和乐”，所以从“心”这个义符。声符“台”本身是从“口”“㠯”声的形声字，本义为“喜悦”，它也就是“怡”字的初文（详参本书动词字组十三“治”字）；从这里来看，说“怡”字从“心”从“台”，“台”亦声也是可以的。

⊙以本字组取名命字的名人

“庆”：台湾著名企业家王永庆。

“乐”：漫画家张乐平，翻译家董乐山、欧洲问题专家陈乐民。

“欣”：香港企业家林百欣、科幻作家刘慈欣。

●“庆”字从“鹿”和“心”，表示献上大鹿以明心意。

●“乐”的字形描绘出全套的鼓乐器。

●“欠”属象形字，描绘出一个人张口呵气的样子。

“怡”：电影演员章子怡、乒乓球运动员张怡宁。

⊙以本字组取名命字的用意

“庆”字本作动词用，表示“送礼祝贺”。祝贺别人以送礼表示心意，所以“庆”字引申而有“赏赐”的意思。能得到别人的祝福和馈赠是很美好的一件事，所以“庆”字又多了“美善”“福”的意涵。以“庆”字取名命字，一个原因是希望被命名者能够不断地得到别人的祝福；另一个原因是希望被命名者能交到好运或得到许多天佑福报。

“乐”字的本义指的就是“乐器”，引申可指乐器所演奏出来的音乐。音乐悠扬，听的人心情自然快乐，甚至还会跟着和歌，所以“乐”又发展出形容词义的“快乐”和因喜欢而十分投入的动词义“喜好”。以“乐”字取名命字，一个原因是期许被命名者能有音乐方面的造诣；但更大的原因是希望被命名者能一直保有快乐的心情或一直遇到快乐的事情。

“欣”的本义便是“开怀大笑”。遇到值得开心的事才会大笑。什么时候会这么开心呢？看到自己欣赏的人或事物是很开心的，所以“欣”字又引申出“欣赏”“欣慕”的意思。以“欣”字取名命字，一个原因是希望被命名者能一直快快乐乐、笑口常开；另一个原因便是期待被命名者能成为别人所欣赏、人见人爱的人。

“怡”字本义指的是“心情和乐”。能够让自己或让别人心情和乐，那么这个人也便是会带来欢乐的人，所以“怡”又有“使人快乐”的意思。以“怡”字取名命字，一个原因是希望被命名者能长保心情舒服愉快；另一个原因是希望被命名者能给大家带来快乐，很得人疼、让人看了就喜欢。

◎与本字组有关的好话

以下收录与本字组有关的好话，除了方便自我介绍和介绍亲友外，读完也能增长词语知识和相关的应用能力。

庆 积善余庆

积德行善的人家，恩泽能及于子孙。典故出自《易经·坤卦》：“积善之家，必有余庆；积不善之家，必有余殃。”

普天同庆

普天之下的人一起庆祝。《晋书·礼志下》：“今皇太子国之储副，既已崇建，普天同庆，诸应上礼奉贺。”

景星庆云

古人以为景星和庆云是祥瑞；后来泛指吉祥的事物或征兆。〔明〕方孝孺《御书赞》：“惟天不言，以象示人，锡羡垂光，景星庆云。”

乐 安土乐业

安处本地，开心地从事自己的职业。〔汉〕扬雄《连珠》：“吏不苛暴，役赋不重，财力不伤，安土乐业，民之乐也。”也可作“安居乐业”。

乐山爱水

爱好山水的风光。〔北魏〕杨衒之《洛阳伽蓝记·景宁寺》：“元慎清尚卓逸，少有高操，任心自放，不为时羁，乐山爱水，好游林泽。”

乐而忘返

快乐得忘了回家；主要用来形容留恋不愿离去的心情。《晋书·苻坚载记上》：“坚尝如邺，狩于西山，旬余，乐而忘返。”

欣 欣欣向荣

草木生长得十分茂盛。〔晋〕陶潜《归去来辞》：“木欣欣以向荣，泉涓涓而始流。”

欢欣鼓舞

高兴得快要跳了起来。〔宋〕苏轼《上知府王龙图书》：“自公始至，释其重荷……是故莫不欢欣鼓舞之至。”

欣欣自得

开心、自得其乐。《醒世恒言·蔡瑞虹忍辱报仇》：“朱源在灯下细观其貌，比前更加美丽，欣欣自得。”

怡 旷心怡神

心胸开阔，精神愉悦。〔明〕沈榜《宛署杂记·古墨斋》：“得其片言只字，自令旷心怡神，非必商彝周鼎之为宝也。”

怡性养神

使性情安适而精神怡悦。〔明〕李贽《读书乐》：“束书不观，吾何以欢？怡性养神，正在此间。”

怡颜悦色

开心愉快的脸色。《西游记·第十六回》：“行者道：‘……看师父的，要怡颜悦色；养白马的，要水草调匀；假有一毫儿差了，照依这个样棍，与你们看看！’”也可作“和颜悦色”。

第七篇

形　容

安

附："家""廷"（庭）"宇""晏"

⊙本字组与相关诸字的历史面貌和它们的造字本义

"安"这个字，是个从"女"从"宀"的会意字。本义指家中有女安顿整理，便会让人安心。因为家中有女，所以从"宀"和"女"这两个义符。"安"字表示女子能安然坐于屋中，后来引申有"安静""安全""安逸"的意思，《说文解字》才会说："安，静也。从女在宀下。"有女子持家，家中的一切也能"安顿妥当"了。

"家"这个字，《说文解字》解释道："居也。从宀，豭省声。"它是个从"宀""豭"省声的会意兼声字，指的就是人住的地方，所以从"宀"这个义符。古人为了避免水患或野兽的袭击，在很长的时间里都会将所居盖成高脚屋，为充分利用空间，高脚屋之下常豢养豕、鸭、犬一类的家畜，所以"家"字从"豕"或"豭"。"豭"，《说文解字》解释道："豭，牡豕也，从豕叚声。"，它个从"豕""叚"声的形声字，指公猪；"豕"，《说文解字》解释道："彘也。竭其尾，故谓之豕。象毛足而后有尾"，它则是象形字，全字描绘出一只短尾猪的样子，为了节省书写空间，全字将猪形竖着写就是了。

"廷"这个字从"壬"从"廴"会意。"壬"是"挺"的初文，表示一

⊙本字组与相关诸字的历史面貌和它们的造字本义

个人在地上站得直挺挺的样子（详参本书人德字组之二“圣”字）；“廴”则是庭隅、阶前空地（详参本书动作字组之三“建”字）。“廷”也就是“庭”之初文。由于“廷”是家中较为宽广明亮的地方，家族常用来议事，后来“廷”字也就引申可指大殿之上用来议事的处所——“朝廷”。

“宇”这个字，《说文解字》解释道：“屋边也。从宀于声。《易》曰：‘上栋下宇。’”因为它的本义指“屋檐”，所以从“宀”这个义符。而“于”作为声符，本身是象形字，为“竽”字初文（详参本书人德字组之五

●“安”字本义指家中有女照料，使人安心。

●早期的古人为了避水患，所以都住高脚屋。

●“豕”就是猪的象形。

“智”字）。“宇”字的字义后来从屋内空间引申为上下四方空间的总称。

“晏”这个字，《说文解字》解释道：“天清也。”它是个从“日”从“安”的会意字，但更早之前写作从“日”从“女”。男子出外狩猎或工作，女子则居家打理家事。夜晚来到，家里虽有灯，但家外一片漆黑，让人害怕。直到太阳升起，家外的视野清楚了，守在家中的女子才会心安。

“晏”字从“日”从“安”，本义指的就是“天亮而心安”，之后再从此引申出“平安”“安乐”的意思。

⊙以本字组取名命字的名人

“安”：晋朝名相谢安、宋朝名相王安石。

（“家”：教育家罗家伦、诗人臧克家、科学家朱家骅。）

［“廷”（庭）：明朝思想家王廷相、明末抗清功臣熊廷弼、清朝抗英名将邓廷桢。］

（“宇”：导演吴宇森。）

（“晏”：作家许晏骈。）

⊙以本字组取名命字的用意

“安”字本指女子在家安排一切，使得家里头很安定的意思，引申而有“安全”“平安”的意思。因为安定，所以平静，所以“安”字又能表示“安静”“稳定”。如果身体的各项机能都很稳定，那就表示身体很“安好”。如果作为使动词用，则指“安置”“安排”。以“安”字取名命字，一个原因是希望被命名者一生能平平安安，无灾无难；一个原因是祈求被命名者能身体安康，长命百岁；另一个原因可能寄望被命名者的出生能带来喜气，抚平家族或国家的不安。

“晏”字本指女子得要日光的照明，才得以看清阴暗之处，便心安、安逸。由于“晏”字从“日”，亦隐含了“天清晴朗”的意思；由女子心安也引申出“温和”的意思。以“晏”字取名命字，一个原因与以“安”字取名相同；一个是希望被命者能具有阳光那样大方的气质；另一个是希望被命名者个性平静温和。

“家”字本指人类之住所。动词化可指“成家”或是“定居”。“家”字也和“野”字对举，前者表示经由人类驯化培育的，后者表示野生的。家在古时除了表示少数人的家居，也可表示一个大家族或是一个大家族的封城。一个学术的流派的各代传人和门人的组成，有如一个大家族，所以也可称之为“家”。以“家”字取名命字，一个是希望被命名者的出生能给家族带来好运；一个是希望被命名者个性温和、适应力强又顾家；另一个则是希望被命名者将来在政治或学术上有良好的表现，自成一家。

“廷”字原指阶前泥土空地，即“庭”之初文；后来专指君王理事的大殿阶前朝廷，因而“廷”字也隐含了“官署”的色彩。在廷中议事一定要正直公平，所以“廷”字又因此多出一层“公正”的意思。以“廷”字取名命字，一个原因是希望被命名者将来能上朝议事，列位公卿；另一个原因则是希望被命名者将来能处事公正，做个正直之人。

“宇”字原指屋檐，也可代指“房屋”。后来“宇”字的字义更加放大到可以指上下四方整个空间，所以某个像领土、国家等大空间也可以“宇”称之。又“宇”字本来指的是具体的空间，后来如抽象的人的气度和格局，也可以用“宇”字来表示。以“宇”字取名命字，一个就是希望被命名者能志在四方；另一个就是期许被命名者具有恢宏的气宇和不凡的格局。

◎与本字组有关的好话

以下收录与本字组有关的好话，除了方便自我介绍和介绍亲友外，读完也能增长词语知识和相关的应用能力。

安 久安长治

永远安定，长久太平。〔汉〕贾谊《治安策》：“建久安之势，成长治之业。”

安邦定国

安定国家、使国家稳定。《三国演义·第三十七回》：“方今天下大乱，四方云扰，欲见孔明，求安邦定国之策耳。”

守分安常

谨守本分，安于常态。〔明〕刘基《沁园春》词：“富贵浮云，穷通命定，守分安常百虑轻。”

晏 言笑晏晏

说说笑笑，温和柔顺。《诗经·卫风·氓》：“总角之宴，言笑晏晏。”

处之晏然

用平静的态度面对。〔宋〕秦观《圆通禅师行状》：“事虽交至错出，处之晏然。”〔宋〕李焘《续资治通鉴长编·宋太祖开宝六年》：“枢密副使沈义伦居第卑陋，处之晏然。”也可作“处之泰然”。

中流静晏

国家政治清平安定。〔南朝·陈〕徐陵《文帝登祚尊太后诏》："中流静晏，皇嗣归来。"

家 大方之家

指见多识广、通达大道的人。《庄子·秋水》："今我睹子之难穷也，吾非至于子之门则殆矣，吾长见笑于大方之家。"

四海一家

四海之内就像一家人那般；常用来形容天下统一。《荀子·议兵》："四海之内若一家，通达之属莫不从服。"

小家碧玉

碧玉原为人名；后可指像碧玉那样出身小户人家的美女。典故出自《乐府诗集·清商曲辞·碧玉歌二》："碧玉小家女，不敢攀贵德。"

廷 （庭）分庭抗礼

互为平等的礼节相待。古代宾主相见时，主人站在庭院的东边，客人站在西边，相对行礼，以示平等和互相尊重。

日角珠庭

形容人额角宽阔、天庭饱满，这是不凡的相貌。〔北周〕庾信《周大将军赵公墓志铭》："是以维岳降神，自天生德，凝脂点漆，日角珠庭，为子则名高五都，为臣则光照千里。"

谢庭兰玉

本指晋朝谢太傅的优秀子侄辈；后引申可指光耀门庭的后生晚辈。《艺文类聚·卷八一》引〔晋〕裴启《语林》："谢太傅问诸子侄曰：'子弟何预人事，而政欲使其佳？'诸人莫有言者，车骑答曰：'譬如芝兰玉树，欲使生于阶庭耳。'"

宇 声振寰宇

名声之大能振动全世界。《梁书·本纪总论》："〔高祖〕开荡荡之王道，革靡靡之商俗，大修文教，盛饰礼容，鼓扇玄风，阐扬儒业，介胄仁义，折冲樽俎，声振寰宇，泽流遐裔，干戈载戢，凡数十年。”

气吞宇宙

豪气之大、格局之广，好像可将宇宙吞入。《旧五代史·李袭吉传》：“李太原喘喘余息，犹气吞宇宙，可诟骂之。”

器宇轩昂

气概和风度皆高昂不凡。《三国演义·第四十三回》：“张昭等见孔明丰神飘洒，器宇轩昂，料道此人必来游说。”

长、远、永、毅

⊙本字组与相关诸字的历史面貌和它们的造字本义

“长”这个字，繁体字写作“長”。《说文解字》解释道：“久远也。”它是个象形字，全字描绘人长发飘逸的样子，本义就是“头发长”，后来再从这层意思引申出形容词性的长短之“长”、名词性的长度之“长”。

“远”这个字，繁体字写作“遠”。《说文解字》解释道：“辽也。从辵袁声。”它是个从“辵”“袁”声的形声字，本义指距离很远；因为距离远，这表示要走很久，所以从“辵”这个义符。而声符“袁”本身是个指事字，从“衣”再在上头加个“○”符号，标示出长版上衣圆领的地方。《说文解字》：“袁，长衣貌”，后来“袁”字也能指这种圆领的长衣。

“永”这个字，《说文解字》解释道：“长也。象水巠理之长。”这个字是个象形字，全字描绘流水长远的样子，本义也就是形容源远流长的“永远”。不过另外有一种说法说它是从“人”从“水”的会意字，全字像是人在水中游，是“泳”字的初文。

“毅”这个字从“殳”从“豙”会意，本义为“击杀发怒的野兽”，所以从“殳”和“豙”这两个义符。“殳”为重头细身的兵器，这里泛指用来猎兽的武器。“豙”，《说文解字》解释道：“豕怒毛竖。”遇到猎人，野猪起了戒心，全身硬毛都竖了起来。“毅”全字就是一幅手执武器猎杀发怒毛

⊙本字组与相关诸字的历史面貌和它们的造字本义

	甲骨文	金文	战国文字	小篆
长	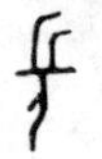			
远				
袁				
永				
毅				
豕				

竖野猪的画面。由于猎杀野生动物，身犯险难，必须要有毅力和决心才能办到，所以“毅”字后来又引申出“毅力”“决心”这一层意思。

⊙以本字组取名命字的名人

“长”：唐朝诗人刘长卿、科学家钱伟长。

“远”：元初杂剧家马致远、五代后汉开国皇帝刘知远。

“永”：宋朝词家柳永、清末抗法黑旗军领袖刘永福。

“毅”：足球运动员范志毅、电影演员张丰毅。

1.

2.

3.

4.

1. “长”是象形字，描绘出长发飘逸的样子。
2. “袁”为指事字，指圆领的上衣。
3. “永”字描绘出流水长远的样子。
4. 有文字学专家认为“永”字为“泳”的初期写法。

⊙以本字组取名命字的用意

“长”字本为形容词，表示头发长，后来引申出表示空间或时间的“长久”“长远”。在时间上能保持长久，那便是“长寿”；在状态上保持长久，那便叫“长保”。如果年纪较长，那可能在群体中的排行是较前面的，“长”字也因此又引申出“首位”“首领”的意思。如果作使动词用，则表增加长度的“增长”。如果使生理条件有所增长，那便是“生长”“助长”。能良好地生长，生命力肯定也很“旺盛”。以“长”字取名命字，一个原因是希望被命名者的良好状态（如健康、机智、寿命等）可以长久保持；一个原因是希望被命名者将来的表现可以名列前茅；另一个原因是希望被命名者的智慧等能力能与日俱长。

“远”字原指空间距离遥远，后来也可用来指时间之久远。既然远，那肯定看不清，所以“远”字又有“深奥”的意思。如果是指血缘或交情上的关系太远，即指“疏远”“不亲近”的意思。以“远”字取名命字，最主要的原因在于希望被命名者可以立定高远的志向，建立一番功业，使得名声传之久远。

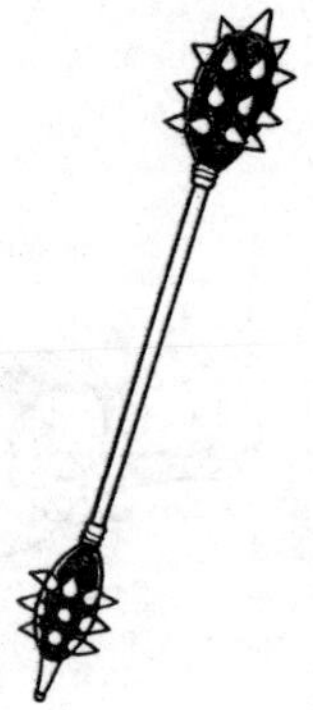

●“殳”是一种头重身细的兵器。

●“毅”字描摹出猎人手执武器，猎杀野猪的画面。

“永”字或指水之主流，或为“泳”之初文。后来用作“永久”之“永”，有“长久”及“固定不变”的意思。以“永”字取名命字，用意与以“长”“远”二字相当。

“毅”字本指握持武器毅然下定决心刺杀野猪，引申可表示“毅然而然下定决心”的意思。毅然而然下定决心后必将坚持完成，所以这个决心就和“立志”一般，坚持下去也是很有恒心的了。以“毅”字取名命字，主要就是希望被命名者立志之后能有恒心地持续下去，成就一番非凡事业。

◎与本字组有关的好话

以下收录与本字组有关的好话，除了方便自我介绍和介绍亲友外，读完也能增长词语知识和相关的应用能力。

长 天长地久

像天地的寿命一样长久；后来用以形容时间悠久。《老子》：“天长地久，天地所以能长且久者，以其不自生，故能长生。”

意味深长

意思虽然表现得很含蓄，但内容却深刻而耐人寻味。《二程遗书·卷十九》："先生云某自十七八读《论语》，当时已晓文义，读之愈久，但觉意味深长。"

一字长城

讲出一句话如果真的奏效，影响可比得上长城。〔明〕汤显祖《牡丹亭·折寇》："仗恩台一字长城，借寒儒八面威风。"

远 柔远能迩

怀柔远方，恩抚近地；本句说的是安抚、笼络远近之人，使其归附。《尚书·舜典》："柔远能迩，惇德允元。"

无远弗届

不管多远，没有达到不了的。《尚书·大禹谟》："惟德动天，无远弗届。"

任重道远

负担沉重，路途遥远；用以指称读书人对社会的责任。《论语·泰伯》："曾子曰：'士不可以不弘毅，任重而道远。'"

永 慎身修永

为了长久之计而真诚修身。典故出自《尚书·皋陶谟》："慎厥身修思永。"

一劳永逸

辛苦一次，就可永保安逸。典故出自〔汉〕扬雄《谏勿许单于朝疏》："以为不壹劳者不久佚，不暂费者不永宁，是以忍百万之师，以摧饿虎之喙……而不悔也。"也可作"一劳久逸"。

永垂不朽

指所作所为长久流传，永不磨灭。《魏书·高祖孝文帝纪下》："虽不足纲范万度，永垂不朽，且可释滞目前，厘整时务。"

毅 刚毅木讷

坚毅质朴，内向而不善表达。《论语·子路》："刚毅木讷，近仁。"

强毅与人

待人接物表现出刚强坚定的态度。《礼记·儒行》:“上不臣天子,下不事诸侯,慎静而尚宽,强毅以与人。”

抗节洪毅

意志刚毅远大,经得起挑战。〔汉〕应劭《风俗通·过誉·度辽将军安定皇甫规》:“去病外戚末属,一介武夫,尚能抗节洪毅;而规世家纯儒,何独负哉?”

福、寿、吉、祥、康、泰

⊙本字组与相关诸字的历史面貌和它们的造字本义

“福”这个字，《说文解字》解释道：“佑也。从示畐声。”它是个从“示”“畐”声的形声字。因为本义指“神之福佑”，所以从“示”这个义符。声符“畐”本身是象形字，全字描绘一种大肚造型的瓦制容器。向神祇献祭，必须以“畐”装满祭品表示诚意，如此才能得到神灵的降福。从这里来看，说“福”字是从“示”从“畐”，“畐”亦声的会意兼声字也并无不可。

“寿”这个字，繁体字写作“壽”。《说文解字》解释道：“久也。从老省，𠷎声。”它是个从“老”“𠷎”声的形声字，今日写法又再累加声符“寸”。因为“寿”的本义指“(寿命)长久”，所以“寿”字从“老”这个义符。“𠷎”作为它的声符，本身也是个从“𠃬”“口”声的形声字。“𠃬”是个象形字，全字描绘田畴曲折的样子，它就是“畴”的初文。只是后来字音不明，才又累加“口”形来标音，成为“𠷎”这样的写法。“𠷎”在“寿”字里面既有注音，又兼有表意的作用：表示人的寿命如田畴那般连绵无尽头。

“吉”这个字本来指的是铸造出来的工艺优良器物。由于器物制造优良，既便利工作，也可长久使用，于是从此引申出吉利的意思（详参本书

⊙本字组与相关诸字的历史面貌和它们的造字本义

	甲骨文	金文	战国文字	小篆
福				
寿				
祥				
康				
庚				
泰				

人德字组之二“喆”字）。

“祥”这个字，《说文解字》解释道：“福也。从示羊声。一云善。”它是个从“示”“羊”声的形声字，本义指的是“神灵的降福”，所以从“示”这个义符。祭拜神祇，献以大羊，必得吉祥，从这个角度说“祥”字是从“示”从“羊”，“羊”亦声也是可以的。

“康”这个字，《说文解字》解释道：“穀皮也。从禾从米，庚声。”它是从“禾”“米”“庚”声的形声字，本义就是稻打下来的“糠”，所以从“禾”和“米”这两个义符——它也就是“糠”的初文。古文中的写法只有“米”一个义符。“庚”作为声符，本身是象形字，全字描绘类似钲铙而有

●“畐”为象形字，表示一种大肚造型的瓦器。

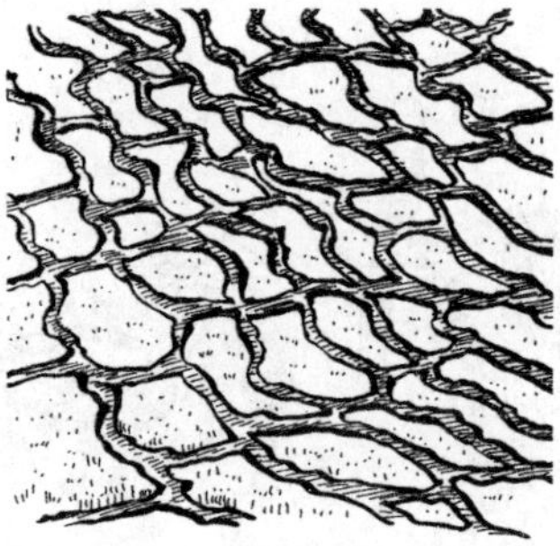

●“𠷎”字描绘出田畴曲折的样子。

耳可摇的乐器，它的形制很像今日的拨浪鼓。“康”字后来假借为“安康”之“康”，本义就隐没不显，才又造出后起形声字“糠”。

“泰”这个字，从二“又”拱着“大”渡过“水”。由于水急容易灭顶，如有人站在河的两岸帮助接济，便能平安渡过，“泰”本义指的就是“安泰”的意思。

⊙以本字组取名命字的名人

“福”：秦朝术士徐福、民初学问家丁福保。

“寿”：汉朝画家毛延寿、三国史学家陈寿、南宋孝子朱寿昌。

“吉”：唐初建国大将李元吉、抗日英雄吉鸿昌。

“祥”：曹魏孝子王祥、宋末殉国忠臣文天祥。

“康”：哲学家余敦康。

“泰”：汉末清流郭泰。

⊙以本字组取名命字的用意

“福”字本为向神明贡献后得到神明降下来的“福报”。“福”也可以是富贵寿考等好运的总名；作为动词用，则表示“保佑”“造福”。以“福”

1.  2.  3. 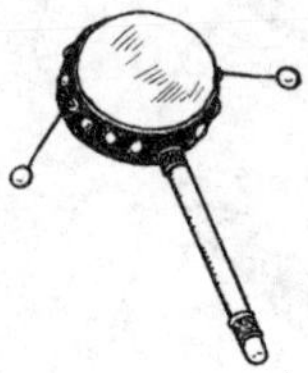 4. 

1. “祥” 字表示献羊祭神，必获神明保佑，事事吉祥。
2. “康” 为形声字，本义是稻打下来的糠。
3. “庚” 为象形字，是一种乐器，形状很像小朋友爱玩的拨浪鼓。
4. “泰” 字描绘出几个人互相帮忙、接济渡水的样子。

字取名命字，很明显地就是希望被命名者能五福俱全（长寿、富贵、康宁、好德、善终）。

“寿”字本义为“长寿”，也可指人的生命本身——“寿命”。作为动词用则有“祝寿”的意思。以“寿”字取名命字主要是希望被命名者能长命百岁。

“吉”字本为铸造优良的金属器物，因不易毁坏而能长久。从这层意义出发，引申有“吉利”的意思。“祥”原本指祭祀献羊，以祈求吉祥之事降临，广泛地也能指任何吉祥之事。不论以“吉”或是“祥”取名命字，都是希望被命名者能得到神灵的庇佑，一生吉利安详。

“康”原来是“糠”的初文，后来假借为“健康”之“康”。以“康”字取名命字，用意与“寿”字相当。“泰”字原指送人平安渡过河水，后来泛指“平安”这个概念。以“泰”字取名命字，与以“平”“安”等字取名用意相当。

◎与本字组有关的好话

以下收录与本字组有关的好话，除了方便自我介绍和介绍亲友外，

读完也能增长词语知识和相关的应用能力。

福 厚德载福

具有宽厚德行的人可以多受福气。《易经·坤卦》："地势坤，君子以厚德载物。"《国语·晋语六》："吾闻之，唯厚德者能受多福，无德而服者众，必自伤也。"

洞天福地

道教对神仙及道士所居的十大洞天、三十六小洞天、七十二福地的合称；后来用以泛指名山胜境。

福至心灵

福气来到则心思灵敏。〔宋〕毕仲询《幕府燕闲录》："吴参政少以学究登科，复中贤良，为翰林学士，常草制以示欧阳文忠，称之，因戏曰：'君福至心灵。'"

寿 极寿无疆

长寿没有边际。〔汉〕董仲舒《春秋繁露·三代改制质文》："声名魂魄施于虚，极寿无疆。"

颐性养寿

保养本性和元气。《文选·嵇康〈幽愤诗〉》："永啸长吟，颐性养寿。"李善注解："《尔雅》曰：颐，养也。"

福寿双全

幸福和年寿两样兼备。《红楼梦·第五十二回》："老祖宗只有伶俐聪明过我十倍的，怎么如今这么福寿双全的？"

吉 吉人天相

吉祥之人自会得到老天保佑。典故出自《左传·宣公三年》："石癸曰：'吾闻，姬、姞耦，其子孙必蕃。姞，吉人也。'"又《昭公四年》："晋楚唯天所相，不可与争。"

吉光片裘

本指神兽身上的一片皮；后来引申为残存的艺术品或好文章。〔明〕陈继儒《妮古录·卷一》：“余有宋仲温书子昂《兰亭跋》，诸体皆备，而仅九段，然亦吉光片裘也。”也可作“吉光片羽”。

吉祥如意

诸事吉利顺遂，心想事成。〔北朝·北齐〕张成《造像题字》：“为亡父母敬造观音像一区，合家大小八口人等供养，吉祥如意。”

祥 和气致祥

和平的气氛可以招致福祥。《汉书·刘向传》：“和气致祥，乖气致异。”

祥风时雨

原指风调雨顺；后多用来比喻上对下的恩德。《后汉书·鲁恭传》：“夫人道乂于下，则阴阳和于上，祥风时雨，覆被远方。”

龙凤呈祥

龙凤出现为吉祥预兆。《孔丛子·记问》：“天子布德，将致太平，则麟凤龟龙先为之呈祥。”

康 平康正直

平顺安康；或指中正和平。《尚书·洪范》：“平康正直，强弗友刚克，燮友柔克。”孔颖达解释道：“世平安用正直治之。”

福寿康宁

祝颂人幸福、长寿、健康、安宁诸福齐备。〔宋〕陈亮《喻夏卿墓志》：“福寿康宁，子孙彬彬然，皆有可观者，天于夏卿亦何所负哉！”

物阜民康

物产丰富，人民安康。〔明〕郎瑛《七修类稿·国事五·侑食乐章》：“大明御极，远绍虞唐，河清海晏，物阜民康。”

泰 否去泰来

厄运全过去，好运终会到来。〔前蜀〕韦庄《湘中作》诗：“否去泰来终可待，寒夜休唱《饭牛歌》。”也可作“否往泰来”。

保泰持盈

保有安定和兴盛的局面。《明史·孝宗纪赞》：“孝宗独能恭俭有制，勤政爱民，兢兢于保泰持盈之道，用使朝序清宁，民物康阜。”

时亨运泰

指命运亨通顺利。《警世通言·宋小官团圆破毡笠》：“也是宋金时亨运泰，恰好有一只大船，因逆浪冲坏了舵，停泊于岸下修舵。”

文（彣）、章（彰）、雅、翰

⊙本字组与相关诸字的历史面貌和它们的造字本义

“文”这个字，本为人体交纹的样子，即是文身之“纹”的初文（详参本书天文地理字组之三“雯”字）。加了表示文采“彡”的“彣”字为文章之专指。“彣”这个字，段玉裁注解《说文》时说：“凡言文章皆当作彣彰。作文章者，省也。”

“章”这个字是象形字，全字描绘玉璋之外框线条，它也就是“璋”的本字。《周礼·考工记》说明：“大璋，中璋九寸，边璋七寸，射四寸，天子以巡守。”玉璋还是天子巡狩四方时用来祭祀山川的祭品。大规模的山川用大璋，中等规模的山川用中璋，小规模的山川用边璋。如果祭拜的对象是山，祭完就将玉璋埋在地下；如果祭拜的对象是川，祭完就将璋投到河里。“章”后来借用为“音乐”的一个段落“乐章”之“章”字，所以《说文解字》才会说：“乐竟为一章。从音从十。十，数之终也。”也因为这一层缘故，金文以后“章”字上部的写法就与“音”字趋近了。

“雅”这个字，《说文解字》解释道：“楚乌也。一名鸒，一名卑居。秦谓之雅。从隹牙声。”它是个从“隹”“牙”声的形声字，指的是乌鸦，所以从“隹”这个义符。“牙”作为声符，本身是象形字，《说文解字》解释道：“牡齿也。象上下相错之形”，全字勾勒出大臼齿相交之形。

⊙本字组与相关诸字的历史面貌和它们的造字本义

	甲骨文	金文	战国文字	小篆
章				
音				
雅				
牙				
翰				

“翰”这个字，《说文解字》解释道：“天鸡赤羽也。从羽倝声。《逸周书》曰：‘大翰，若翚雉，一名鷐风。周成王时蜀人献之。’”它是个从“羽”“倝”声的形声字，指的是羽色呈现赤红色的雉鸡，所以从“羽”这个义符。它的声符“倝”本身也是形声字，《集韵》解释道：“日始出，光倝倝也”，从“昜”“㫃”省声。“倝”的义符“昜”指的是太阳初升，阳光普照大地的样子（详参本书天文地理字组之二“阳”字），声符“㫃”则是象形字，全字描绘飘扬的军队旌旗。这种军旗，上面有军队的代表符号，并装饰有布穗或布条，风一吹就会扬起，使得军容更加壮盛。由于“翰鸡”毛色艳丽，使得“翰”字后来可以用以形容充满文采的文章作品。

●玉璋是天子巡狩四方时祭奠山川的祭品。

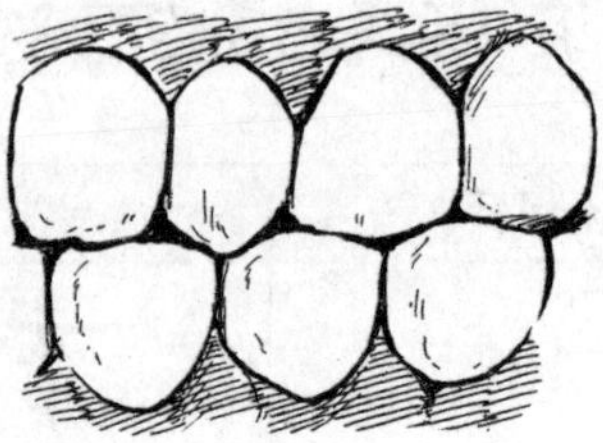

●“牙”为象形字，描绘出臼齿相交的形状。

⊙以本字组取名命字的名人

“文”：宋朝抗金大臣虞允文、清雍正朝大臣田文镜、清朝数学家梅文鼎。

“章”：唐朝诗人贺知章、清末中兴名臣李鸿章。

“雅”：《台湾通史》作者连雅堂、演员赵雅芝。

“翰”：唐朝豪迈派诗人王翰。

⊙以本字组取名命字的用意

“文”字本指文身，为“纹”之初文，后来泛指一切事物的“纹理”“花纹”或“装饰”。“彣”本为文章之专指，但在字用上很早以前便和“文”字相混，既能指文章或具有书写文章的有文采之人，也能泛指一切人类文明。文明的内容如文字、社会规范、礼乐仪制、法律条文等都能以“文”（彣）称之。“文”也与“武”对举，表示文治与武功或周文王与周武王这对圣君父子。白话文出现之后，“文”与“白”对举，前者表示文字使用较为精练的文言文，后者指的则是白话文。以“文”字取名命字，最主要的原因是希望被命名者能具有文明的素养和文采，成为一个有文化、斯

●“翰”的音符为“㫃”，描绘出飘扬的军旗。

文的人。

“章”本为“璋”之初文，后来假用为音乐完整一曲的单位词。纹路美好称“文”、书写美好称“彣”，节奏声调美好则称“章”。后来“文”（彣）、“章”合用，“章”字也就扩大指诗、文的段落。文字是符号的一种，“章”字既与“文”（彣）字混用，也就能表示“标记”“徽章”这类符号。“章”字和“彰”字又是古今字，二字都能表示因文章美好而特别显露、显赫的意思。以“章”字取名命字，一个原因与取“文”（彣）字用意相当；另一个原因是希望被命名者能因才华而文名得以彰显，进而家喻户晓、光宗耀祖。

“雅”字与“鸦”为异体字，属鸟名的一种，后来假借为“雅正”之雅，或通作“夏”，指古代中原地区，与“夷”“狄”“戎”等外族的观念词相对。“雅”字又与“俗”字对举，前者指“高雅”，后者指“低俗”“世俗”。“雅”字的“高雅”“高尚”义后来又扩大而具有“美好”的意思。以“雅”字取名命字，一个原因与取“正”字用意相当（详参本书形容字组之七“正”字）；另一个原因在希望被命名者能具有脱俗不凡的高贵气质，让与之相处的人感到美好。

“翰”字原指赤羽雉鸡。因为雉鸟具有长而硬、色彩斑斓的鸟羽，后来

"翰"也就能用以形容文采斑斓的文章或是写下这些文章的好文具（笔）。以"翰"字取名命字，原因与取"文"（彣）为名的用意相当。

◎与本字组有关的好话

以下收录与本字组有关的好话，除了方便自我介绍和介绍亲友外，读完也能增长词语知识和相关的应用能力。

文（彣）博文约礼

广求学问，以礼法自我约束。典故出自《论语·雍也》："子曰：'君子博学于文，约之以礼，亦可以弗畔矣夫！'"

入文出武

兼备文武的才人，入朝可以为文臣，出朝可以为将帅。〔唐〕张说《河西节度副大使都督安公碑》："摠军挟郡，入文出武。三十年间，式遏戎虏。"

字顺文从

行文用字自然妥帖，词可达意。〔清〕陈田《明诗纪事戊签·序》："其间独照之匠，若荆川、遵岩、震川，变秦汉为欧曾，易诘屈聱牙为字顺文从。"也可作"文从字顺"。

大块文章

大自然锦绣那般美好的景色。典故出自〔唐〕李白《春夜宴从弟桃李园序》："况阳春召我以烟景，大块假我以文章。"

文章宗匠

为人所推崇的文章巨匠。〔明〕胡应麟《诗薮·五代》："而独称王仁裕、和凝为文章宗匠，以饶著作故。"

章 含章挺生

内怀美质而自然挺秀于外。〔晋〕左思《蜀都赋》："王褒韡晔而秀发，扬雄含章而挺生。”也可作“含章天挺”。

雅 雍容闲雅

神态从容，举止文雅。《史记·司马相如列传》：“相如之临邛，从车骑，雍容闲雅，甚都。”也可作“雍容尔雅”或“雍容大雅”。

雅人韵士

高雅而有风致的文人。〔清〕李渔《闲情偶寄·词曲下·科诨》：“文字佳，情节佳，而科诨不佳，非特俗人怕看，即雅人韵士，亦有瞌睡之时。”

春容大雅

指文章高雅，展现出来的气度大方。〔清〕纪昀《阅微草堂笔记·槐西杂志四》：“宋末文格猥琐，元末文格纤秾，故宋景濂诸公，力追韩欧，救以春容大雅。”

翰 龙翰凤翼

具有像龙凤一般高贵能力的杰出人才。《三国志·魏志·邴原传》：“征事邴原、议郎张范，皆秉德纯懿，志行忠方，清静足以厉俗，贞固足以干事，所谓龙翰凤翼，国之重宝。举而用之，不仁者远。”

笔翰如流

文笔快如流水。《晋书·陶侃传》：“远近书疏，莫不手答，笔翰如流，未尝壅滞。”

染翰成章

提笔蘸墨即可下手成文；形容才思敏捷。〔明〕谢榛《四溟诗话·卷二》：“诗，适情之具。染翰成章，自然高妙，何必苦思以凿其真？”

武、彬（份、斌）

⊙本字组与相关诸字的历史面貌和它们的造字本义

“武”这个字是个从“戈”从“止”的会意字。“戈”是长柄的武器，后来引申可指武器或武力（详参本书人德字组之六“勇”字）。“止”为“趾”的初文，引申有行走、前行的意思（详参天文地理字组之四“峰”字）；从“戈”从“止”的“武”字便表示以武力去攻打别人的意思。

“彬”字或作“斌”“份”，三字互为异体。“彬”的写法来源较古，小篆时期只见“份”字，而“斌”字出现的最晚。《说文解字》解释道：“份，文质偕也。从人分声。”《康熙字典》解释道：“斌，音彬。《玉篇》：‘文质貌。’亦作‘份’‘彬’。”“彬”和“斌”是会意字：“彬”从二“木”从“彡”的会意，表示木材不只有文，质地也很扎实；“斌”字从“文”“武”会意，表示内文外武兼备；“份”字从“人”从“分”，分亦声，本义也是指一个人内外的资质平分秋色、文武皆具。

⊙以本字组取名命字的名人

“武”：汉朝忠臣苏武、明末清初思想家顾炎武。

“彬”（份、斌）：清朝末年书法家戴彬元、经济学家谢彬、作家罗广斌、歌唱家刘斌。

⊙本字组与相关诸字的历史面貌和它们的造字本义

	甲骨文	金文	战国文字	小篆
武				
彬（份、斌）				 （古文） 

⊙以本字组取名命字的用意

“武”原指以武力攻打别人，后来泛指军事、技击、强力等概念，与“文”字相对。由于能以武力攻打别人者，势必勇猛、刚健，所以“武”字也可以当形容词用，形容威武的样子。以“武”字取名命字，表示命名者希望被命名者能身体勇健，不易被人欺负，孔武有力，甚至能在战场上（人生的各种挑战中）扬名立万。

“彬”字为“份”和“斌”字异体，指文质兼备或文武双全。以之取名命字，表示命名者希望被命名者不是单单孔武有力，还深有智慧；因为只有前者，容易沦为“头脑简单，四肢发达”之讥。除了体力，还要有脑力，才能如虎添翼，相辅相成！

◎与本字组有关的好话

以下收录与本字组有关的好话，除了方便自我介绍和介绍亲友外，

●“戈”字本指长柄武器，后引申指武力。

读完也能增长词语知识和相关的应用能力。

允文允武

谓文事与武功兼备。《诗经·鲁颂·泮水》：“允文允武，昭假烈祖。”

修文偃武

提倡文化和教育，停止武装和戒备。〔唐〕薛逢《九日曲池游眺》诗：“正当海晏河清日，便是修文偃武时。”

奋武扬威

振奋勇气，展现威风。《三国演义·第一一〇回》：“〔姜维〕奋武扬威，杀入魏军之中，左冲右突，魏兵大乱。”

（彬）文质斌斌

文华和质朴内外配合得宜。《论语·雍也》：“质胜文则野，文胜质则史，文质彬彬，然后君子。”也可作“文质彬彬”。

瑉玟璘彬

美玉的色泽十分缤纷。《文选·张衡〈西京赋〉》：“珊瑚琳碧，瑉玟璘彬。”薛综注解：“璘彬，玉光色杂也。”

彬彬济济

人才盛多的样子。郑观应《盛世危言·技艺》："而目前由学塾以升入学院者彬彬济济，于工艺之道无不各造精微，此皆广设书院教育得宜之效也。"

善、良、佳、嘉

⊙本字组与相关诸字的历史面貌和它们的造字本义

“善”这个字,《说文解字》解释道:“吉也。从誩从羊。此与义美同意。”它是个会意字,从二“言”从“羊”,本义指大家都有羊肉可吃,所以从“羊”;从“言”在此字中与从“口”相当。羊大到可以由好几个人一起吃,那还不是好事一件?所以人人有得吃有得喝,这种好事就是“善”。另外也有一种说法,以为“善”就是二人言谈之间皆是吉羊(祥)之事。存好心、说好话、做好事,这不也是“善”?

“佳”这个字是个从“人”从“圭”的会意字。“圭”本为重要典礼需要树立以计时的玉器。古人对玉的要求不高,只要石头够漂亮,都可以称作“玉”。如果人的品行和节操像玉圭那般洁净,肯定是“好人一枚”!所以《说文解字》才说“佳,善也。”

“良”这个字是个象形字,全字画出建筑物及连接外面的两道走廊全角,它原来是“廊”的初文,后来假借为良好之“良”,所以《说文解字》才会说这个字:“善也。”

“嘉”这个字是个从“喜”从“力”的会意字,本义指的是用力演奏出优美的、可喜的音乐,因此从“喜”和“力”这两个义符。“喜”是从“壴”从“口”的会意字,它的义符“壴”是象形字,全字即鼓及鼓架的象

⊙本字组与相关诸字的历史面貌和它们的造字本义

形。击鼓奏乐后，众人受到音乐的熏陶，心里头便会很“欢喜”，或者还会随口跟着旋律哼唱，因此“壴”再加个“口”，就是“喜”——“喜”字了，表示闻鼓乐而笑、而唱，《说文解字》才说这个字是“乐也”；不过这个“口”也有可能是鼓座的上端开口，如此“喜”全字或是指把鼓放在鼓座上，表示有喜庆的事，所以要架好鼓来奏乐。

⊙以本字组取名命字的名人

“善”：清开国大臣爱新觉罗·代善、清道光朝大臣博尔济吉特·琦善、清乾隆朝大臣萨哈尔察·英善。

1.

2.

3.

4.
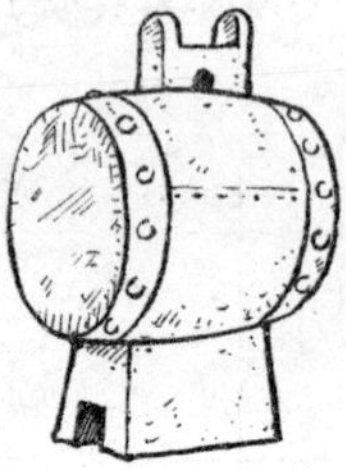

1.“善”字表示众人皆有得吃，是件好事。 2.“圭”是古代典礼计时用的玉器。
3.“良”字描绘出建筑及连接外面的走道。 4.“壴”为象形字，描摹鼓及鼓架的形状。

“良”：京剧大师马连良、法学家史良、马来西亚籍华裔歌手光良。

“佳”：作家黄蓓佳，演员宋佳。

“嘉”：物理化学家卢嘉锡、香港著名企业家李嘉诚。

⊙以本字组取名命字的用意

“善”字本指大伙儿有大羊吃或是美好的言语，后来泛指一切吉祥、美好的人事物。如果这人爱做好事，那他就是有“善行”的“善人”；如果这人与其他人都相处愉快，肯定是个“和善”“亲善”之人；如果这个人对某件事特别拿手，可以说他是“善于”处理某事的高手。以“善”字取名命字，一个是希望被命名者能得到欢喜吉祥；另一个原因是希望被命名者在待人处事各方面都能够做到最好，得到别人的肯定。

“良”字本为“廊”字初文，后来假借为“善良”之“良”，字义与“善”字相当。以“良”字取名命字之用意与取“善”字相同。

“佳”字本指人之品行条件有如玉圭那般美好，后来泛指一切美好的事物；所以美女可以叫“佳人”，好文章可以叫“佳作”“佳篇”。以“佳”字取名命字，其用意在于希望被命名者能够在各方面都具有如玉那般良好的素质，为人所喜欢。

“嘉”字本义指隆重的庆贺音乐，是“喜”字的加强版，所以也因此引申出“快乐”“欢娱”的意思。后来更可泛指一切美善或让人觉得幸福、吉祥的人事物。作为动词用，则可指“嘉奖”“赞扬”。以“嘉”字取名命字，一个原因与以“乐”“喜”用意相同；另一个原因是希望被命名者能得到幸福、吉祥或是别人的肯定和赞赏。

◎与本字组有关的好话

以下收录与本字组有关的好话，除了方便自我介绍和介绍亲友外，读完也能增长词语知识和相关的应用能力。

善 与人为善

与别人一起做好事。《孟子·公孙丑上》：“取诸人以为善，是与人为善者也。”后来引申指与他人保持良好关系。

嘉言善行

美善的言行。〔宋〕曾巩《新序·目录·序》：“远至舜禹，而次及于周秦以来，古人之嘉言善行，亦往往而在也。”也可作“嘉言善状”或“嘉言懿行”。

善眉善眼

容貌善良的样子。《醒世姻缘传·第九回》：“虽是吊死……倒比活的时节去了那许多的杀气，反是善眉善眼的。”也可作“慈眉善目”。

良 吉日良辰

吉利的日子、美好的时光。〔晋〕左思《蜀都赋》：“终冬始春，吉日良辰，置酒高堂，以御嘉宾。”也可作“吉日良时”。

良工心苦

技艺高明的人费尽苦心地经营。典故出自〔唐〕杜甫《题李尊师松树障子歌》：“已知仙客意相亲，更觉良工心独苦。”也可作“用心良苦”。

良师益友

对自己有帮助的老师和朋友。〔清〕李渔《比目鱼·耳热》：“要学太史公读书之法，借名山大川做良师益友，使笔底无局促之形，胸中有灏瀚之气。”

佳 渐入佳境

像倒吃甘蔗一样，境遇或程度愈来愈好。《晋书·文苑传·顾恺之》：“恺之每食甘蔗，恒自尾至本。人或怪之。云：‘渐入佳境。’”

才子佳人

才貌兼备的青年男女。《太平广记·卷三四四》引〔唐〕李隐《潇湘录·呼延冀》：“妾既与君匹偶，诸邻皆谓之才子佳人。”

锦囊佳制

值得藏在锦囊里的绝好文章。〔元〕王实甫《西厢记·第二本第一折》：“昨宵个锦囊佳制明勾引，今日个玉堂人物难亲近。”也可作“锦囊佳句”。

嘉 其仪可嘉

气质仪表值得赞许。〔汉〕司马相如《封禅文》：“白质黑章，其仪可嘉。”

上下欣嘉

得到所有人的喜爱和赞美。〔晋〕陆云《失题》诗：“嗟我钦美，梦想光华。亦既至思，上下欣嘉。”

醴膳丰嘉

丰饶的佳肴美食。〔明〕归有光《李南楼行状》：“时相过从，谈笑竟日，醴膳丰嘉，不索而具。”

喜 皆大欢喜

大家都很高兴、法喜充满；原为佛经结束时的惯用语。《金刚经·应化非真分》："佛说是经已，长老须菩提及诸比丘、比丘尼、优婆塞、优婆夷、一切世间天人、阿修罗，闻佛所说，皆大欢喜，信受奉行。"后可指好的结局。

喜不自胜

压抑不住内心的喜悦情绪。〔唐〕裴铏《传奇·孙恪》："恪慕其容美，喜不自胜。"

喜从天降

遇到像从空中降下、意想不到的好事。《京本通俗小说·西山一窟鬼》："教授听得说罢，喜从天降。"

真、正、贞

附："鼎"

⊙本字组与相关诸字的历史面貌和它们的造字本义

"真"这个字，《说文解字》解释道："僊人变形而登天也。"它是个从"人"从"鼎"的会意字，表示人如同鼎中所炼之仙丹一样修炼成为"真人"。道教贵生恶死，所以不只发展出修心的方法，也强调炼身。体能的锻炼是一种，而炼丹——炼出仙丹妙药后服食成仙的也是一种。不过也有人以为"真"字是"匕"自"鼎"中取食的意思——"匕"是"匙"（柶）的本字，《说文解字》解释道："匕，亦所以用比取饭，一名柶"，引申可指一切餐具——只是后来假借为真假之"真"。"真"的义符"鼎"，《说文解字》解释道："三足两耳，和五味之宝器也。"它是个象形字，本义指烹食的食器，全字具体画出烹煮食物的大鼎。钟鼎之类金属器物在古代是十分贵重的。因此现今考古发掘文物时，在墓主身份高贵的墓葬里头，常常可以发现成组的鼎、簋之流。

"正"这个字，《说文解字》解释道："是也。从止，一以止。"它是个指事字，全字为"止"向某处进发的意思，本义指的就是要出发前去的目的地，它是"征"字的初文，用作真正之"正"，那是假借的用法。

"贞"这个字，繁体字写作"貞"。《说文解字》解释道："卜问也。"

⊙本字组与相关诸字的历史面貌和它们的造字本义

	甲骨文	金文	战国文字	小篆
真				
正				
贞				
卜				
鼎				

此字从“卜”“鼎”声，本义即“卜问”，所以从“卜”这个义符。“卜”，《说文解字》解释道：“灼剥龟也，象炙龟之形。一曰象龟兆之从横也。”它是个象形字，一说全字为以烧炙的树枝触龟甲背面，使它因为冷热不均而在正面产生裂痕，再由裂痕的样子来判断吉凶，所以出土的龟甲背面都可发现到烧灼的痕迹。一说“卜”的全字就是龟甲正面裂痕的样子。由于古人日常生活离不开占卜，并以占卜结果作为行动的准则，所以“贞”字后来便引申有“正确”的意思。“贞”所从的声符“鼎”多由贵重的金属制成，给人十分厚重沉稳的感觉，因此具有“肃正”“庄重”的形象，或许这也是“贞”取之作为构形的原因。从这里来看，“贞”字看作从“卜”“鼎”省会意，“鼎”亦声也是可以的。

1.

2.

3.

4.

1. 炼丹是道教的一种修炼方式。
2. “鼎”为象形字，是古代烹煮食物的器物。
3. 在古代，钟鼎是贵族才能享有的器物。
4. “正”是“征”字的初期写法，表示征伐。

⊙以本字组取名命字的名人

“真”：唐朝书法家颜真卿、精武门弟子陈真。

“正”：明朝名臣张居正、播音员孙正平。

“贞”：明朝名臣王世贞。

（“鼎”：国民党高级将领蒋鼎文、逻辑学家沈有鼎。）

⊙以本字组取名命字的用意

“真”字或说从“人”从“鼎”。“鼎”是由青铜制成的昂贵器物，相传夏禹铸造九鼎，作为国家政统的象征，一直传到周朝。所以“鼎”字引申可指“贵重”“稳重”这一类的观念。以“鼎”字取名命字，正是取这个形象。如果人修炼到能与鼎这样的青铜重器那般，与天地同寿，实在可以称得上是如仙的“真人”。真人是发挥自己的天然善性才能成仙的，所以“真”字引申可指“本来”或“本性”。本性并不虚伪，所以“真”也能表示“真实”“真诚”。用在职位上，由原本的代理而扶正，就不再是虚位，而是“真除”。以“真”字取名命字，主要在期许被命名者能发挥自己的天

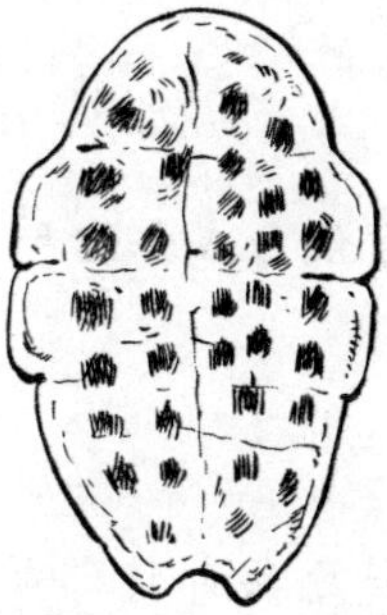

●出土有龟甲上可见烧灼的痕迹。

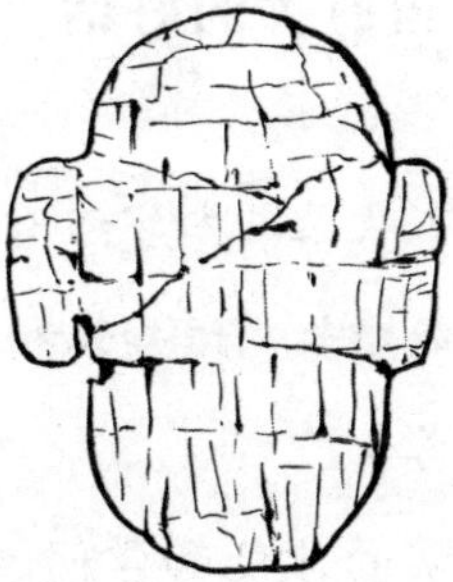

●"卜"的字形像龟甲上的裂痕。

然良知，成为一位真诚之人。

“正”字本为“征”之初文，后来假借用以表示“正中不偏斜”的概念。如果一个人做任何事都不偏颇，那他一定很“正直”；如果颜色纯正不杂，那它一定是“正色”。国家律法因为作奸犯科之人逍遥法外而遭受质疑，必须将之治罪，才能“正法”。此外，“正”也与“偏”“支”“副”“反”等概念相对，有“主”“正宗”“端正”的意思。以“正”字取名命字，一个原因是希望被命名者可以做个公正之人；另一个原因是希望被命名者的思想和行为都能无偏无颇，正直守法；最后因为公正、正直而成为大家所景仰的正宗之主。

“贞”字从“卜”从“鼎”，表示国之大巫卜问出来的结果铁口直断，不会轻易改变；“贞”字的本义就是“卜问”。在君权神授的迷信时代，大巫所卜问出来的结果是不容置疑的，结论也不会轻易改变，所以“贞”字又引申而有“坚定不移”的意思。用“贞”字作为一种操守的称呼，它指的是意志或节操不被任何力量所影响。以“贞”字取名命字，主要是希望被命名者在遇到挑战时能坚定信念，不随便放弃；坚定操守，对人或对国家忠贞。

◎与本字组有关的好话

以下收录与本字组有关的好话，除了方便自我介绍和介绍亲友外，读完也能增长词语知识和相关的应用能力。

真 真才实学

真实的才能和学问。〔宋〕曹彦约《辞免兵部侍郎兼修史恩命申省状》："两史院同修之官，亦必自编修、检讨而后序进，更须真才实学，乃入兹选。"

修真养性

修炼真道，涵养性情。〔元〕贾仲名《升仙梦·第四折》："自古，道德非俗，修真养性，烧丹炼药工夫。"

真情实意

真实的情感意念。〔明〕李东阳《求退录·诗话》："诗有别材，非关书也，诗有别趣，非关理也……彼小夫贱隶妇人女子真情实意，暗合而偶中，固不待于教。"

正 直言正色

言语正直，面容严肃。《三国志·魏志·国渊传》："每于公朝论议，常直言正色，退无私焉。"

反正拨乱

治理乱世，使之恢复安定。典故出自《公羊传·哀公十四年》："拨乱世，反诸正，莫近诸《春秋》。"也可作"拨乱反正"。

严气正性

秉性严肃刚正。《后汉书·孔融传论》："夫严气正性，覆折而已。岂有员园委屈，可以每其生哉！"

贞 贞不绝俗

虽然品性高洁，却非不通人情世故。《后汉书·郭太传》："或问汝南范滂曰：‘郭林宗何如人？’滂曰：‘隐不违亲，贞不绝俗，天子不得臣，诸侯不得友，吾不知其它。’”

玉洁松贞

像玉一样纯洁、像松一样坚贞；形容节操高洁。〔唐〕皇甫枚《三水小牍·步飞烟》：“飞烟执象手曰：‘今日相遇，乃前生因缘耳。勿谓妾无玉洁松贞之志，放荡如斯。’”

三贞九烈

三和九都是虚数；本句主要用来形容旧时妇女重视贞节，宁死不改嫁、不失身。〔元〕白朴《墙头马上·第三折》：“随汉走，怎说三贞九烈？”

鼎 调和鼎鼐

调和五味；比喻宰相治理天下、折冲各方意见。〔唐〕杜甫《上韦左相二十韵》：“沙汰江河浊，调和鼎鼐新。韦贤初相汉，范叔已归秦。”

三牲五鼎

摆了牛、羊、猪和五大鼎食物；主要用来形容盛馔佳肴。〔元〕高明《琵琶记·蔡公逼伯喈赴试》：“三牲五鼎供朝夕，须胜似啜菽并饮水。”

五鼎万钟

鼎和钟都是重器；本句主要用来形容高官的俸禄极高。〔明〕宋濂《永思堂记》：“依依嫪恋，如羊之跪乳，鸟之反哺，其乐将无涯，视五鼎万钟若不能过之。”

杰、俊、彦、卿、士、儒

⊙本字组与相关诸字的历史面貌和它们的造字本义

“杰”这个字，繁体字写作“傑”。《说文解字》解释道：“傲也。从人桀声。”此字从“人”从“桀”，“桀”亦声。“桀”是从“舛”从“木”的会意字，全字表示有人站在树木上，它是“乘”字的分化字；人在木上，自然高人一等。这个表示站在高处比他人高的“桀”字，又引申出才能比他人杰出的意思——“桀”也就是“杰”字的初文。而“杰”字，《康熙字典》解释道：“音桀……俗借作豪杰‘杰’字。”它是“杰”的俗体字。

“俊”这个字，《说文解字》解释道：“材千人也。从人夋声。”它是从“人”“夋”声的形声字，本义指“才能超人”。“夋”是“允”的分化字。“允”字是个象形字，它的笔画特别着重在人的头部，为的就是表现“允”的“低头深思诚信”义（详参本书人德字组之九“舜”字）。一个人做事沉稳而深思，一定是个人才，所以“俊”字才从“人”“夋”。

“彦”这个字，繁体字写作“彥”。《说文解字》解释道：“美士有文，人所言也。从彣厂声。”这个字是个从“彣”“厂”声的形声字，本义指有文采的读书人，所以从“彣”。“厂”作为声符，本身则是象形字，全字描绘悬崖的样子（详参本书天文地理字组之三“假”字）。

“卿”这个字，容庚《金文编》解释道：“卿，象两人相向就食之形。

⊙本字组与相关诸字的历史面貌和它们的造字本义

	甲骨文	金文	战国文字	小篆
杰				
桀				
乘				
俊				
彦				
卿				
儒				
需				
而				

公卿之卿，乡党之乡，飨食之飨，皆为一字”。“卿”的本义指的是两人一起自“皀”取食用餐的意思，也就是“飨”的本字。“卿”所从的义符“皀”现在是写作从“匕”（柶）加“白”形的指事字。“匕”是“匙”（柶）

●“桀”字表示人站在树上，自然比别人高。

●“卿”本义指两个人面对面用餐。

●“皂”为象形字，描绘出有圈足和盖子的食器。

的本字（详参本书形容字组之七“真”字）；“白”并不是“白色”之“白”，这个部件具体勾勒出一个有盖的食器，更早之前的“皀”则写成一个不能分割的象形字，描绘一个有圈足垫高以求卫生的食器。

由于“卿”字后来假借用作高级官员的称谓，所以《说文解字》才会解释道：“章也。六卿：天官冢宰、地官司徒、春官宗伯、夏官司马、秋官司寇、冬官司空。从卯皀声。”

“士”原指斧头一类的工具，后来指手执这类工具的人（详参本书形容字组之三“吉”字）。能执“士”表示一技在身，后来引申为表读书人之“士”（详参本书人德字组之二“喆”字）。

“儒”这个字，《说文解字》解释道：“柔也。术士之称。从人需声。”它是个从“人”“需”声的形声字，本指“士人”，所以从“人”这个义符，后为“儒生”“儒家”的专指。儒生是专门的人才，主要主持国家祭祀的礼仪，类似今日重大典礼管控流程的司仪。他们世代传承古老的典章制度。传到到了孔子，孔子将这些文献整理出来，其中最重要的六部经典叫作：《易经》《尚书》《礼经》《乐经》《诗经》《春秋》。所以孔子所开创出来的先秦思想流派才称作“儒家”。

“儒”字的声符“需”则是个从“雨”从“而”的会意字。它的义符

●“而”是象形字，描绘出人下巴上的胡须。

●“需”字表示人的胡须被雨打湿。

“而”，《说文解字》解释道：“颊毛也，象毛之形”，本身是个象形字，全字将人下巴上的胡须给画出来，和“须”（须）的造字用意相当；后来假借为连词“而”，本义不明，才又另外造了个后起形声字“耏”。“需”字指的是人脸上的胡须被雨打湿，它也是“濡”的初文。

⊙以本字组取名命字的名人

“杰”：相声演员唐杰忠、艺人周杰伦、艺人李连杰。

“俊”：明末抗清义军“九山王”王俊、中科院院士吴文俊。

“彦”：后梁殉国忠臣王彦章、宋朝四代名臣王彦博。

“卿”：唐朝诗人刘长卿、宋朝诗人苏舜卿、元朝杂剧家关汉卿。

“士”：元末“吴王”张士诚、清初诗人王士祯、清朝江左名士蒋士铨。

“儒”：演员李成儒。

⊙以本字组取名命字的用意

“桀”“杰”本一字，后来因为“桀”作为夏后之专名，所以另造“杰”字为“豪杰”之“杰”。“杰”字则为“杰”之俗体，不论音义均与“杰”相同。“杰”全字像一人高高在树上，引申出形容在才智或能力上十分特异之人。以“杰”（杰）取名命字，无非希望被命名者具有超卓的天赋，并有其发挥的机会，从而得到高人一等的社会地位。

“俊”字本就指才智超群的人，按照《说文解字》的解释，要有一千人才能出一个这样的人才。后来“俊”字除了指才智的超拔，还能形容样貌的特出。“俊”同时也是帝舜的名。以“俊”字取名命字，一个是希望被命名者不论内在或外表都是俊才；另一个可能的原因也是希望被命名者能跟帝舜学习。“彦”字和“俊”字意义接近，也是指内外皆有修为的人才，以“彦”字取名命字和以“俊”字为名的用意相当。

“士”字原先指的是习有某种技能的人，后来指称某种社会阶层：在先秦则指最低阶贵族，或指农工商以外学道艺、习武勇的人，又或专指知识分子。在古代军事制度里，能乘车的称士，兵卒只能步行。以“士”字取名命字，一个是希望被命名者将来能习得一技之长，成为动脑力而非动劳力的知识分子；另一个原因是希望被命名者能进入仕宦之途，成为官员、统治阶级。

“卿”字原本指两人对面而食，即“飨”之初文，后来借代为古代天子及诸侯对所属高级官员的称呼。“卿”的使用也可以视作君对臣的一种亲爱称呼。后来“卿”的字用广泛化，在家可以是夫对妻的爱称，在外可以是对他人的尊称。以“卿”字取名命字，除了取其亲昵的用意外，主要是希望被命名者将来能得明主赏识，官运亨通，出任高级官员。

“儒”字与“士”字意义相近，指的也是身怀专门技能之人，后来成为先秦学派“儒家”之专指。以“儒”字取名命字，一个用意与以“士”字取名之用意相当；另一个原因是希望被命名者能追求儒家的修为境界，成为温文儒雅之人。

◎与本字组有关的好话

以下收录与本字组有关的好话，除了方便自我介绍和介绍亲友外，读完也能增长词语知识和相关的应用能力。

杰 人杰地灵

谓杰出人物出生或所处的地方，那个地方也因此闻名；后来引申可指杰出的人物生于灵秀之地。〔唐〕王勃《滕王阁诗序》：“人杰地灵，徐孺下陈蕃之榻。”

峨冠杰表

载着高冠，有着不凡的仪表。〔唐〕司空图《太尉琅琊王公河中生祠碑》：“峨冠杰表，煦物温容，蔚然喜气，靡若和风。”

异人杰士

才能特殊的奇异人士。〔宋〕范仲淹《上时相议制举书》：“十数年间，异人杰士必穆穆于王庭矣。”

俊 天下俊秀

天下难得的才智之人。《后汉书·党锢传序》：“学中语曰：‘天下模楷李元礼，不畏强御陈仲举，天下俊秀王叔茂。’”

清新俊逸

清美新颖，潇洒自如。典故出自〔唐〕杜甫《春日忆李白》诗：“清新庾开府，俊逸鲍参军。”

典则俊雅

典雅而标致。《红楼梦·第十四回》：“一切张罗款待，都是凤姐一人周全承应……〔凤姐〕洒爽风流，典则俊雅，真是‘万绿丛中一点红’了，那里还把众人放在眼里，挥霍指示，任其所为。”

彦 人之彦圣

圣善美明的人才。《尚书·秦誓》：“人之彦圣，其心好之。”

当世彦哲

当代的贤智之士。〔唐〕张彦远《法书要录·后汉赵一非草书》：“余郡士有梁孔达、姜孟颖者，皆当世之彦哲也。”

鸿生硕彦

学识渊博、才智杰出的学者。〔明〕胡应麟《少室山房笔丛·九流绪论中》：“三子（蔡邕、葛洪、刘知几）皆鸿生硕彦，目无今古。”

卿 大国三卿

古代的司徒、司马、司空。〔汉〕改司马为太尉。《礼记·王制》：“大国三卿，皆命于天子。”后引申指具有重大影响力的人。

名公巨卿

有名望的权贵、大官。《醒世恒言·卢太学诗酒傲王侯》：“与他往来的，俱是名公巨卿。”也可作“名公巨卿”。

怜我怜卿

彼此相互爱怜。《花月痕·第九回》：“有美一人，独抱孤愤，怜我怜卿，飘飘意远。”本句多用在情人或夫妻之间。

士 志士仁人

有高远志向和高贵品德的人。《论语·卫灵公》：“志士仁人，无求生以害仁，有杀身以成仁。”

国士无双

国内独一无二的人才。《史记·淮阴侯列传》：“诸将易得耳。至如信者，国士无双。”

仁人义士

有仁义修为的人。〔明〕方孝孺《云敞赞》：“古之仁人义士，视刀锯如饮食。”

儒 通儒达士

知识渊博、通达事理的学者。《后汉书·卢植传》：“中兴以来，通儒达士班固、贾逵、郑兴父子，并敦悦之。”

耆儒硕德

年高德劭、受人尊敬的学者。〔唐〕张九龄《论教皇太子状》：“必使耆儒硕德，为之师保。”

儒雅风流

文雅、飘逸有风骨。〔清〕李渔《闲情偶寄·演习·衣冠恶习》：“方巾与有带飘巾，同为雅者之服。飘巾儒雅风流，方巾老成持重。”

宏(弘)、伟、大、雄、豪、强

⊙本字组与相关诸字的历史面貌和它们的造字本义

“宏”这个字,《说文解字》解释道:“屋深响也。从宀厷声。”它是个从“宀”“厷”声的形声字，原指家中空间大所造成的回音，所以从义符“宀”。“厶”即“肱”之初文(详参本书动植物字组之四“松”字)，后来再累加一个义符“又”才写成“厷”。“宏”又通“弘”,“弘”这个字，《说文解字》解释道:“弓声也，从弓厶声。”它是个从“弓”“厶”声的形声字，本义指弓松掉的声音，所以从“弓”这个义符。在甲骨文里它则写成象形字，全字画一把弓和它松掉的弦。

“伟”这个字，繁体字写作“偉”。《说文解字》解释道:“奇也。从人韦声。”它是个从“人”“韦”声的形声字，本义是“奇人”，所以从“人”这个义符。声符“韦”则是个从二“止”从“口”的会意字，表示在一定的区域里有卫兵来回巡守,“韦”也就是“卫”字的初文。

“大”这个字，全字就是正面站立的人形，有头、躯干和四肢(详参本书天文地理字组之一“天”字)。“雄”这个字,《说文解字》解释道:“鸟父也。从隹厷声。”它是个从“隹”“厷”声的形声字，本义指的是公鸟，所以从“隹”这个义符(战国文字则从“鸟”);“隹”就是短尾鸟的象形(详参本书动作字组之四“进”字)。

⊙本字组与相关诸字的历史面貌和它们的造字本义

	甲骨文	金文	战国文字	小篆
宏				
弘				
厷（肱）				
伟				
韦		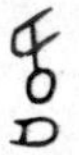		
雄				
豪				
高				
强				
虫				

1.

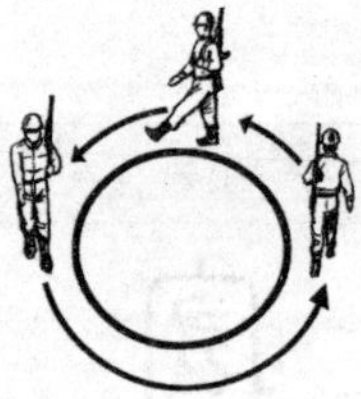

2.

3.

4.

1. “韦”字表示围绕着一定的区域巡守。
2. “豪”为形声字，本义指“豪猪”。
3. “虫”为象形字，描摹出蝮蛇之形状。
4. “高”为象形字，其甲骨文和金文看起来像一座城楼。

“豪”这个字，《说文解字》解释道：“豕，鬣如笔管者。出南郡。从豕高声。”它是个从“豕”“高”省声的形声字。本义指“豪猪”。豪猪其实是啮齿目，但古人认为它长得像猪，所以从“豕”这个义符；“豕”就是猪的象形（详参本书形容字组之一“家”字）。“豪”的声符“高”，《说文解字》解释道：“崇也。象台观高之形。”它本身是个象形字，全字描绘一座上有窗口下有入口的城楼，这城楼习惯盖在城门上，平时用来居高临下，监控进出的人员；战时用以眺望敌情，取得制胜先机。

“强”这个字，繁体字写作“強”。《说文解字》解释道：“蚚也。从虫弘声。”它是个从“虫”“弘”声的形声字，本义指一种吃米的害虫，所以从“虫”这个义符。“虫”，《说文解字》解释道：“一名蝮，博三寸，首大如擘指。象其卧形。”它本身是个象形字，全字画出一只曲折趴伏的蝮蛇，后来引申可指对人类有害的毒虫猛兽。“強”字后来假借为“彊”。“彊”，《说文解字》解释道：“弓有力也。从弓畺声”，表示弓强而有力，引申为强而有力的意思；“強”字一被借走，它的本义就慢慢隐没不用了。

⊙以本字组取名命字的名人

“宏”（弘）：小品演员黄宏、歌唱演员吕继宏、百度创始人李彦宏、流行歌手王力宏。

“伟”：明末清初文学家吴伟业、香港艺人梁朝伟。

“大”：宋朝词人范成大、明朝平倭大将俞大猷、清朝桐城派散文家刘大櫆、清经学家钱大昕。

“雄”：西汉辞赋大家扬雄、隋唐英雄单雄信、体育评论员宋世雄。

“豪”：台湾相声国宝魏龙豪、美籍华裔职篮选手林书豪。

“强”：核物理学家钱三强、歌唱家戴玉强、爆破艺术家蔡国强。

⊙以本字组取名命字的用意

“宏”字本指“房屋深广”的样子，引申而有空间、格局广大的意思。房屋深广，回音必大，所以“宏”也能形容声音“宏亮”。“宏”字又与“弘”字通，“弘”本为松弓之声，因为弓声会向外发射，所以“弘”字后来引申有“恢弘”“弘扬”的意思。以“宏”字取名命字和以“堂”字相当，主要希望被命名者能具有宽广的格局，并能将家族的名声加以发扬光大。

“伟”字本指奇异、不寻常之人。如果一个人的优异能力及能达到的功绩非常不寻常，那这个人必定十分“伟大”。这般成绩一般人也难以跨过，所以“伟”又有“高大”的意思。以“伟”字取名命字，主要是希望被命名者具有他人难得的优异能力，并立下他人不易突破和跨越的功绩。

“大”字本为一人以手脚的最大值伸长而站立，后来从此引申可泛指在面积、体积、容量、数量、力量、强度、年龄、重要性等方面超过一般或超过所比较的对象；或在程度、规模、声势、时间等方面超过一般或超过所比较的对象。因为超过比较的对象，若要依程度而排序，那是排在前面的，所以“大”也能表示排行第一的概念。又因为“大”字引申有排序较前、程度较强的意思，它也变成一种对别人的尊称，通常冠在称谓的前面。以“大”字取名命字，一个是希望被命名者各方面的能力都能大过其他人；另一个是希望被命名者将来能因其能力而得到其他人的尊敬和重视。

“雄”字本义指“公鸟”，后来泛指一切雄性生物。平均来说，雄性动物的身形较高大、体能较强，所以“雄”字后来又引申有“雄壮”“威武有力”的意思。如果作为名词使用，来称呼某些人的话，“雄”字指的就是杰出的、能称霸一方的“英雄”。以“雄”字取名命字，一个原因是期待被命名者在体形和体能上能高人一等；另一个原因是希望他不只是在生理机能上强过别人，还能在智力上高过他人，强势地成为他人的领袖，带领众人争取胜利。

“豪”本来指的就是豪猪；它也能专指豪猪身上的长刺或是动物身上的长毛。由于豪猪是力大难缠的野兽，用来比拟人类社会的话，也就能指那些在群体当中才德、力量让人难以击败的人；这样的人也就是“豪强”“豪杰”那般的统帅、首领。能有“豪”那般的力量和统领能力，成大事不拘小节，这样的人，个性也是十分“豪放”“豪迈”的。以“豪”字取名命字，一个是希望被命名者具有像豪猪那样巨大无比的力量；另一个是希望被命名者能成为豪迈的、带领众人的豪杰，将众人带上幸福的康庄大道。

“强”字本指害虫，后来假借为“强”。“强”字本指弓强而有力，引申可指一切有力的事物。以“强”字取名命字，主要取它的假借义，既是祝福被命名者具有强运，能一生顺利；也是希望被命名者在各方面都具有强大的能力，使得生活中的诸种问题都可迎刃而解。

◎与本字组有关的好话

以下收录与本字组有关的好话，除了方便自我介绍和介绍亲友外，

读完也能增长词语知识和相关的应用能力。

宏 （弘）崇论宏议

高论博议，引申可指高明的见解。《史记·司马相如列传》："且夫贤君之践位也……必将崇论闳议，创业垂统，为万世规。"也可作"崇论闳议""崇论竑议"或"崇论吰议"。

宏才大略

杰出的才能和谋略。〔宋〕苏洵《上皇帝书》："若其宏才大略，不乐于小官而无闻焉者，使两制得以非常举之。"也可作"宏材大略"或"雄才大略"。

宽宏大量

待人宽容而有大器量。〔元〕无名氏《渔樵记·第三折》："我则道相公不知打我多少，元来那相公宽洪大量。"也可作"宽洪大量"。

伟 奇杰伟志

既有才能，又有远大的志向。〔明〕方孝孺《送李宗鲁序》："临海李宗鲁，年二十余，奇杰有伟志。入太学，贫不能自给，人不见其有困容。"

博学伟才

广博的学问和高明的才能。《后汉书·崔骃传》："〔骃〕年十三能通《诗》《易》《春秋》，博学有伟才。"

伟绩丰功

伟大的功绩。〔明〕黄绾《明道编·卷三》："伟绩丰功，笼络一世。"也可作"丰功伟绩"。

大 大才盘盘

具有极大的才干。《世说新语·赏誉下》："扬州独步王文度，后来出人郗嘉宾"，刘孝标注引〔南朝·宋〕檀道鸾《续晋阳秋》："时人为一代盛誉者语曰：'大才盘盘谢家安，江东独步王文度，盛德日新郗嘉宾。'"

大千世界

佛教语，为“三千大千世界”的省称；后来引申可指广阔无边的世界。

地大物博

国家疆土辽阔，物产丰隆。梁启超《新民议·叙论》：“加以中国地大物博，国民性质之复杂……今乃取一群中种种问题而研究之，论定之，谈何容易！”

雄 雄姿英发

姿态雄壮，才华洋溢。〔宋〕苏轼《念奴娇·赤壁怀古》词：“遥想公瑾当年，小乔初嫁了，雄姿英发。羽扇纶巾，谈笑间，樯橹灰飞烟灭。”

雄文大手

擅于书写伟大诗文的高手。〔宋〕欧阳修《六一诗话》：“叙人情，状物态，一寓于诗，而曲尽其妙，此在雄文大手固不足论，而余独爱其工于用韵也。”

胆大心雄

胆子既大，又有雄心。〔明〕杜浚《初闻灯船鼓吹歌》：“船中百瓮梁溪酒，胆大心雄选锋手。”也可作“胆壮心雄”。

豪 豪商巨贾

指家大业大的大商人。《宋史·食货志下五》：“由是虚估之利皆入豪商巨贾。”

磊落豪横

自在明快而雄豪霸气。〔清〕赵翼《瓯北诗话·韩昌黎诗》：“其实《石鼓歌》等杰作，何尝有一语奥涩，而磊落豪横，自然挫笼万有。”

豪情壮志

豪迈的感情及远大的志向。

强 国富兵强

国家富庶、兵力强盛。典故出自《战国策·齐策四》:“齐放其大臣孟尝君于诸侯,诸侯先迎之者,富而兵强。”

博闻强记

有渊博的知识和过人的记忆力。《韩诗外传·卷八》:“人众兵强而守之以畏者胜,聪明睿智而守之以愚者哲,博闻强记而守之以浅者不隘。”也可作“博闻强识”。

人强马壮

士兵和战马的战斗力强大。〔元〕武汉臣《老生儿·第一折》:“使不着人强马壮,端的是鬼使神差。”

惠、慧、娴、淑、敏

⊙本字组与相关诸字的历史面貌和它们的造字本义

“惠”这个字,《说文解字》解释道:“仁也。从心从叀。”它是个从“心”从“叀”的会意字,本义指“仁惠之心”,所以从“心”这个义符。它的另一个义符“叀”是象形字,全字描绘一具纺锤。一个人心心念念的都是纺织这类女工,必定是个淑惠之人。

“慧”这个字,《说文解字》解释道:“儇也。从心彗声。”它是个从“心”“彗”声的形声字,本义指“小聪明”,所以从“心”这个义符。它的声符“彗”是会意字,全字即手执扫帚、拂尘之形(详参本书天文地理字组之三“雪”字)。

“娴”这个字,繁体字写作“嫻”或“嫺”。《说文解字》解释道:“雅也。从女闲声。”它是个从“女”“闲”声的形声字,本义指“优雅的样子”,因为女性的动作通常较男性轻柔优雅,所以此字从“女”这个义符。它的声符之一“闲”,繁体字写作“閑”或“閒”,《说文解字》解释道:“阑也。从门中有木。”它是个从“门”从“木”的会意字,指的就是门前发挥保护功能的木栅。

它的声符之二“闲”是个从“门”从“月”的会意字,本义为门缝中窥月。今日则较常写作从“门”从“日”的“间”,字义后来引申可指

⊙本字组与相关诸字的历史面貌和它们的造字本义

	甲骨文	金文	战国文字	小篆
惠				
慧				
	行书		草书	
娴				
	甲骨文	金文	战国文字	小篆
嫺				
闲				
间		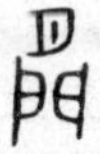		
淑				

"缝隙"，所以《说文解字》才说它："隟也。从门从月。"

"淑"这个字，《说文解字》解释道："清湛也。从水叔声。"它是个从"水""叔"声的形声字，本义指"清湛"，所以从"水"这个义符。它的声符"叔"是会意字，表示以弋插土掘芋或种植（详参本书数序字组之四"叔"字）。

1. 
2. 
3. 
4. 

1. “叀”是象形字，描绘纺锤的形状。
2. 古人认为女子一定要熟稔纺织，才称得上具备贤惠的美德。
3. “闲”是会意字，表示门前木制的栅栏。
4. “闲”为会意字，表示从门中窥月的意思。

“敏”这个字，《说文解字》解释道：“疾也。从攴每声。”是个从“攴”“每”声的形声字，本义指“动作快”，所以从和“又”旁可以相通用的义符“攴”。它的声符“每”则是“母”的分化字（详参本书天文地理字组之八“海”字）。后来“敏”的“迅疾”义又引申出积极进取的意思。

⊙以本字组取名命字的名人

“惠”：春秋鲁国大夫柳下惠、二胡演奏家闵惠芬。

“慧”：香港艺人陈慧琳。

“娴”：书法家萧娴、中国工程院院士安静娴。

“淑”：作家毕淑敏。

“敏”：核物理学家于敏、新东方创始人俞敏洪。

⊙以本字组取名命字的用意

“惠”字本为女子心心念念在女工。女子务于本业，合该是柔顺守本分之人，所以“惠”字又引申有“柔和”的意思。女子柔和，对夫对子必当疼爱，所以“惠”字又有“爱护”“照顾”“恩爱”的意思。既然爱之，或者有所馈赠，所以“惠”也可表示所赐予的“恩惠”。又“惠”字也通“慧”，表示“聪慧”。以“惠”字取名命字，主要希望被命名的女子能柔顺务本、爱护家人、聪慧地安顿家事。“慧”字本义指小聪明、小智慧。以“慧”字取名命字，主要是希望被命者具有随机应变的机灵。

“娴”字本义为优雅的样子，不论做什么事都很优雅，那她应该对这些事都很熟悉。因此“娴”字引申有“娴熟”的意思。以“娴”字取名命字，主要希望被命名者能文静优雅，对一切家事能驾轻就熟。

“淑”字本义是形容水的清澈。如果一个人的心十分澄明清澈，他应是个理性善良的人，所以“淑”又引申有“善美”的意思。以“淑”字取名命字，一个原因与以“慧”字为名相当；另一个原因是希望被命名者能成为善良完美之人。

“敏”字本来指的是行动很疾速、反应很快的意思。一个人要够聪明才能随机应变，所以“敏”又引申有“聪敏”的意思。做事机敏、动作快又不犯错，从这层意思出发，“敏”又能表示“勤勉”“审慎”。又“敏”字也可通“悯”。以“敏”字取名命字，一个原因是希望被命名者的动作快、效率高；一个原因是希望被命名者能机灵聪敏；另一个原因则是期许被命名者成为小心、细心又有同情心的人。

◎与本字组有关的好话

以下收录与本字组有关的好话，除了方便自我介绍和介绍亲友外，读完也能增长词语知识和相关的应用能力。

惠 惠而不费

施惠于人也不须付出任何代价。《论语·尧曰》：“因民之所利而利之，斯不亦惠而不费乎！”

浇瓜之惠

以德报怨，引申指不因小怨而结大仇。典故出自〔汉〕刘向《新序·杂事四》记录了一个故事：梁与楚的边亭皆种了瓜。楚亭人妒恨梁人的瓜长得好，夜里前往捣毁。梁县令宋制止了梁人的报复，并派人帮助楚人种瓜，使楚的瓜一日长得比一日美。楚王因此以重金相谢，从此与梁交好。

齿牙余惠

嘴巴讲几句好话就能帮上大忙。〔清〕蒲松龄《聊斋志异·公孙九娘》："生乃坐，请所命。曰：'令女甥寡居无偶，仆欲得主中馈。屡通媒妁，辄以无尊长之命为辞。幸无惜齿牙余惠。'"也可作"齿牙余慧"。

慧 慧业文人

有文学天分而从事文创工作的人。典故出自《宋书·谢灵运传》："太守孟顗事佛精恳，而为灵运所轻，尝谓顗曰：'得道应须慧业文人，生天当在灵运前，成佛必在灵运后。'顗深恨此言。"

灵心慧性

灵巧的心思和聪慧的天资。《儿女英雄传·第二七回》："自己本生得一副月貌花容，一团灵心慧性，哪怕丈夫千金买笑，自料断不及我一顾倾城。"

娴 姣冶娴都

美好而优雅。《史记·司马相如列传》："若夫青琴宓妃之徒，绝殊离俗，姣冶娴都。"司马贞索隐："郭璞云：'都，雅也。'《说文》曰：'娴，雅也。'或作'闲'。"

性本娴淑

本性文静而善良。〔清〕蒲松龄《聊斋志异·珊瑚》："生娶陈氏，小字珊瑚，性娴淑。"

性情娴穆

本性优雅而庄重。苏曼殊《断鸿零雁记·第十三章》："彼姝性情娴穆，且有夙慧。"也可作"性情娴静"。

淑 酷烈淑郁

香气十分强烈浓郁。《文选·司马相如《上林赋》》："芬芳沤郁，酷烈淑郁。"

资质淑美

本性贤淑美丽。《汉书·张敞传》："今太后资质淑美，慈爱宽仁，诸侯莫不闻。"

淑世济人

济世与助人。〔清〕曾国藩《复刘霞仙中丞书》："用今日冠服拜跪之常，而悉符古昔仁义等杀之精，傥亦淑世者所有事乎！"

敏 讷言敏行

说话谨慎，办事机敏。《论语·里仁》："君子欲讷于言而敏于行。"

好古敏求

喜好追求古人的智慧，勉力求知。典故出自《论语·述而》："我非生而知之者，好古敏以求之者也。"

燃萁之敏

相传〔三国·魏〕曹植在其兄曹丕的胁迫下七步成诗，诗中有"萁在釜下燃，豆在釜中泣"二句。后来便以"燃萁之敏"形容文思敏捷。

静、清、洁

⊙本字组与相关诸字的历史面貌和它们的造字本义

“静”这个字，繁体字写作“靜”。《说文解字》解释道：“审也。从青争声。”它是个从“青”“争”声的形声字，本义指“明审颜色”，所以从“青”这个义符。“青”这个字本身是会意字，《说文解字》解释道：“从生、丹”，表示“青”色是从丹青提炼出来的。“丹”这个义符，《说文解字》解释道：“巴越之赤石也。象采丹井，一象丹形。”它是个指事字，全字原指从矿井中采出丹青，后引申可指“丹青色”。

古人挖井取矿的技术，到了春秋时期已经非常成熟。根据中国南方出土铜绿山的遗迹可以知道，当时矿井已分竖井和斜井两种，井深可达四十公尺左右。到战国时期，矿井已能深达五十余公尺，并由竖井、斜巷、平巷等相结合组成更为科学的矿井系统。通风方面，利用不同井口气压的高低差形成自然风流，再密闭已废弃的巷道，引导风流沿着挖掘的方向前进。巷道支撑方面，采用榫接和搭接相结合的木支架，能有效地承受巷道四方的压力，避免矿井崩塌。在井下排水方面，用木水槽构成井下排水系统，引水到水坑，然后再用桶提到井外。以上诸种设计在今日看来都是十分科学的。

“争”作为“静”的声符，本身是个会意字，《说文》徐铉注解：“爰，

⊙本字组与相关诸字的历史面貌和它们的造字本义

	甲骨文	金文	战国文字	小篆
静				
青				
争				
清				
洁				
（契）				

二手也。而曳之，争之道也。”全字画出两只手在争夺某物。“静”也可通“靖”，表示“镇静”“平靖”。“净”这个字，《说文解字》解释道：“鲁北城门池也。从水争声。”它是个从“水”“争”声的形声字，本来指的是鲁北城门池，所以从“水”这个义符；后借指“清净”。

“清”这个字，《说文解字》解释道：“朖也。澄水之貌。从水青声。”段玉裁注解：“引申之，凡洁曰清。凡人洁之亦曰清。同瀞。”它是个从“水”“青”声的形声字，本指水清澈的样子，所以从“水”这个义符。后来引申可形容东西经过清洗后呈现的清洁样貌。

“洁”这个字，繁体字写作“潔”。《说文解字》解释道：“瀞也。从水

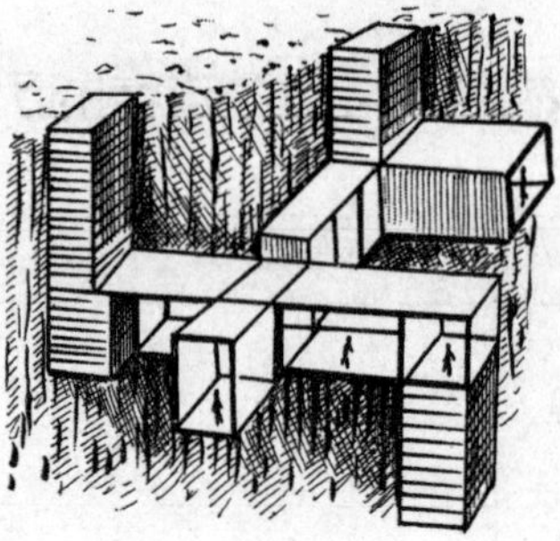

●战国时期的矿井是由竖井、斜巷、平巷等相结合组成。

絜声。”它是个从“水”“絜”声的形声字，本义指“干净无尘垢”，东西要干净多半得靠水洗，所以从“水”这个义符。它的声符“絜”，《说文解字》解释道：“麻一端也。从纟㓞声。”它的本义指的是以刀将麻绳分段而得出的绳端，所以从“纟”这个义符。“絜”的声“㓞”则是个从“丯”从“刀”的会意字，原义为以刀契刻出花纹或文字符号。被刻画的木片等物稍后被分成两半，由交易或缔约的二造持有。将来用来作为确定交易或是盟约的信物——“㓞”也就是“契”字的初文。

⊙以本字组取名命字的名人

“静”：画家徐悲鸿妻子廖静文、作家台静农。

“清”：宋朝词人李清照、作家朱自清。

“洁”：社会活动家雷洁琼、画家胡洁青。

⊙以本字组取名命字的用意

“静”字本指将颜色看得清楚，有“明审”的意思。“静”又可通“靖”字，所以“静”也有“安定”“安静”“平静”的意思。以“静”取名命字，一个用意是期待被命名者能冷静、理智地看待和处理世事，另一个用意与

●“争”为会意字，其甲骨文、金文描摹出两手争夺某物的样子。

●“㓞”的原义是以刀契刻出文字或花纹。

以“安”字为名相当。

“净”原指春秋鲁国都城北城门的护城河名，后来借指“洁净”的意思，字的用法与表示清净无垢的“瀞”字相同。《说文解字》提到：“净，今俗用为瀞字。”“清”字本义为水清澈的样子，后来可以表示东西经水洗而干净的样子——它的字用和“净”“洁”等字相近。

“洁”本来指的是清净无垢，和“净”的意思相近。此外，“洁”还能形容一个人德行操守的清白。以“净”字取名命字，主要是希望被命名者能心无杂垢，能如明镜一般明审世事，这部分的取名用意与取“静”字为名相当。以“洁”字取名命字，其用意除与以“净”“静”字为名相当外，还希望被命名者能如同爱护居家环境的整洁那样去爱护自己的名节。

◎与本字组有关的好话

以下收录与本字组有关的好话，除了方便自我介绍和介绍亲友外，读完也能增长词语知识和相关的应用能力。

静 风恬浪静

风微浪平——没有风浪；后来引申可形容平静无事。〔唐〕裴铏

《传奇·郑德璘》："物触轻舟心自知，风恬浪静月光微。"

神闲气定

精神悠闲、气息平静。〔明〕冯梦龙《智囊补·捷智·张佳胤》："祁尔光曰：'当命悬呼吸间，而神闲气定，款语揖让，从眉指目语外，另构空中硕画。'"也可作"神闲气静"。

沉声静气

声音低沉、态度平和。冰心《到青龙桥去》："他沉声静气的问：'你是那里的，要往那里去？'"也可作"沉声静气"或"沉心静气"。

净 清净无为

春秋时期道家的一种哲学主张：天道自然无为，人如果比照修行，应坚守清静，消极无为，才能复返自然。

六根清净

佛教指修行者不受到六种诱惑的影响；后来引申指不受到物欲的左右。〔隋〕炀帝《宝台经藏愿文》："五种法师，俱得六根清净。"

风轻云净

微风轻柔、浮云轻薄；用来形容天气好。〔元〕杨暹《西游记·第四本第十三出》："元定下的夫妻怎断，咱茶浓酒酣，趁着风轻云淡，省得着我倚门终日盼停骖。"

清 才高气清

谓才能高出而气质清爽。〔唐〕韩愈《与孟东野书》："足下才高气清，行古道，处今世，无田而衣食，事亲左右无违，足下之用心勤矣。"

时清海宴

宴即晏；本句指时世清明，海内安定。《敦煌曲子词·献忠心》："时清海宴定风波，恩光六塞，瑞气遍山坡。"

河清人寿

传说中黄河水千年才澄清一次，本句主要用来祝颂人能活到河清那时长寿。〔清〕顾贞观《金缕曲·寄吴汉槎宁古塔以词代书》词之二："但愿得、河清人寿。归日急翻行戍萵，把空名、料理传身后。"

洁 才高行洁

才能高出，品行高洁。〔汉〕王充《论衡·逢遇》："贤不贤，才也；遇不遇，时也。才高行洁，不可保以必尊贵；能薄操浊，不可保以必卑贱。"

洁己奉公

自己廉洁之外，也为公事尽心尽力。《宋书·夷蛮传·林邑国》："龙骧将军、交州刺史檀和之……洁己奉公，以身率下。"

言芳行洁

言行高洁流芳。〔清〕方文《赠别周颖侯》诗："言芳行洁师古人，白玉不肯污纤尘。"

婷、娟

⊙本字组与相关诸字的历史面貌和它们的造字本义

“婷”这个字，《集韵》解释道：“同娗。娉婷，美好貌。”它是从“女”“亭”声的形声字，本义指（女子）和悦美好的样子，所以从“女”这个义符。它的声符“亭”，《说文解字》解释道：“亭有楼，从高省，丁声。”它本来是个从“高”省从“丁”声的形声字，本义指亭台，所以从“高”这个义符；声符“丁”则本指钉子（详参本书人德字组之八“成”字）。

“娟”这个字，《说文解字》解释道：“婵娟也。从女肙声。”此字是个从“女”“肙”声的形声字，本义指（女子）轻盈美好的样子，所以从“女”这个义符。它的声符“肙”，《说文解字》解释道：“小虫也。”它本身是个象形字，原义是一种嘴巴或头大到和身体不成比例的小虫，引申可指小虫爬行的样子，它也是“蜎”的初文。因为“肙”是小虫，所以凡是从“肙”的字如“涓”“绢”等字都有“细”“小”的意思。

⊙以本字组取名命字的名人

“婷”：台球选手潘晓婷、演员梅婷。

“娟”：演员奚美娟、作家张曼娟。

⊙本字组与相关诸字的历史面貌和它们的造字本义

	甲骨文	金文	战国文字	小篆
亭				
娟				
肙				

⊙以本字组取名命字的用意

“婷”字和“娗”字是异体字，作形容词用，本义表示“颜色和悦”。以“婷”字取名命字，寄寓命名者希望被命名者能够脸色和悦的用意。因为脸色和悦，和气待人，并不只是做表面功夫，要时时刻刻都能如此，也必须要有一定的气质涵养才行。所以以“婷”命名，具有对被命名者内外表现的双重期待。此字是常见的女性命名用字。

“娟”字作形容词用，本来是形容轻盈美丽的样子。跳舞之人身态也轻盈，于是“娟”字也能扩大来形容跳舞的优美姿态。以“娟”字取名命字，寄寓了命名者希望被命名者能够身形轻盈、美丽永驻的用意。此字也是常见的女孩命名用字。

◎与本字组有关的好话

以下收录与本字组有关的好话，除了方便自我介绍和介绍亲友外，

●“亭”字的金文已经可以看出亭子形状的雏形。

●“肙”的本义是指一种头大身小的虫。

读完也能增长词语知识和相关的应用能力。

婷 娉婷袅娜

形容女子姿态柔美。〔明〕徐复祚《红梨记·豪宴》：“我府中歌童舞女虽多，端没有这妮子娉婷袅娜。”

袅袅婷婷

形容女子体态轻盈。〔元〕张可久《折桂令·酒边分得卿字韵》曲：“风风韵韵，袅袅婷婷。”也可作“袅袅亭亭”。

娟 长眉连娟

纤细的眉毛具美感地弯曲。《史记·司马相如列传》：“长眉连娟，微睇绵藐。”

玉翼婵娟

如仙女下凡那样的美人。〔元〕王仲元《粉蝶儿·集曲名题秋怨》套曲：“把一个玉翼婵娟，闪在瑶台月底。”

容貌娟妍

容貌俊美而艳丽。〔清〕余怀《板桥杂记·丽品》：“〔董白〕天姿巧慧，容貌娟妍。”

青、红、紫

⊙本字组与相关诸字的历史面貌和它们的造字本义

“青”这个字是个从“丹”“生”声的形声字，指出于矿井之丹青（详参本书形容字组之十一“静”字）。

“红”这个字，繁体字写作“紅”，《说文解字》解释道：“帛赤白色。从纟工声。”它是个从“纟”“工”声的形声字，原指帛染成淡红色，所以从“纟”这个义符。它的声符“工”为象形字，表示一种生活中常见的工具（详参本书天文地理字组之八“江”字）。“红”本指染红的布帛，引申可指所有红色。

“紫”这个字，《说文解字》解释道：“帛青赤色。从纟此声。”它是个从“纟”“此”声的形声字。原指染成青赤色的帛，所以从“纟”这个义符；后来引申可指所有介于红和蓝之间的颜色。“紫”的声符“此”，《说文解字》解释道：“止也。从止从匕。”它本身是个从“止”从“匕”（反“人”）的会意字，表示人走到的这个地方，意思即“此地”。

⊙以本字组取名命字的名人

“青”：西汉平匈奴名将卫青、宋朝平西夏之乱大将狄青。

“红”：宋朝名将韩世忠之妻梁红玉、演员陈红。

⊙本字组与相关诸字的历史面貌和它们的造字本义

	甲骨文	金文	战国文字	小篆
红				
紫				

“紫”：网球选手晏紫、演员杨紫。

⊙以本字组取名命字的用意

“青”字原指极深的绿色，由于颜色很接近丹青的深蓝色，所以取后者之形造出“青”这个形声字。植物大部分都是绿色，所以“青”字也和“木”的形象产生重叠。植物在生意盎然的情形之下必然青葱翠绿，“青”也因此隐含“生命”的意思。以“青”字取名命字，一个可能是相命师指点被命名者命中缺木，于是取“青”字为名；另一个可能是表示命名者希望被命名者能像吸饱天地精华的植物一样朝气蓬勃。

“红”字原指浅赤色的帛布，后泛指粉红色、桃红色等。因为血液也是红色的，所以“红”字也能隐喻“血”。为了吸引蜜蜂来授粉，植物所开出的花朵很多也都是红色，所以“红”字也能隐喻“花”。在东方，红色是东方文化中喜庆专用的颜色，所以红色也能隐喻“吉祥”。低温火偏向红色到黄色之间，所以“红”又和火的形象相重叠。以“红”字取名命字，一个原因是命名者希望被命名者像红花一样美艳；一个原因是命名者希望“红”字能为被命名者带来吉祥；一个原因是经相命师指点被命名者命中缺火，于是以“红”字加以救济；另一个可能是以“红”字向那些为了革命

●“红”为形声字，本指帛类的丝织物被染成淡红色。

●“紫”为形声字，本指被染成青赤色的布帛。

●“此”为会意字，表示“此地”的意思。

而抛头颅洒热血的先烈们致敬。

“紫”字原本表示红和蓝合成的颜色。某些官员的衣冠、帽缨或官印上面的绶带也使用紫色，所以“紫”字也隐含了“加官晋爵”的意思。又因为《论语》记载孔子不喜欢当时流行的“紫色”夺去“红色”的正统地位（文化主流用色），所以“紫”又被视为比“红”还要强烈的颜色。以“紫”取名命字，或者寄寓了命名者希望被命名者能官运亨通的用意；或者原想取“红”字为名，但觉得“红”的程度还不太够，于是择用比“红”意象还要强烈的“紫”。

◎与本字组有关的好话

以下收录与本字组有关的好话，除了方便自我介绍和介绍亲友外，读完也能增长词语知识和相关的应用能力。

青 平步青云

形容一个人很快地登上高位。典故出自《史记·范雎蔡泽列传》：“须贾顿首死罪曰：‘贾不意君能自致于青云之上。’”

万古长青

永远像春天的草木一样青葱翠绿。〔元〕无名氏《谢金吾·第四折》：“也论功增封食邑，共皇家万古长春。”也可作“万古长春”。

名垂青史

名声永远留在史册上。〔清〕卓尔堪《明遗民诗·序》：“死事者名垂青史，固无论已。”

红 柳绿花红

柳树抽绿、红花满开；主要用来形容春天的美丽景色。《五灯会元·龙华球禅师法嗣·酒仙遇仙禅师》：“偈曰：‘……秋至山寒水冷，春来柳绿花红。一点动随万变，江村烟雨蒙蒙。’”

紫 红 姹紫嫣红

各种色彩艳丽的花朵。〔明〕汤显祖《牡丹亭·惊梦》：“原来姹紫嫣红开遍，似这般都付与断井颓垣。”

大红大紫

身上穿着红色或赤色的华服；用来形容显赫、得意的样子。老舍《四世同堂·五三》：“我看出来，现在干什么也不能大红大紫，除了做官和唱戏！”

万紫千红

形容各色百花齐放；引申可指事物丰富多彩。〔宋〕朱熹《春日》诗：“等闲识得东风面，万紫千红总是春。”

露红烟紫

形容花木的色彩露头而鲜艳。〔宋〕曾巩《芍药厅》诗：“小碧阑干四月天，露红烟紫不胜妍。”也可作“露红烟绿”。

紫 兼朱重紫

朱指朱衣，紫指紫绶；本句指兼任很多显耀官职。〔晋〕葛洪《抱朴子·任命》："服冕乘轺，兼朱重紫，则若固有之，常如布衣。此至人之用怀也。"

美、丽、倩、秀、妍

⊙本字组与相关诸字的历史面貌和它们的造字本义

“美”这个字，《说文解字》解释道：“甘也。从羊从大。羊在六畜主给膳也。美与善同意。”“美”字是个从“羊”从“大”的会意字，一说全字表示猎得大羊，人人有肉吃、有汤喝，那可是美事一件。一说全字像是一人头上戴着羊角或羊头头饰，头上有如此的装饰，那肯定非常华丽美艳。

“丽”这个字，繁体字写作“麗”，这个字是个象形字，全字画出某种大角的鹿。鹿之大角在动物的审美观里是美丽的；如果猎到这头大角鹿，把它的角取下来作为装饰，那也是赏心悦目的。于是“丽”就引申出“美丽”的意思来。

“倩”这个字，《说文解字》解释道：“人字。从人青声。东齐壻谓之倩。”它是个从“人”“青”声的形声字，本为古时女婿的美称，所以从“人”这个义符。后来假借可形容女子俏丽的模样；《诗经》和《论语》都有：“巧笑倩兮，美目盼兮”形容美女的句子出现。

“秀”这个字，《说文》徐锴注解：“禾，实也。有实之象，下垂也。”它是个从“禾”从“引”省的会意字，表示稻穗饱满下垂的样子，所以从“禾”。它的另一个义符“引”，《说文解字》解释道：“开弓也。从弓、丨。”本身为指事字，全字画一张弓和松开下垂的弦，本义即弓弦松开弦往

⊙本字组与相关诸字的历史面貌和它们的造字本义

	甲骨文	金文	战国文字	小篆
美				
丽				
倩				
秀				
引				
妍				
幵				

下垂的样子，引申泛指下垂之貌。

“妍”这个字是个从“女”从“幵”，“幵”亦声的会意字。《说文解字》解释道：“技也。一曰不省录事。一曰难侵也。一曰惠也。一曰安也。从女幵声。读若研。”它的意思很多，要理解它的众多字义，必先从它的义符“幵”下手。“幵”本身为指事字，像一物平均力道抵住一物，使之平衡不坠下，引申有“抵御”或“平衡”的意思。所以“妍”可以指一种用平均力量研磨的技术，意同“研”字；也可以指盲目地抵抗；也可以指一种

1.

2.

3.

4.

1. 有文字学专家认为“美”表示猎得大羊，有美膳可食，是一件美好的事。
2. 也有其他文字学专家认为“美”表示头上戴着羊角的装饰品，看起来非常美丽。
3. “丽”为象形字，全字描摹出大角鹿的样子。
4. “秀”字本义为稻穗下垂的形状。

和“惠”相当的德行；又或者与“平”“安”义同。因为“妍”的最高频率应用字义是形容女子的“惠”和“安”，所以才从“女”这个义符。

⊙以本字组取名命字的名人

“美”：革命烈士陈其美、诗人邵洵美、哲学家方东美。

“丽”：评剧表演艺术家赵丽蓉、演员牛星丽、台湾歌手邓丽君。

“倩”：作家欧阳予倩、诗人柳倩。

“秀”：汉光武帝刘秀、南宋殉国忠臣陆秀夫、太平天国天王洪秀全、东王杨秀清、忠王李秀成。

⊙以本字组取名命字的用意

“美”字本为美味的大羊或一人头戴羊头装、十分华美的意思，后来引申可以用来形容味道美好、长相美丽、质量优良、艺术水平高、风景佳、人品好、状态美满这一类的概念。作为动词，则表示“喜爱”的意思。以“美”字取名命字，一个是希望被命名者长相能在一般水平之上；另一个也是希望他能成为品行好、人见人爱的硕美之人。

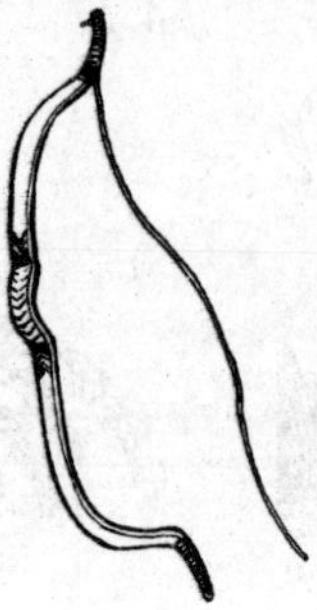

●“引”字的本义指弓弦下垂。

●“开”为指事字，表示以平均力道抵住物体，使之平衡不坠下。

“丽”本指长有大角的大鹿，大角不论在鹿的头上或制成装饰品，都是美事一件，因此凡是美好之物也能以“丽”来形容。由于鹿角都是成对的，“丽”也有成对的意思，意即“俪”。以“丽”字取名命字，主要是希望被命名者能人如其名，成为美丽之人。而“倩”字本指女子所嫁之婿，后来假借用以形容女子笑容甜美俏丽。以“倩”字取名命字与以“丽”字为名的用意相当。

“秀”字本指谷类抽穗开花、结实低垂，后来可泛指一切草类结籽或草木所开的花。植物得以抽穗开花，表示营养充足，草木必定茂盛；所以“秀”字也能用来形容茂盛的样子。如同“华”（花）可以表示具有文采之人，“秀”字也有相近的用法。若是这种光采是发乎在外的，那人也应当“俊秀”“秀丽”。以“秀”字取名命字，一个是希望被命名者生命力旺盛；另一个是希望被命名者不论内外都具有俊秀亮丽的光采和文采。

“妍”字的意思很多，最常用的就是“惠美”和“平安”。女子有惠美的禀赋，能使自己及身边的人心情平和，安静安康，必当具有美好的德行和优越的能力，所以“妍”字也就引申有“巧慧”“美好”的意思。

以“妍”字取名命字便是希望被命名者既有美德，又具贤惠巧思，能善体人意。

◎与本字组有关的好话

以下收录与本字组有关的好话，除了方便自我介绍和介绍亲友外，读完也能增长词语知识和相关的应用能力。

美 尽善尽美

极好极美。《论语·八佾》：“子谓《韶》‘尽美矣，又尽善也’；谓《武》‘尽美矣，未尽善也’。”

美景良辰

美好的景物和时光。《北齐书·段荣传》：“孝言虽黩货无厌，恣情酒色，然举止风流，招致名士，美景良辰，未尝虚弃。”

美不胜收

好的东西太多，一下子受用不尽。〔清〕袁枚《随园诗话·卷三》：“见其鸿富，美不胜收。”

倩 巧笑倩兮

笑容美好，神态俏丽。《诗经·卫风·硕人》：“巧笑倩兮，美目盼兮。”

声容倩善

声音和容貌都很美好。〔清〕王倬《看花述异记》：“引予至殿前帘外，见丝竹杂陈，声容倩善，正洋洋盈耳。”

严劲葱倩

草木青翠而茂盛挺拔。〔南朝·宋〕谢灵运《山居赋》：“当严劲而葱倩，承和煦而芬腴。”

丽 侈丽闳衍

十分地华丽繁杂；主要用来形容文辞。《汉书·艺文志》："其后宋玉唐勒，汉兴，枚乘司马相如，下及扬子云，竞为侈丽闳衍之词，没其风谕之义。"

鸿笔丽藻

形容诗文的笔力强健、使用的辞藻华丽。〔唐〕源直心《议释道不应拜俗状》："枢纽经典，畴咨故实，理例锋颖，词韵膏腴，则司戎之称鸿笔丽藻矣。"

风和日丽

微风轻吹，阳光明丽。〔清〕沈复《浮生六记·闲情记趣》："是时风和日丽，遍地黄金，青衫红袖，越阡度陌，蝶蜂乱飞，令人不饮自醉。"

秀 后起之秀

后辈中的优秀人物。《晋书·郭舒传》："乡人少府范晷、宗人武陵太守郭景，咸称舒为后来之秀，终成国器。"也可作"后来之秀"。

秀外惠中

外表秀美，内在聪明。〔唐〕韩愈《送李愿归盘谷序》："曲眉丰颊，清声而便体，秀外而惠中。"

闺英闱秀

出身大户人家、才貌俱佳的女子。《红楼梦·第二九回》："凡远亲近友之家，所见的那些闺英闱秀，皆未有稍及黛玉者。"

妍 桃李争妍

桃花和李花竞相争美；本句主要用来形容春光艳丽。〔明〕无名氏《万国来朝·第二折》："春花艳艳，看红白桃李争妍。"

抽秘骋妍

抒发深意，施展美才。〔明〕沈德符《野获编·词林·四六》："本朝既废词赋，此道亦置不讲，惟世宗奉玄，一时撰文诸大臣，竭精力为之，如严分宜、徐华亭、李余姚，召募海内名士几遍，争新斗巧，几三十年，其中岂少抽秘骋妍可垂后世者。”

斗丽争妍

竞相比较艳丽。〔清〕顾禄《清嘉录·山塘看会》：“每会至坛，箫鼓悠扬，旌旗璀璨，卤簿台阁，斗丽争妍。”

昌、成、丰、富

⊙本字组与相关诸字的历史面貌和它们的造字本义

“昌”这个字，《说文解字》解释道：“美言也。从日从曰。一曰日光也。”它是个从“日”从“曰”的会意字。表示日出即口唤大家起身工作之义，所以从“日”从“曰”，它也是“唱”的初文。由于早起工作，事业必然成功，于是“昌”字又引申出“昌盛”这一层意涵。在汉字造字当中，义近字在当义符偏旁时常互用，“昌”字的“曰”形或有写成“甘”形的情况，这才慢慢成为今日“昌”字的写法。

“成”这个字是个声符字，本义就是“做成”（某事）（详参本书人德字组之八“诚”字）。

“丰”这个字，繁体字写作“豐”。《说文解字》解释道：“豆之丰满者也。从豆，象形。”“丰”和“豊”（“礼”之初文）是同源字（详参本书人德字组之四“礼”字）。由于祭神是十分慎重、盛大的事，所以祭品不能马虎，必须要十分丰盛才行，所以从“豊”的“丰富”义又衍生出“丰”这个字来。

“富”这个字，《说文解字》解释道：“备也。一曰厚也。从宀畐声。”它是个从“宀”从“畐”的会意字，本义指家中储备充足，所以从“宀”这个义符。它的声符“畐”本身为表示储物瓦器无足鬲的象形字（详参本

⊙本字组与相关诸字的历史面貌和它们的造字本义

	甲骨文	金文	战国文字	小篆
昌				
丰				
富				

书形容字组之三“福”字）。可以说“富”全字表示家中堆满了储物瓦器，物资丰富，日子很好过。说“富”是从“宀”从“畐”，“畐”亦声也是可以的。

⊙以本字组取名命字的名人

“昌”：唐朝边塞诗人王昌龄、明朝书法家董其昌，清末甲午之战殉国将领丁汝昌、邓世昌。

“成”：南朝齐武帝萧道成、明末东林党领袖顾宪成、明末闯王李自成、南明“国姓爷”郑成功。

“丰”：南宋武术家张三丰、演员张丰毅。

“富”：“留美幼童”李恩富、香港艺人郭富城。

⊙以本字组取名命字的用意

“昌”字本为早起唤人上工的意思；早起工作，事业成功，那绝对是美事一件，所以“昌”字又有“美善”的意思。如果天天早起工作，事业也

●“丰”字表现出祭品丰盛的样子。

●“富”字表示家中物资多，日子过得很好。

会蒸蒸日上，所以“昌”字也能表示“兴盛”。“昌”字从“日”，又隐含“光明”“显明”的意思。以“昌”字取名命字，主要是希望被命名者除了有强运之外，不管将来从事哪种行业，都能有很好的成绩。

“成”字本指斧或锤子与钉子相配合的工具组，有这种工具，事半功倍，工作就能早日“完成”，所以“成”字引申出“成功”的意思。在你努力的领域做出“成绩”，那便是你的“成就”。你就能“成为”你想变成的那种成功人士。不管做什么事都会有贵人“成全”你，让你必然成功。以“成”字取名命字，最主要的就是希望被命名者不管做什么都能成功、都能成就一番大事业。

“丰”字本指放满祭物的祭器器皿，引申有“丰满”的意思。事物的兴盛或茂密，与祭器被放满的程度相当，那便是“丰盛”“丰硕”。以“丰”字取名命字，一个原因是希望被命名者衣食无缺，丰衣足食；另一个原因是希望被命名者不管做什么都很得意，能拥有一个不凡的丰富人生。

“富”字原指家中摆满储物的容器，就是“富裕”的“富”。“富有”必然拥有许多东西，所以“富”又引申可形容“盛多”的程度。拥有盛多的财物，那便叫“富贵”；具有完备的各种事物，便叫“富含”。以“富”字取名命字，其意图是很明显的，不只希望被命名者吃饱穿暖，还祈求他能大富大贵。

◎与本字组有关的好话

以下收录与本字组有关的好话，除了方便自我介绍和介绍亲友外，读完也能增长词语知识和相关的应用能力。

昌 昌歜羊枣

据说周文王喜欢吃昌歜，春秋鲁国的曾点喜欢羊枣；本句后来引申指人所偏好之物。

五世其昌

到了第五代就会昌盛起来；形容一代比一代好。《左传·庄公二十二年》：“初，懿氏卜妻敬仲，其妻占之，曰：‘吉。是谓凤凰于飞，和鸣锵锵。有妫之后，将育于姜。五世其昌，并于正卿。八世之后，莫之与京。’”

武昌剩竹

驻兵武昌时搜集剩竹，待雪融之时铺路止滑。典故出自《晋书·陶侃传》：“及王敦平，〔陶侃〕迁都督荆雍益梁州诸军事，领护南蛮校尉、征西大将军、荆州刺史……时造船，木屑及竹头悉令举掌之，咸不解所以。后正会，积雪始晴，听事前余雪犹湿，于是以屑布地。及桓温伐蜀，又以侃所贮竹头作丁装船。”本句后来引申指尚可利用的余料。

成 出口成章

脱口而出的话都能成为好文章；用来形容口才极佳。《史记·滑稽列传褚少孙论》："滑稽"，司马贞索隐引北魏崔浩云："滑稽，流酒器也。转注吐酒，终日不已。言出口成章，词不穷竭，若滑稽之吐酒。"

一举成名

读书人一旦科举及第就天下闻名；后来引申指一下子就出了名。〔唐〕韩愈《国子监司业窦公墓志铭》："公一举成名而东。"

一气呵成

原本指诗文的气势流畅，一次就写出来；后来引申指一口气完成一份重大的工作。〔明〕胡应麟《诗薮·近体中》："若'风急天高'，则一篇之中句句皆律，一句之中字字皆律，而实一意贯串，一气呵成。"

丰 五谷丰熟

各种农作物都丰收。《六韬·立将》："是故风雨时节，五谷丰熟，社稷安宁。"

时和年丰

四时的变化和顺，使得五谷丰收；主要用来称颂太平盛世。《诗经·小大雅谱》〔唐〕孔颖达解释道："万物盛多，人民忠孝，则致时和年丰。故次《华黍》，岁丰宜黍稷也。"

丰功盛烈

巨大的功绩和隆盛的事业。〔宋〕欧阳修《相州昼锦堂记》："其丰功盛烈，所以铭彝鼎而被弦歌者，乃邦家之光，非闾里之荣也。"也可作"丰功伟绩"。

富 年富力强

年纪轻、体力强。《论语·子罕》："后生可畏"，〔宋〕朱熹解释道："孔子言后生年富力强，足以积学而有待，其势可畏。"

民殷国富

人民富裕、国力殷实。《三国志·蜀书·诸葛亮传》："今刘璋闇弱，张鲁在北，民殷国富而不知存恤，智能之士思得明君。"

富家大室

积累许多财产的大户人家。〔宋〕何薳《春渚纪闻·二富室疏财》："所谓富家大室者，所积之厚，其势可以比封君，而钱足以使鬼神。"又可作"富家巨室"。

光、辉、明、亮、荣

⊙本字组与相关诸字的历史面貌和它们的造字本义

“光”这个字，《说文解字》解释道：“明也。从火在人上，光明意也。”全字为从“火”从“人”的会意字，本指一人手执火把照亮前方的样子，古文“光”字的写法不从“人”而从“卩”。跪着的人头上有火光，人的前面也是十分光亮。

“辉”这个字，繁体字写作“輝”。《康熙字典》解释道：“《集韵》：‘光也。’火之光也。《说文》作‘辉’。”它是个从“光”“军”声的形声字，本义指火光，和“辉”字互为异体字。“军”作为声符，本身也是个形声字，从“车”“匀”声，《说文解字》解释道：“军，兵车也。”它原指战车，所以字从义符“车”，引申可指军队。“军”的声符“匀”则是指事字，全字像是用手把东西摊平摆匀，它也就是“均”字的初文。

“明”这个字，《说文解字》解释道：“照也。从月从囧。它是个从“月”从“囧”（窗之初文）的会意字，表示自窗看月，家中因月光而明亮，所以从“月”这个义符。“囧”，《说文解字》解释道：“窻牖丽廔闿明。”它是个象形字，全字画出古色古香的窗子，“明”字中的“囧”或替换成“日”，使得全字从“日”“月”会意，乃不改其“光明”“光亮”的意思。

“亮”这个字，《康熙字典》解释道：“信也。《孟子》：‘君子不亮，恶

⊙本字组与相关诸字的历史面貌和它们的造字本义

乎执。'《古诗十九首》：'君亮执高节，贱妾亦奚为。'又明也。"它是个从"高"省从"人"的会意字。人在高处，看得自然清楚确实，所以"亮"有"信实"的意思；人处高处，视野没有阻挡，光线充足，自然明亮，所以"亮"又有"光明"的意思。

"荣"这个字，繁体字写作"榮"，这个字原先的写法像是两支火把交

1.

2.

3.

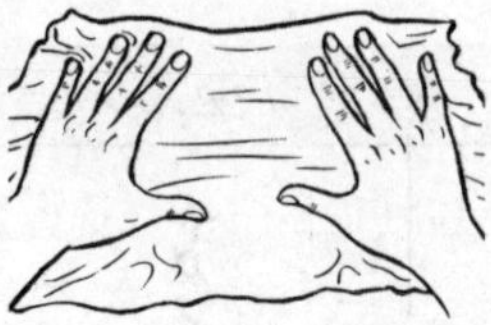

4.

1. “光”字本义指一人手执火把照亮前方。
2. “军”字本义为古代的战车。
3. “匀”字表示用手将物品摊平。
4. “明”为会意字，表示从窗看月，家中因月光而明亮。

叠的样子。汉字造字，叠用两个构件就可以表示“很多”的意思，像“炎”从二“火”“林”从二“木”就是如此。有很多火把照明，前途光明，当然“光荣”得不得了。后来因为本字从火光很旺盛引申可形容生命力很旺盛，还被专门用来形容植物生长美好的程度，于是累增了“木”这个义符。

⊙以本字组取名命字的名人

“光”：汉政治家霍光、汉朝高士严光、宋朝史学家司马光、明朝名臣归有光、明朝平倭名将戚继光、明末忠臣左光斗、明末科学家徐光启、美籍华裔考古学大师张光直。

“辉”：近代学者叶德辉，香港艺人梁家辉。

“明”：春秋末年史学家左丘明、唐玄宗朝乱臣史思明、元末文学家高明、明朝名书画家祝允明（吴中四才子之一）、明朝名画家文徵明（吴中四才子之一）。

“亮”：三国蜀汉名臣诸葛亮、五代高僧知亮。

“荣”：五代周世宗柴荣、香港艺人张国荣。

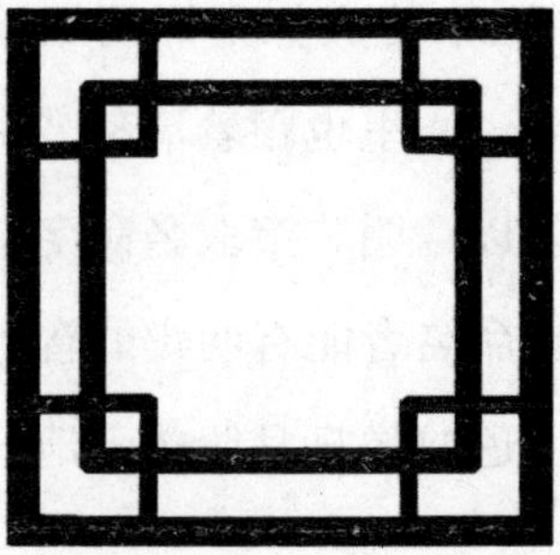

●“囧”的字形描绘出古色古香的窗子。

●“荣”字表示有许多火把照明。

⊙以本字组取名命字的用意

“光”字原为人在面前点火，使前途一片光明，本义便是“照亮”。后来指能照在物体上，使人能看见物体的那种能量。这种能量或者来自日月星辰，或者来自物质燃烧中质能的转换。这种能量能使物体的颜色和外观更容易辨识，所以便引申出形容词义“明亮”。如果有个东西让人觉得他（它）好像会发光一样，我们便会说他（它）很有“光采”、很“风光”。如果一个人的成就能给别人带来荣耀，这可以说是一种“光荣”。最容易观察到的时间逝去的自然现象便是日光、春光，所以“光”也可指称时间——“时光”“光景”。以“光”字取名命字，一个是希望被命名者的视野一直有光线照耀，能够明辨是非，作出明智的决定；一个是希望被命名者能有所成就，光耀门楣；另一个是希望被命名者能够时时自我提醒要把握光阴。“辉”字本义指的就是“光”的本身。以“辉”字取名命字，与取“光”字为名的一部分用意相当。

“明”字原指夜晚月光透窗而入，使得室内一片光明的样子，所以一开始是作动词“照明”来使用；白天阳光四照，使得一切清楚可辨，也叫“明”。如果心地光明，对所有法纪或规范了然于心，那也可以用“明”来形容这样的修养境界——“明察”“明理”。无知使人如处黑暗之地，如果得到他人的教导和指点，便有了明确的方向，心里也跟着清楚“明白”；习得知识，知晓道理，便是“明辨”“明了”。以“明”字取名命字，一个是希望被命名者能心地光明；另一个是希望被命名者能有明辨的智慧，能明明白白地知道和实践道理，不只独善其身，还要像日月照耀大地一样兼善天下。

“亮”字本义为登高使得视野变清楚，后来引申指光线充分照射的情况——“明亮”。以“亮”字取名命字，与取“光”“明”字一部分用意相当。

“荣”字原义为多支光把所产生的旺盛照明效果，后来引申可形容植物开花开得十分繁茂盛多的样子——“繁荣”。得到的爵位或奖赏像花那般处处开，便是“荣誉”“光荣”。以“荣”字取名命字，一个原因与以“光”“明”字为名相当；另一个原因是希望被命名者能因为特殊的表现得到表扬和光荣，以及随之而来的赏赐和荣华富贵。

◎与本字组有关的好话

以下收录与本字组有关的好话，除了方便自我介绍和介绍亲友外，读完也能增长词语知识和相关的应用能力。

光 光明磊落

心胸坦荡明白。《朱子语类·卷七四》：“譬如人光明磊落底便是好人，昏昧迷暗底便是不好人。”

奇光异彩

奇妙的光亮和色彩。《孽海花·第十二回》：“向里一望，只见是个窈窕洞房，满室奇光异彩，也不辨是金是玉，是花是绣，但觉眼花缭乱而已。”

光芒万丈

射出的光线强可达万丈。〔清〕龚自珍《金缕曲·沈虹桥广文小像题词》："笑年来光芒万丈，被他磨尽。"又可作"光焰万丈"。

辉 金碧辉煌

色彩十分华丽、光彩夺目。《西游记·第四回》："绛纱衣，星辰灿烂；芙蓉冠，金碧辉煌。"

蓬荜生辉

使得简陋的屋室增加光彩；多用作谦辞。〔明〕无名氏《鸣凤记·邹林游学》："得兄光顾，蓬荜生辉。"

珠璧交辉

美好的事物交相辉映、帮衬。蔡寅《游上野博览会》诗："珠璧交辉近日边，上清高会敞琼筵。"

明 敬如神明

像对待神灵那样的尊敬；后来引申形容对某人或事物极为尊重。《左传·襄公十四年》："敬之如神明"。

同明相照

指两种光源相互映照而更显明；比喻杰出人物得到贤者称扬而声名更昭显。《史记·伯夷列传》："'同明相照，同类相求'……伯夷叔齐虽贤，得夫子而名益彰。"

明月清风

过着只有明月清风相伴的生活；形容超尘脱俗的生活。〔明〕沈采《千金记·遇仙》："恋功名水上鸥，俏芒鞋尘内走，怎如明月清风随地有，到头来消受。"也可作"清风明月"。

亮 心明眼亮

头脑清醒、眼睛雪亮。华而实《汉衣冠·五》："老水手挺着胸，不躲避甘辉杀气腾腾的眼光，凛然表白：'我们当兵的要心明眼亮。'"

高风亮节

遇到折磨挑战，更表现出其气节。〔明〕茅僧昙《苏园翁》：“亲奉了张丞相钧旨，说先生是当今一人，管乐流亚。又道先生高风亮节，非折简所能招。”也可作“高风峻节”。

荣 遁世遗荣

避世隐居，抛弃荣华富贵。〔晋〕慧远《答何镇南书》：“是故遁世遗荣，反俗而动。”

发荣滋长

草木繁茂地萌发生长。〔明〕高攀龙《讲义·君子所性仁义礼智根于心》：“仁义礼智者，求则得之者也……四者之入于心，如木之于地，根深柢固，故能发荣滋长，畅茂条达而生色也。”后来引申可形容事物顺利发展的样子。

凯、胜

⊙本字组与相关诸字的历史面貌和它们的造字本义

“凯”这个字，繁体字写作“凱”。《康熙字典》解释道：“同恺。《玉篇》：‘凯，乐也。’或作恺。”它是个从“岂”“几”声的形声字，为“恺”的异体字，本义指的就是“欢乐”，所以从“岂”这个义符；后来引申有“战胜凯旋”的意思。“岂”，《说文解字》解释道：“还师振旅乐也。”它是个变形见义的字，从“壴”字分化而来。“壴”即鼓之象形（详参本书形容字组之六“嘉”字），这个鼓在打胜仗军队回国的途中一路拿来演奏，所以鼓上面的装饰势必随风飞扬；“岂”和“壴”最大的不同就是后者上部表示鼓捆绑固定用的绳子或装饰用的穗呈“山”形，而前者上部因为随风飞扬而呈“山”形。它的本义就是“凯旋”，也就是“凯”字的初文。

“胜”这个字，繁体字写作“勝”。《说文解字》解释道：“任也。从力朕声。”它是个从“力”“朕”声的形声字，本义指“胜任”，所以从“力”这个义符。如果可以胜任抗敌的工作，便能战胜敌人，于是“胜”又引申出“胜利”的意涵。“胜”字的声符“朕”原本从“舟”，后来讹成从“肉”；它左半边画出两手共（拱）着某种工具，用以治舟楫漏水，这就是“朕”字的本义。后来“朕”假借作第一人称，本义就慢慢隐没不显了。

⊙本字组与相关诸字的历史面貌和它们的造字本义

	隶书	行书	草书	楷书
凯		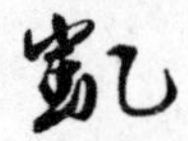		
	甲骨文	金文	战国文字	小篆
岂				
胜				

⊙以本字组取名命字的名人

“凯”：明朝诗人袁凯、清末民初军事家袁世凯、著名导演陈凯歌。

“胜”：抗秦义军首领陈胜、王莽乱政殉国名士龚胜。

⊙以本字组取名命字的用意

“凯”字本来指的是军队得胜归来所奏的乐曲。因为是得胜所奏，所以此字又隐含了“胜利”这一层意思。既然胜利了，那必然快乐，所以“凯”字又与“恺”字互为异体字，表示“和乐”。以“凯”字取名命字，表示命名者希望被命名者在人生的各个关卡和挑战中都能从容应战，顺利得胜，不断地享受胜利的欢愉和别人的喝彩。

“胜”字本来指的是“能够承担得起”的意思，即“胜任”“称职”；面对挑战，能从容有余地处理、面对，也是很“称职”、很能“战胜”自己的工作的。所以“胜”字引申又有“克服”（困难）、“胜利”的意思。既

●“岂”字指获胜回国的军队敲奏鼓乐。

●“朕”字本义指用工具治舟楫漏水。

然要克服困难，那自己的能力便要在困难的程度之上，所以“胜”字又引申出“凌驾”“超越”的意思。用“胜”字来形容事物的美好程度，那被形容的事物肯定是上等、顶级“优胜”的了。以“胜”字取名命字，表示命名者希望被命名者能够战胜生活中的一切困难或是能成为众人之上的国家栋梁。

◎与本字组有关的好话

以下收录与本字组有关的好话，除了方便自我介绍和介绍亲友外，读完也能增长词语知识和相关的应用能力。

凯 凯风寒泉之思

儿子感念母亲的心情。典故出自《诗经·邶风·凯风》：“凯风自南，吹彼棘薪。母氏圣善，我无令人。爰有寒泉，在浚之下。有子七人，母氏劳苦。”

凯　旋

战争获胜，军队奏着得胜乐曲归来。〔南朝·宋〕谢灵运《撰征赋》：“愿关郏之谧清，迟华銮之凯旋。”

高奏凯歌

高声演奏和歌唱胜利之歌。〔晋〕崔豹《古今注·音乐》："短箫铙歌，军乐也……《周礼》所谓王大捷则令凯乐，军大献则令凯歌者也。"

胜 人定胜天

人力定可战胜大自然。〔宋〕刘过《襄阳歌》："人定兮胜天，半壁久无胡日月。"

名山胜川

风景优美的著名山川。《晋书·孙统传》："居职不留心碎务，纵意游肆，名山胜川，靡不穷究。"又可作"名山胜水"。

喜不自胜

抑制不住内心的喜悦。〔唐〕裴铏《传奇·孙恪》："恪慕其容美，喜不自胜。"